Chefsache Diversity Management

Peter Buchenau
(Hrsg.)

Chefsache Diversity Management

 Springer Gabler

Herausgeber
Peter Buchenau
The Right Way GmbH
Waldbrunn, Bayern
Deutschland

ISBN 978-3-658-12655-1   ISBN 978-3-658-12656-8 (eBook)
DOI 10.1007/978-3-658-12656-8

Die Deutsche Nationalbibliothek verzeichnet diese Publikation in der Deutschen Nationalbibliografie;
detaillierte bibliografische Daten sind im Internet über http://dnb.d-nb.de abrufbar.

Springer Gabler
Einbandabbildung: fotolia.de

Gedruckt auf säurefreiem und chlorfrei gebleichtem Papier

Springer Gabler ist Teil von Springer Nature
Die eingetragene Gesellschaft ist Springer Fachmedien Wiesbaden GmbH

Geleitwort

Einen vielfältigen guten Tag an die Chefetage!

Das Thema Vielfalt wird immer wichtiger – in Gesellschaft und Unternehmen. Doch der richtige und Erfolg versprechende Umgang damit möchte noch gelernt werden, die Einstellungen dazu gehören bei uns in Europa noch entwickelt bzw. geändert.

Seit Jahren sind sich Bevölkerungsexperten einig: nämlich, dass alle demografischen Veränderungen darauf hindeuten, dass die Bevölkerung Europas nur durch Zuwanderung wachsen wird. Auch der jüngste Zustrom von Flüchtlingen und die daraus resultierende Debatte zeigen uns nicht nur, dass Vielfalt in Europa nicht mehr aufzuhalten ist, sondern dass ein entsprechender Umgang damit immer notwendiger sein wird. Abgesehen davon, dass Europa an sich ein sehr vielfältiges Gebilde ist, (von Zentral- bis Ost-, von West- bis Nord- und Südeuropa finden wir eine reichhaltige Vielfalt an Menschen, Kulturen, Religionen, Sprachen, Staatstrukturen und Unternehmensformen). Südeuropäer ticken nunmehr anders als Zentraleuropäer. Selbst in Zentraleuropa gibt es keine Homogenität. Franzosen sind anders als Engländer, auch wenn sie Nachbarn sind. Deutsche wollen nicht mit Österreichern oder Schweizern verwechselt werden, auch wenn sie alle deutsch sprechen.

Was wir meiner Ansicht nach dringend brauchen, ist nicht, dass wir uns gegen unsere Vielfalt wehren, sondern dass wir uns bemühen zu verstehen, was wir verlieren würden, wenn wir nur unter uns bleiben würden – abgesehen davon, dass dies gar nicht möglich ist. Schnell wird uns klar, dass wir viel zu gewinnen haben, wenn wir versuchen, Menschen, die anders sind, anders denken, anders agieren als wir, zu verstehen und uns dabei nicht auf das Trennende fokussieren, sondern auf das Gemeinsame. Ein Deutscher mag auf den ersten Augenblick anders sein als ein Afrikaner, aber als Geschäftsleute wollen sie beide das Gleiche – gute Geschäfte machen, gute Mitarbeiter haben, gute Umsätze erzielen. Als Eltern wollen sie beide nur das Beste für ihre Kinder. Damit hätten wir schon einen Anfang. Neugierig zu sein nicht auf das, was sie nicht können, sondern auf das, was sie am besten können. Nur weil Menschen anders denken und agieren als wir gewohnt sind, bedeutet nicht, dass sie weniger gut sind.

Besonders Menschen aus anderen Kulturkreisen bringen wertvolle Erfahrungen, Kenntnisse, Sprachen und Know-how in ihren Koffern mit. Diese Ressourcen bedeuten für die Gesellschaft und Unternehmen ungeahnte Einblicke und Zugänge und führen vor allem zu Wettbewerbsvorteilen. Zweifelfrei bringen Menschen aus anderen Ländern andere Kulturen, Wertesysteme, Sprachen, Weltanschauungen usw. mit, aber auch neue Möglichkeiten, Wissen, Erfahrungen und Märkte. Es ist uns allen bewusst, dass Betriebe und Teams in der Zukunft noch unterschiedlicher zusammengestellt und vielfältiger sein werden als heute. Das gleiche gilt für Kunden und deren Konsumverhalten. Um mit dieser gemeinsamen Zukunft gut umgehen zu können, müssen wir jetzt beginnen, uns damit auseinanderzusetzen und uns darauf vorzubereiten. Da es auch um die Zukunft meiner Kinder geht, liegt es auf der Hand, dass ich meinen Beitrag dazu leisten möchte.

In meiner Funktionen als Autorin, Geschäftsführerin von Diversity Leadership & Consulting, Initiatorin und Kongress-Managerin von European Diversity Business and Inclusion Congress, kurz genannt EDIC, und nicht zuletzt als Lektorin an vielen Universitäten und Hochschulen in Österreich, habe ich das Glück, führende internationale und nationale Vordenkerinnen, Vordenker und Experten im Bereich Diversity Management (Manager, Wissenschaftler, Berater …) und ihre Unternehmen aus einer neuen und sehr nahen Perspektive kennenzulernen. Ein Blick auf meine Studenten zeigt mir ständig, wie vielfältig die Zukunft von Arbeit sein wird. Aus diesen beiden Perspektiven habe ich in den letzten Jahren viel Wissen eingesammelt und weiß heute mehr dann je, dass Investitionen in den Umgang mit Diversität zugleich Investitionen in unsere Zukunft sind.

Getragen von dieser Überzeugung bin ich ständig auf der Suche nach neuen Ansätzen, die eine Offenheit, das Verständnis, die Wertschätzung und die Begeisterung für die Umsetzung von Vielfalt in Unternehmen und in unsere Gesellschaft ermöglichen könnten. Meine beiden Büchern „*Vielfalt statt Einfalt, wo ich herkomme*" (Holzhausen Verlag 2011) und „*Erfolgsfaktor kulturelle Vielfalt: Andere Menschen. Bessere Teams. Neue Kunden.*" (diaspora edition 2013) sind Teil dieser Bestrebungen.

Die Leidenschaft für das Thema Vielfalt ist Bestandteil nicht nur meiner Biografie, sondern auch meines Berufs. Als Inhaberin und CEO von Diversity Leadership and Consulting entwickele ich laufend Diversity-Programme und habe die Ehre bei deren Umsetzungen mit vielen unterschiedlichen Menschen aus vielfältigen Unternehmen, Berufssparten, Positionen, Ländern und Kontinenten zusammenarbeiten zu dürfen. Ob auf Vorträgen, Seminaren, Trainings oder Konferenzen, ich bin gerne dabei, wenn es darum geht, die Vorteile einer vielfältigen Gesellschaft bekannt zu machen. Mein intensiver Austausch mit Diversity-Fachleuten aus Österreich, Europa, Amerika und Kanada ermöglicht mir hinter die Kulissen von renommierten internationalen Unternehmen wie Walt Disney, Adecco North Amerika, L'Oreal, Bank of America, Diversity Best Practice, Deloitte, Ernst & Young, KPMG und vielen andere blicken zu dürfen.

Mein bisheriges Leben hat mich zu einem Global Citizen, zu einer Weltbürgerin geformt: Ich bin in Kamerun geboren und sozialisiert worden. 20 Jahre lange war Österreich mein Zuhause. Dort sind meine Kinder auf die Welt gekommen. Von Wien aus habe ich in vielen Ländern Europas und Amerikas gearbeitet. Meine Erziehung und mein Wertesystemen sind sehr vielfältig und bestehen aus einer Mischung der Afrikanischen, Europäischen und anderer globalen Ansätze. Für mich geht es nicht um

„entweder oder, sondern um sowohl als auch". Ich bin also mehr als nur einer und
meine Lebens- und Arbeitseinsätze sind deshalb sehr gemeinschaftsorientiert. Durch
meine afrikanische Erziehung, welche aus der Ubuntu-Philosophie stammt, habe ich
gelernt, dass vieles nur gemeinschaftlich möglich ist – trotz aller Unterschiede oder
gerade wegen unserer Unterschiede. So sollen Menschen in meine Wertevorstellung in
ihrer Unterschiedlichkeit geschätzt, respektiert und eingebunden, ganz nach dem Motto:
Ich bin, weil wir sind[1].

Was ist also Ubuntu?

„Ubuntu". In Zulu bedeutet es „Humanness", soviel wie „Menschenturm". Die
Ubuntu-Philosophie ist in einem der kürzesten, jedoch bedeutendsten Sätze, die ich
kenne überliefert, sodass selbst Kinder ihn verstehen können: „Umuntu ngumuntu nga-
bantu". Ins Englische übersetzt, bedeutet er: "A person is a person through other per-
sons." Auf Deutsch: „Wir sind Menschen durch andere Menschen". Also ohne unsere
Eltern gäbe es uns nicht. Ohne unsere Großeltern gäbe es unsere Eltern nicht. Ohne uns
gäbe es unsere Kinder und Enkelkinder nicht. Spinnen wir ein wenig weiter, wird uns
klar, dass es ohne Menschen kein Universum gäbe. Für die Chefetage in Unternehmen
bedeutet es, ohne uns Menschen gäbe es keine Mitarbeiter, und keine Kunden. Somit
keine Dienstleistungen, keine Produkte und logischerweise kein Geschäft. In anderen
Worten, Unternehmen können am Markt nur erfolgreich sein, wenn sie ihre Mitarbeiter (von der Führungskraft bis hin zum Reinigungspersonal), Geschäftspartner und Kunden, unabhängig von deren Herkunft, Hautfarbe, Kleider, Schuhgröße, Fähigkeiten,
Geschlecht, Alter, sexuelle Vorlieben etc. mit Respekt, Würde und verantwortungsvoll
behandeln. Sie bleiben länger, arbeiten gern und effektive, wenn sie das Gefühl haben,
dass sie wertgeschätzt und eingebunden sind. Wenn sie bleiben, spart das Unternehmen
Kosten im Bereich neuer Rekrutierung und Einschulung. Wenn Mitarbeiter glücklich
sind, sprechen sie gut über das Unternehmen. Dies könnte logischerweise das Budget für
Marketing und PR sowie Supervision, Konfliktlösung und Mediation deutlich reduzieren. Wenn Kunden zufrieden sind, kaufen sie nicht nur immer wieder ein, sondern empfehlen weiter – dies schlägt sich im Umsatz nieder.

Die Philosophie der Ubuntu ist in vielen afrikanischen Sprachen unter unterschiedlichen Namen verbreitet. Das Merkmal ist jedoch die Terminologie „Untu" wie zum Beispiel „Ubuntu" in Zulu (Südafrika), „Gimuntu" in Kikongo (DRC) „Umuntu" in Kikuyu
(Kenia) und „Vamuntu" in Shitonga (Mosambik). Bei dieser Philosophie handelt es sich
nicht um ein Werkzeug, sondern um eine Einstellung. Genauso eine Einstellung brauchen Unternehmen, um gekonnt mit Vielfalt umzugehen. Sie ist kein *„quick fix"*, sondern ein Prozess, der in Gang gesetzt wird, wodurch alle Beteiligten im Unternehmen
individuell und kollektiv eingebunden werden. Es braucht für diese Einstellung weder
ein schnelles Rezept noch eine *Checkliste,* die nach dem Besuch eines Workshops oder

---

[1]Ubuntu ist jene uralte Afrikanische Lebensphilosophie, welche von Nelson Mandela und Des-
mond Tutu gelebt und gelehrt und welche für die Versöhnung der vielfältigen Völker Südafrikas
nach mehr als 80 Jahren Apartheid maßgeblich angewendet wurde.

Tagung abgehakt werden kann. Hier geht es um unsere Fähigkeit und Bereitschaft unsere Einstellung, Wahrnehmung sowie vorgeformte Meinung zu hinterfragen und entsprechend zu ändern.

Getrieben von diesen Gedanken habe ich mich in den letzten drei Jahren mit der Philosophie der Ubuntu intensiv auseinandergesetzt mit dem Ziel, daraus ein Mindset zu entwickeln, welches die Einstellung von Gesellschaft und Unternehmen im Umgang mit Vielfalt erheblich ändern könnte. Daraus ist „The GloBUNTU Suitcase Mindset System" entstanden. Dieses Konzept steht ganz im Zeichen der Philosophie und ist in drei Module aufgebaut. Die dazugehörigen Inhalte, Übungen und Methodik kommen u. a. aus ausgewählten globalen Management-Konzepten, die mich sehr begeistert haben, wie etwa „The 7 Habits of highly effective people" von Steven Covey (USA), das „Diversity Optimal bzw. Arbeitspartnerschaften" von Professor Hilb, Dr. Nils Jent und Regular Dietsche (Universität St. Gallen), „Creative Visualisation" von Shakti Gawain (USA) „Truth and Reconciliation Commission" sowie aus der Führungsstrategie von Nelson Mandela (Südafrika).

Modul Eins heißt „*Ich bin:*" In diesem Modul stellen wir das Individuum in den Vordergrund. Lernen die vielfältigen Identitäten und die damit verbundenen Ängste und Wünsche kennen. Dabei achten wir auf jene Ressourcen (Qualifikationen, Wissen, Erfahrungen, besondere Fähigkeiten, Netzwerke etc.), die sie oder er mitbringt und erarbeiten gemeinsam daraufhin einen Plan, wie jene Person am besten im Unternehmen eingebunden werden kann, damit sie/er am effektivsten ist.

Module Zwei: „*Wir sind*": Hier geht es um das Unternehmen, seine Ziele, seine Mitarbeiter und Kunden – alle zusammen. Mit dem Wissen und den Ergebnissen aus Modul Eins erarbeiten wir eine Diversity-and-Inclusion-Strategie des Unternehmens und achten dabei auf die Beziehung zwischen Unternehmen und Mitarbeitern, Unternehmen und Kunden. Anders gesagt geht es hier um eine Organisationsentwicklung.

Modul „*Ich bin weil wir sind*" geht um den Aufbau und die Aufrechterhaltung der genannten Beziehung bzw. Unternehmenskultur. Dabei wird viel Wert auf Werte wie Respekt, Achtsamkeit, Wahrheit, Versöhnung, Verantwortung, Verbindlichkeiten und Kommunikation gelegt. Das Resultat dieses Prozesses ist ein Beziehungsbankkonto, welches zugleich als Unternehmenskulturorderleitfaden dienen kann. Unternehmen, die das GloBUNTU Suitcase Mindset System getestet haben, sind begeistert. Einige davon sind das Berufsförderungsinstitut (BFI) Kärnten, die Technische Universität Wien, das Arbeitsmarktservices Wien und Niederösterreich, Time for Equality Luxemburg etc.

Das GloBUNTU Suitcase Mindset System ist kein Rezept, sondern ein erfrischender Zugang mit guten Erfahrungswerten. Wir finden, was wir suchen und hören, wonach wir lauschen. Wenn wir eine positive Einstellung und Beziehung zur Vielfalt aufbauen, dann werden wir gut und erfolgreich damit umgehen können. Mit dem GloBUNTU Suitcase Mindset System lässt sich einiges leichter gestalten. Im diesem Sinne wünsche ich eine vielfältige Lektüre und gutes Gelingen.

Im Januar 2016   Beatrice Achaleke

Vorwort

Was ist eigentlich Diversity Management? In meiner Position als Interim Manager, zurzeit im HR-Bereich, fällt mir dieses Wort vermehrt in Unternehmen auf. Als neugieriger Mensch frage ich natürlich nach und bekomme interessanterweise mehr als nur eine Antwort. Am meisten wird mir die Frauenquote, der Einbezug von Schwerbehinderten oder die Integration von ausländischen Arbeitskräften genannt. Da mir dieses Wort aber in meiner täglichen Arbeit mehr und mehr begegnet fragte ich Wikipedia (2016). Dort steht:

„Diversity Management, Konzept der Unternehmensführung

Diversity Management (auch Managing Diversity) bzw. Vielfaltsmanagement ist Teil des Personalwesens (engl. Human-Resources-Managements) und wird meist im Sinne von „soziale Vielfalt konstruktiv nutzen" verwendet. Diversity Management toleriert nicht nur die individuelle Verschiedenheit (engl.: diversity) der Mitarbeiter, sondern hebt diese im Sinne einer positiven Wertschätzung besonders hervor und versucht, sie für den Unternehmenserfolg nutzbar zu machen. Die Ziele von Diversity Management sind es, eine produktive Gesamtatmosphäre im Unternehmen zu erreichen, soziale Diskriminierungen von Minderheiten zu verhindern und die Chancengleichheit zu verbessern. Dabei steht aber nicht die Minderheit selbst im Fokus, sondern die Gesamtheit der Mitarbeiter in ihren Unterschieden und Gemeinsamkeiten. Bei den Unterschieden handelt es sich zum einen um die äußerlich wahrnehmbaren Unterschiede, von denen die wichtigsten Geschlecht, Ethnie, Alter und Behinderung sind, zum anderen um subjektive Unterschiede wie die sexuelle Orientierung, Religion und Lebensstil."

Somit hat sich Diversity Management in den letzten Jahren zu einem neuen Erfolgsfaktor in Unternehmen entwickelt. Richtig daher, diesen Titel in die Chefsache-Serie aufzunehmen. Und wie bei fast jedem neuen Erfolgsfaktor handelt es sich um ein beratungsintensives essenzielles Unternehmensthema. Daher ist es kein Wunder, dass Diversity-Management-Beratungen und Programme wie Pilze aus dem Boden schießen. Diversity Management gehört heute im Zeitalter von Globalisierung und Digitalisierung in jedes moderne Führungskonzept und somit in die Chefetagen der Unternehmen.

Eine Studie von Roland Berger aus dem Jahr 2012 zum Thema Diversity zeigt, dass 95 % der internationalen Großkonzerne die Umsetzung von Diversity Management durch gezielte Programme unterstützen. Somit sind diese Programme zumindest in den

Großkonzernen in der Chefetage angekommen. In 76 % der befragten Unternehmen wurde sogar die Stelle eines Diversity Managers geschaffen, so die Studie weiter (Berger 2012).

Das klingt erst einmal gut, doch bei der konkreten Umsetzung der Programme haben Unternehmen meist extreme Probleme. Man muss schon genau hinsehen, um in einem Unternehmen die Ursachen mangelhafter Vielfalt zu benennen. Eine hohe Anzahl der Firmenbelegschaft steht nach wie vor Minderheitengruppen skeptisch gegenüber. Egal ob von der Frauenquote, von Migranten, von behinderten Mitarbeitern oder gar von Homosexuellen die Rede ist. Hier haben Unternehmen und speziell der Mittelstand noch einen weiten Weg vor sich. Ein Umdenken der Führung und der Belegschaft ist erforderlich. Das ist aber nicht so leicht, da meist klassische Hürden, wie etablierte Strukturen und Traditionen, Vorbehalte und Ängste oder auch ein fehlendes Verständnis der Chancenvielfalt den Umdenkprozess behindern oder sogar verhindern.

Dabei bringt gutes Diversity Management eine Vielzahl an Chancen. So ist jeder Mensch einzigartig und bringt ein individuelles Set an Ideen und Fähigkeiten mit ins Unternehmen. Diese individuelle Vielfalt muss erkannt werden, sie muss aktiv gefördert und genutzt werden. Diese Vielfalt schafft unter anderem eine bessere Zusammenarbeit, steigert das Vertrauen, den Respekt und die Anerkennung innerhalb des Unternehmens und legt damit einen weiteren Baustein für die Zukunft der Firma.

Diversity Management ist Chefsache. Die nachfolgenden Autoren Falk S. Al-Omary, Nicole Britta Bernstein, Prof. Dr. Nicolas Burkhardt, Matthias Friedrich, Carmen Fries, Franziska Müller, Verena Olsacher, Eva-Maria Popp, Tamara Schuster-Zulechner, Dirk Schöttelndreier, Dr. Jürgen F. Studt und Dagmar A. Verloop beschreiben aus ihrer beruflichen Sichtweise unterschiedlichste Aspekte zum Thema Diversity Management. Ferner achte und schätze ich als Herausgeber eine möglichst authentische Schreibweise jedes Autors. Daher werden Sie, liebe Leserin und Sie lieber Leser, auch auf unterschiedliche Genderstile treffen. Mich stört das nicht, im Gegenteil, es passt für mich sogar sehr gut zum Buchthema Diversity. Die Autoren leben Vielfältigkeit in diesem Buch. Ich wünsche den Autoren viel Erfolg und Ihnen, liebe Leser, viele spannende und inspirierende Ansatzpunkte. Helfen Sie mit und machen Sie die Welt etwas bunter und sicherer.

Im April 2016   Peter Buchenau
                                                              Chefsache-Ratgeber

Literatur

Berger, R. (2012). Diversity and Inclusion – Eine betriebswirtschaftliche Investition. http://www.rolandberger.de/media/pdf/Roland_Berger_Diversity_and_Inclusion_ D_20120716.pdf.

Wikipedia (Hrsg.). (2016). Diversity. https://de.wikipedia.org/wiki/Diversity. Zugegriffen: 15. Apr. 2016.

Inhaltsverzeichnis

Anders, nicht artig – Warum es sich für Mitarbeiter, Führungskräfte und Unternehmen lohnt, Unterschiede zu betonen

Falk S. Al-Omary

Zusammenfassung

Die Betonung und Förderung von Vielfalt führt dazu, dass Unternehmen die öffentliche Wahrnehmung ihrer Marke positiv verstärken, dass sie kluge Köpfe für Posten in der Firma begeistern und nicht zuletzt, dass sie bessere Karten haben im Kampf um die Kunden. Führungskräfte, die in der Nicht-Homogenität von Mitarbeitern oder Bewerbern mehr erkennen als die bloße Andersartigkeit des Einzelnen, können sich die Besonderheiten, die die kulturelle Herkunft oder die Zugehörigkeit zu einer bestimmten Generation mit sich bringen, gezielt für ihren Unternehmenserfolg zunutze machen. Gleiches gilt für den Umgang mit Kunden: Auch der Kunde ist ein Typ, und Firmen, die viele Typen unter ihren Angestellten haben, können eine breitere Kundenklientel individuell gemäß deren Wünschen und Bedürfnissen bedienen. Diversity Management ist in diesem Sinne ein gutes PR- und Marketingtool.

Inhaltsverzeichnis

F. S. Al-Omary (✉)
Trupbacher Straße 17, 57072 Siegen, Deutschland
E-Mail: post@al-omary.de

© Springer Fachmedien Wiesbaden 2016
P. Buchenau (Hrsg.), *Chefsache Diversity Management*,
DOI 10.1007/978-3-658-12656-8_1

Diversity liegt im Trend. Teilweise oktroyiert durch Gesetze und Verordnungen, teilweise aus gesellschaftlichen Gründen wie dem demografischen Wandel und dem immer stärker werdenden Fachkräftemangel und teilweise dadurch, dass immer mehr Unternehmen in einer globalen Wirtschaft mit heterogenen Anforderungen von Kunden darin Vorteile erkennen. Es war also nicht erst die Diskussion um die Einführung einer verbindlichen Frauenquote für die Aufsichtsräte von Dax-Unternehmen, die dafür gesorgt hat, dass kein Entscheidungsträger mehr umhin kommt, sich Gedanken über die personelle Vielfalt in seinem Unternehmen zu machen. Auch wenn diese staatliche Regulierung zumindest in diesem Bereich die Diskussion beschleunigt hat. Nicht wenige Manager fühlen sich in Sachen Diversity von der Politik bevormundet und gehen entsprechend widerwillig an das Thema Diversity Management heran. Frauenquote, Behindertenquote, vielleicht demnächst eine Flüchtlings- oder Migrantenquote und weitere mehr engen vermeintlich die Entscheidungsspielräume der Unternehmenslenker ein. Und im Grunde stimmt das ja auch. Allerdings lässt die Realität am Arbeitsmarkt fast eh kaum Alternativen zu. Auch wenn der Staat hier nicht regulierte, müssten Manager und Unternehmer sich in Sachen Vielfalt öffnen – weil es eben nicht mehr anders geht. Statt den natürlich im Grunde falschen staatlichen Dirigismus zu beklagen, sollten sie vielmehr die Vorteile sehen, die vielfältigen Möglichkeiten, Chancen und Potenziale der personellen Vielfalt, mit der heute weit mehr gemeint ist als die bloße Geschlechterdiversität. Das Spektrum von Diversity ist genauso breit wie der Begriff der Vielfalt an sich. Es umfasst auch kulturelle Unterschiede, Unterschiede in Ethnie und Alter, bei Religion und Lebensstil, und weiter gedacht, auch bei den Werten, dem Charakter, dem Wesen der Mitarbeiter. So wie es im Marketing kaum mehr Zielgruppen, sondern vielmehr Zielpersonen als Kunden gibt, so gibt es bei den Mitarbeitern der Zukunft immer weniger gleichförmige Stereotype, sondern vielmehr individuelle Typen. Die Zeit der Raster und Korsette scheint vorbei zu gehen, in der man auf den ersten Blick einen Mitarbeiter einem Unternehmen oder zumindest einer Branche zuordnen konnte. Das bringt Herausforderungen mit sich, birgt aber auch neue Chancen für unternehmerischen Erfolg.

In deutschen Chef- und Führungsetagen aber zieht an vielen Stellen noch immer ein alter Schlag von Entscheidern die Fäden: solche, die Fehler vermeiden wollen und deshalb in puncto Personal lieber auf althergebrachte Stereotype setzen. Motto: „War gut, bleibt gut, keine Experimente". Während die Devise in anderen Ländern, besonders im angelsächsischen Raum, lautet: „Mach Fehler und lerne daraus", scheinen in Deutschland oft nach wie vor Vorsicht, Homogenität und überholte Konventionen zur Unternehmenskultur zu zählen. Starre Regeln aber sind längst nicht mehr zielführend, wenn es darum geht, das eigene Unternehmen fit zu machen für die Zukunft. Eine zunehmend vernetzte, globalisierte Wirtschaft fordert vielmehr flexibles Denken und Handeln sowie passgenaue, individuelle Lösungen für die mannigfaltigen Wünsche und Bedürfnisse einer immer anspruchsvolleren Kund- und Belegschaft. Die Zeit der Homogenität ist vorbei. Konformität bremst die Entwicklung aus, die „Bewahrer" an der Unternehmensspitze haben gegenüber den „Modernisierern" das Nachsehen. Bewahrende

Unternehmen werden am Markt zunehmend von modernisierenden Unternehmen abgehängt, was zudem auch das alte Motto „too big to fail" ins Wanken bringt. Die Schnellen fressen die Langsamen, nicht die Großen die Kleinen – auch beim Thema Diversity.

Natürlich bringt Diversity neue Aufgaben mit sich, die gewisse Anstrengungen, ein Umdenken und eine Portion Pioniergeist erfordern. All das macht zunächst Mühe, die sich aber lohnt: Diversity Management birgt neue Chancen, sowohl für Manager und Entscheider in Unternehmen als auch für Mitarbeiter auf allen anderen Hierarchieebenen, für aufstrebende Arbeitnehmer mit Karriereambitionen und nicht zuletzt auch für die Kunden. Diversity kostet Energie, bringt aber letztlich mehr Umsatz und Gewinn. Diversity Management wird, richtig gemacht, zur Profitstrategie.

Gutes Personal wird auch nur noch dann gewonnen und an das Unternehmen gebunden, wenn neue Wege im Recruiting und bei der Arbeitsplatz- und Arbeitszeitgestaltung eingeschlagen und Konventionen über Bord geworfen werden. Personaler, die heute auf der Suche nach den besten jungen Köpfen sind, haben es mit einer neuen Art aufstrebender, junger Menschen zu tun: der viel zitierten Generation Y. Diese Gruppe selbstbewusster und selbstfokussierter, in aller Regel gut ausgebildeter, technologie- und karriereaffiner Männer und Frauen – wobei Karriere etwas sehr Relatives für diese jungen Menschen ist, die sich weniger an Titeln und Stausymbolen orientieren – hat andere Ansprüche an das Arbeitsleben und die Vereinbarkeit von Familie und Beruf, als dies noch bei ihren Eltern der Fall war. Die Generation Y will sich nicht mehr dem Beruf unterordnen. Sie will den Beruf ganzheitlich in ihr Leben integrieren. Die Arbeit ist für sie nicht mehr nur Mittel zum Zweck, soll nicht nur für finanzielle Sicherheit sorgen, sondern zudem auch Spaß machen, Sinn stiften sowie den eigenen Geist fördern. Identität und Individualität sind diesen Menschen wichtiger als große Büros und schicke Dienstwagen. Sie werfen auch mal einen gut bezahlten Job hin, wenn er ihnen in der eigenen Entwicklung und Wahrnehmung nicht mehr passt. Sie erwarten, dass ihr Arbeitsplatz und ihr Unternehmen mit ihnen wächst – und sie umgekehrt wachsen lässt, in jeder denkbaren Beziehung ihre Entwicklung fördert, ihren Werten und Weltanschauungen gerecht wird. Durch diese neue Anspruchshaltung sieht sich die Wirtschaft zunehmend mit vertauschten Rollen konfrontiert: Es ist nicht mehr das Unternehmen, das sich aus einem großen Pool an Bewerbern den Besten herauspicken kann. Heute ist es in vielen Fällen der Bewerber selbst, der entscheidet, auf welche Stelle er sich bewirbt und welches Stellenangebot er von den vielen ihm vorliegenden annehmen möchte. So ist unter den Führungskräften ein regelrechter Kampf um die besten Talente entbrannt, den nur derjenige gewinnen kann, der im Wettbewerb mit anderen Unternehmen als besser, fairer oder begehrenswerter wahrgenommen wird. Als fair wird aber nur derjenige wahrgenommen, der die Chancengleichheit betont und Diskriminierung eliminiert – und dies auch geschickt nach außen kommuniziert. Das Wesen eines Unternehmens – seine ethischen Prinzipien, seine Corporate Social Responsibility (CSR) – entscheidet mit, nicht mehr nur der reine Job. So wird Diversity zu einem globalen Thema beim Recruiting und im Marketing sowie in der PR-Kommunikation.

Diversity Management ist also ein entscheidender Wettbewerbsvorteil, wenn es darum geht, die öffentliche Wahrnehmung eines Unternehmens positiv zu beeinflussen. Neben dem Marketing und der PR sind es zunehmend auch die Mitarbeiter – in ihrer breiten Vielfalt und mit ihrer permanenten Online- und Offline-Kommunikation – die die Unternehmensmarke prägen und nach außen repräsentieren. Sie sind es, die mehr als andere die Werte einer Firma bewerten und ihre subjektiven Bewertungen als Markenbotschafter des Unternehmens in die Welt hinaus tragen. Es findet also eine Kernschmelze statt: Das Kommunikationsmonopol und die Deutungshoheit der Chefetagen ist gefallen. Heute redet jeder mit – Mitarbeiter, Kunden, Lieferanten, also jeder, der mit dem Unternehmen und dessen Umgang mit einem selbst zu tun hat. Und nicht zuletzt werden dadurch auch die Medien und die Öffentlichkeit auf das Unternehmen aufmerksam, verfolgen argwöhnisch jedes Fehlverhalten.

Für Unternehmer bedeutet dies, dass sie flexibler sein müssen – in ihrem Denken und Handeln und in ihrem Kommunikationsverhalten. Der Mitarbeiter ist kein Herold mehr, sondern ein eigener Sender, der permanent Informationen aus dem Unternehmen verbreitet. Fühlt er sich nicht ernst genommen, nicht in seiner Individualität und Einmaligkeit gewürdigt, straft er das gnadenlos ab. Diversity Management ist eine Überlebensfrage. Gute Marken- oder Unternehmensbotschafter sind eben nur die, die sich einbezogen und nicht benachteiligt fühlen.

Die Betonung und Förderung von Vielfalt führt also dazu, dass Unternehmen die öffentliche Wahrnehmung ihrer Marke positiv verstärken, dass sie kluge Köpfe für Posten in der Firma begeistern und nicht zuletzt, dass sie bessere Karten haben im Kampf um die Kunden. Führungskräfte, die in der Nicht-Homogenität von Mitarbeitern oder Bewerbern mehr erkennen als die bloße Andersartigkeit des Einzelnen, können sich die Besonderheiten, die die kulturelle Herkunft oder die Zugehörigkeit zu einer bestimmten Generation mit sich bringen, gezielt für ihren Unternehmenserfolg zunutze machen. Wer um die Einzigartigkeit seiner Mitarbeiter weiß, kann bestimmte Aufgaben oder Posten optimal verteilen oder besetzen. Gleiches gilt für den Umgang mit den Kunden: Auch der Kunde ist ein Typ, und Firmen, die viele Typen unter ihren Angestellten haben, können eine breitere Kundenklientel individuell gemäß deren Wünschen und Bedürfnissen bedienen, als dies einem personell eher homogen aufgestellten Unternehmen möglich ist. Diversity Management ist also auch in diesem Sinne Marketing, strategisches Marketing zur Kundengewinnung und -bindung.

1.1   Vielfalt statt Einfalt: Warum Führungskräfte stereotype Vorstellungen über Bord werfen sollten

Personelle Diversität in Unternehmen führt nachweislich zu eindeutigen ökonomischen Vorteilen. Das ist das Ergebnis einer breit angelegten Studie, die die Strategieberatung McKinsey & Company schon im Jahr 2011 in Deutschland, Frankreich, Großbritannien und den USA erhoben hat. Demnach behaupten sich Firmen, deren Vorstand hinsichtlich Geschlecht

und ethnischer Herkunft gemischt aufgestellt ist, besser am Markt, als die weniger vielfältige Konkurrenz. Zudem reagieren sie besser auf Marktveränderungen. Sie haben die
Wettbewerber in den volatilen Jahren seit 2008 weit hinter sich gelassen, so eine zentrale
Aussage der Erhebung. Für die Studie, die unter dem Titel „Vielfalt siegt – Warum diverse
Unternehmen mehr leisten" veröffentlicht wurde, hat die Strategieberatung 180 Unternehmen weltweit daraufhin untersucht, wie sich die Zusammensetzung der Vorstände auf den
wirtschaftlichen Erfolg auswirkt (vgl. Barta et al. 2011). Fazit: Diejenigen Firmen mit der
größten Vielfalt im Vorstand erzielten zwischen 2008 und 2011 eine um 53 % höhere Kapitalrendite und 14 % höhere Betriebsergebnisse (EBIT) als diejenigen mit der geringsten
Diversität. Bei den untersuchten Dax-Konzernen lag der Unterschied in der Kapitalrendite
sogar bei 66 %.

Seit Veröffentlichung der Studie hat die Bedeutung von Diversität weiter zugenom-
men – nicht nur auf Führungsebene, sondern auch und vor allem unter den Angestellten.
Das Thema Diversity ist heute in allen Medien präsent und wird auf allen Kanälen breit
diskutiert. Die personelle Vielfalt rückt zunehmend in den Fokus von Unternehmens-
lenkern und Ökonomen. Mittlerweile sind sich die Experten darin einig, dass gezieltes Diversity Management die Lücken schließen kann, die der demografische Wandel
unweigerlich bringen wird. In Deutschland etwa könnte ein höheres Maß an Vielfalt
den drohenden Fachkräftemangel fast zur Hälfte abfedern. Ohne Zuwanderung wird das
Erwerbspersonenpotenzial in Deutschland bei konstanten Erwerbsquoten bis zum Jahr
2050 um rund 16 Mio. Menschen und damit um 36 % zurückgehen, hat die Bertelsmann
Stiftung ermittelt (vgl. Fuchs et al. 2015).

Unternehmer und Unternehmen müssen sich rechtzeitig auf die veränderte Lage des
Arbeitsmarktes vorbereiten, wenn sie wettbewerbsfähig werden oder bleiben wollen. Es
gilt also, schon jetzt zu analysieren, wo personelle Engpässe drohen und sich zu überlegen, wie personelle Lücken geschlossen werden können. Hier lohnt sich der Blick zur
Seite besonders, weg von jahre- oder sogar jahrzehntelang fokussierten Stereotypen. Die
Zeiten, in denen ein Bewerber einem bestimmten Geschlecht, einem bestimmten Kulturkreis oder einer bestimmten Altersgruppe angehören musste – ja selbst die Zeiten, in
denen ein geeigneter Kandidat einen gewissen beruflichen Werdegang absolviert oder
einen bestimmten Habitus aufweisen musste, um für eine bestimmte Stelle überhaupt
erst in Erwägung gezogen zu werden – sind vorbei. Zunehmend erkennt auch die konser-
vative Managerriege, dass die Wirtschaft visionäre Querdenker braucht, die Innovationen
entwickeln und Unternehmen auch auf ungewöhnlichen Wegen zum Erfolg führen.

Unternehmer müssen sich also trauen, der Andersartigkeit eine Chance zu geben. Wer
sein Geschäft voranbringen will, darf nicht engstirnig denken. Er muss gewisse Regeln
abschaffen und die Grenzen seiner Unternehmenskultur erweitern, sodass Raum entsteht,
in dem Andersartigkeit nicht nur Platz hat, sondern sich auch entfalten kann und darf.
Manager sollten für bestimmte Posten künftig auch Bewerber in Betracht ziehen, die
nicht der jahrelang verfolgten Homogenität und Gleichförmigkeit in Vita, Einstellung,
Kultur und Milieu entsprechen. Es gilt als erwiesen, dass gemischte Teams erfolgreicher, kreativer, ergebnisorientierter und in der Summe effektiver arbeiten als homogene

Vergleichsgruppen. Das gilt schon für Teams, in denen die Unterschiede der einzelnen Teammitglieder allein in der Geschlechterzugehörigkeit bestehen. (Anita Williams Woolley, 2010), Expertin für kollektive Intelligenz an der Tepper School of Business (Carnegie Mellon University in Pittsburgh, Pennsylvania), hat in zahlreichen Tests herausgefunden, dass die kollektive Intelligenz in der Gruppe mehr ist als die Summe ihrer Teile (2010). Je einfühlsamer und verständnisvoller auch in Sachen Diversität die Mitglieder eines Teams sind, desto höher ist demnach die Intelligenz der gesamten Gruppe. Das wirkt sich unmittelbar positiv auf die Arbeitsleistung aus, so das einhellige Ergebnis mehrerer Studien. Gemischtgeschlechtliche Teams profitieren insbesondere von der emotionalen Intelligenz der weiblichen Teammitglieder. Dies soll sogar für Online-Teams gelten, bei denen die einzelnen Mitglieder ausschließlich nonverbal miteinander kommunizieren und sich nicht einmal in die Augen sehen können.

Unabhängig davon, in welcher Weise sich die Mitglieder eines Teams voneinander unterscheiden, erzielt ein heterogenes Team stets bessere Ergebnisse als eine homogene Gruppe. Heterogene Gruppen profitieren in der Zusammenarbeit von einer größeren Anzahl an Perspektiven, von unterschiedlichen Erfahrungen, Erkenntnissen, Vorschlägen und Vorgehensweisen. Das konstruktive gemeinschaftliche Auseinandersetzen mit verschiedenen Sichtweisen führt in der Konsequenz zur besseren Gesamtstrategie. Je größer und vielfältiger die Unterschiede in Geschlecht, Herkunft, Ausbildung, Sozialisierung oder in Bezug auf den kulturellen Hintergrund sind, desto vielfältiger sind auch die Ansätze, die sich mit der Lösung eines bestimmten Problems befassen.

Wer von Diversity profitieren will, muss also neu denken, alte Strukturen aufbrechen und Grenzen erweitern. Die Frage muss lauten: „Wie besetze ich Posten und Teams in meinem Unternehmen unter dem Gesichtspunkt der Diversität mit Mitarbeitern so, dass diese den besten Nutzen bringen, am effektivsten arbeiten und die besten Ergebnisse liefern?". Die Antwort muss sich von Fall zu Fall direkt am angestrebten Ergebnis orientieren und kann im Laufe der Zeit durchaus variieren. Als Unternehmenslenker, der die Firma auf Kurs halten muss, ist es die Führungskraft, die sich immer wieder aufs Neue Gedanken darüber machen muss, wie der größtmögliche Nutzen aus der Diversität im Allgemeinen und den ganz individuellen Talenten der unterschiedlichen Mitarbeiter im Besonderen gezogen werden kann.

So weit, so gut. Wichtig ist aber auch, dass Unternehmen nicht alles mitmachen und sich in ihrem Markenkern und ihrer Kultur nicht bis zur Unkenntlichkeit verbiegen. Mehr Flexibilität: ja. Mehr Modernität: ja. Und eben auch viel mehr Diversität. Aber es muss wie gesagt auch Grenzen geben. Der viel zitierte „cultural fit" muss gewährleistet bleiben. Nicht umsonst werden in Unternehmen Milliarden in das Marketingthema Corporate Culture investiert. Es geht also für moderne Unternehmen nicht darum, alles klaglos mitzumachen oder gar mit sich machen zu lassen, sondern darum, die diverse Vielfalt strategisch zu nutzen, die eigene Kultur flexibel anzupassen und sie permanent zu überprüfen und bei Bedarf zu modifizieren. Ein „Nein" muss möglich bleiben. Das Nein von gestern oder heute, die legitimen Grenzen, die es braucht, müssen aber immer wieder und immer öfter überprüft werden – daraufhin, ob sie noch funktionieren in Bezug auf die übergeordneten Unternehmensziele. Diversity Management heißt nicht, in die Beliebigkeit abzurutschen, sondern muss sich gleichermaßen an den Unternehmenszielen, den Menschen und den Markterfordernissen orientieren.

1.2   Diversity als Karriereturbo: Warum Mitarbeiter ihre Markanz betonen sollten

Für Menschen mit Karriereambitionen ergeben sich durch das zunehmende Bekenntnis der Unternehmen und Unternehmer zur personellen Vielfalt viele neue Möglichkeiten. Jahrzehntelang musste sich derjenige, der im Beruf vorankommen wollte, in enge Korsetts pressen (lassen) – sowohl in Bezug auf seinen beruflichen Lebenslauf, als auch ganz konkret in Bezug auf sein äußeres Erscheinungsbild, seine Denkweise, seine Einstellung zu bestimmten Themen und letztlich sogar in seinem zur Schau gestellten Charakter. Anpassungsfähigkeit war gefragt, galt als Voraussetzung für den innerbetrieblichen Aufstieg. Hier galten lange Zeit strenge Stereotype, deren Missachtung meist unmittelbar dazu führte, dass die Karriere stockte oder gar nicht erst richtig in Fahrt kam. Dass diese Strukturen langsam aufbrechen, nutzt beiden Seiten gleichermaßen: Dem Unternehmer, der die Individualität seiner Mitarbeiter zunehmend zu seinem wirtschaftlichen Vorteil zu nutzen lernt, und auch dem Angestellten, der sich zunehmend geben darf wie er ist – mit all den Eigenheiten, aber auch seinen Talenten. Wer es schafft, seine individuellen Vorzüge positiv zu unterstreichen, gezielt zu kultivieren und schließlich gekonnt in Szene zu setzen, kann seine Andersartigkeit geschickt als Karrierebooster nutzen. Getreu dem Motto: „Was man nicht verbergen kann, muss man hervorheben" sollten Mitarbeiter ihre Andersartigkeit, oder besser gesagt ihre Eigenheit, nicht als Makel, als sondern Wettbewerbsvorteil begreifen und aktiv ins rechte Licht rücken. Die neue entscheidende Frage lautet: Was ist es, das mich von meinen Kollegen unterscheidet? Und wie kann ich meine Eigenheit dazu nutzen, dem Unternehmen zu mehr wirtschaftlichem Erfolg zu verhelfen? Diese Vorteile gilt es für die Umwelt, also die Kollegen, das Team, die Abteilung, den Chef und eventuell sogar gegenüber dem Kunden zu betonen und zu vermarkten. Sich selbst zu verkaufen und positiv darzustellen wird nicht nur möglich, sondern zur Pflicht für Karriereambitionierte.

Mit dem Wissen um die Wirkungsmöglichkeit der eigenen Individualität und Markanz ist es leicht, nicht nur Unterschiede, die in Herkunft, Alter, Kultur oder Ausbildung begründet sind, für den eigenen Erfolg zu nutzen, sondern auch solche, die in der eigenen Denk- und Handlungsweise, in Brüchen im Lebenslauf und in anderen individuellen Sektoren liegen. Im Wettbewerb um das nächsthöhere Plätzchen auf der Karriereleiter wird naturgemäß nur derjenige berücksichtigt, dem es gelingt, seine Vorgesetzten von den eigenen Fähigkeiten, der eigenen Kompetenz und dem individuellen, in der Person begründeten Mehrwert zu überzeugen, den er der Firma in der neuen Position bieten kann. Dafür aber muss er zunächst einmal auffallen. Wer nicht auffällt, wird nicht gesehen. Wer im direkten Wettbewerb im Kampf um eine begehrte Stelle gesehen werden

will, um überhaupt erst in Betracht gezogen zu werden, muss also etwas haben, dass
ihn auf positive Weise von der Konkurrenz abhebt. Insbesondere dann, wenn die Wettbewerber allesamt ähnliche berufliche Werdegänge aufweisen, lohnt es sich, nach persönlichen, einzigartigen Merkmalen Ausschau zu halten, die zum Wettbewerbsvorteil
gereichen könnten und die nicht unbedingt immer allein im Lebenslauf oder in fachlichen Qualifikationen zu suchen sind. Fast alles kann positiv dargestellt und kommuniziert werden. Vorteile liegen meist in der Person selbst, im Typ eben. Motto: Ich bin
einer wie kein anderer. Fachliche Voraussetzungen sind die notwendige Bedingungen für
eine Position, Persönlichkeit und Spirit die hinreichende. Das sehen zunehmend auch
Chefs so. Graue Mäuse gibt es schließlich genug. Es scheint, als gebe es zunehmend
einen Bedarf an Menschen, die sich eloquent und behänd in Szene zu setzen wissen. Das
brauchen moderne Unternehmen, die eben auch über ihre Mitarbeiter wahrgenommen
werden.

Eigenheiten müssen kultiviert und wirksam kommuniziert werden. Nur derjenige, der
dafür sorgt, dass seine individuellen Vorzüge auch gesehen und erkannt werden und eben
nicht *übersehen* und *verkannt,* wenn es um wichtige Personalentscheidungen geht, steigt
auf, gewinnt an Einfluss und kann in seinem eigenen Sinne mitgestalten. Sichtbarkeit ist
eine Frage der Präsenz. Präsenz wiederum entsteht in der richtigen Kombination aus persönlicher Selbstinszenierung und klaren Aussagen. Karriere ist das Ergebnis einer gelungenen Selbstinszenierung, klarer Haltungen und Standpunkte, Mut zur eigenen Meinung,
Engagement in allen möglichen Bereichen und einer unverwechselbaren Persönlichkeit.
Diese Kombination macht den Unterschied. Wer im richtigen Verhältnis aus Commit-
ment und „Aneckkompetenz" agiert, steigert seine Karrierechancen erheblich. Es kommt
nur auf die richtige Dosierung an.

Dabei ist Bescheidenheit absolut unangebracht, denn Klappern gehört zum Hand-
werk. Wer darauf baut, dass sein Chef per Zufall auf Talente, Kompetenzen und Füh-
rungsqualitäten aufmerksam wird, wird in der Regel enttäuscht. Kommunikation ist
in Sachen Karriere das A und O – insbesondere die Kommunikation der eigenen Leistungen. Für Vorgesetzte ist es oftmals schwierig, die Stärken des Nachwuchses richtig
einzuschätzen. Deshalb sollte sich niemand scheuen, seine Talente, aber auch ein positives Feedback – etwa vom Kunden – aktiv zu kommunizieren. Wer Karriere machen
will, muss dafür mehr tun, als nur seine Arbeit pünktlich und gewissenhaft abliefern. Er
benötigt ein gesundes Selbstbewusstsein – ein umfassendes Bewusstsein darüber, was
seine Persönlichkeit ausmacht und was eben diese von den Kollegen unterscheidet. Die
Grenze zur Selbstüberschätzung ist dabei oftmals fließend, darf aber eben nicht über-
schritten werden. Denn Selbstüberschätzung, die früher oder später auffliegt, untergräbt
die Glaubwürdigkeit. Andersartigkeit, die übertrieben oder überhöht wird, kann zudem
schnell einen gegenteiligen Effekt als den gewünschten erzielen. Eine überspitzte Betonung macht die Andersartigkeit zu etwas Befremdlichen, dass Unbehagen auslöst und
nicht einzuschätzen scheint. Eine Andersartigkeit, die der Karriere zuträglich ist, ist
dagegen eine, die mit einer gewissen Selbstverständlichkeit gelebt wird und in eine Art

Selbstmarketing mündet, das die Besonderheiten und Fähigkeiten der eigenen Person unterstreicht. Wer positiv auf andere wirken will, braucht persönliches Format – und zwar eines, das nicht aufgesetzt wirkt, sondern eines, das von innen kommt. Beim Vermarkten der individuellen Eigenheit müssen Nutzen und Mehrwert betont werden, die die persönliche Diversität mit sich bringt. Ziel ist es, die Menschen auf noble Art und Weise für sich zu gewinnen. Dabei liegen Authentizität – im Sinne wirklich persönlicher Echtheit, nicht im Sinne einer letztlich doch aufgesetzten Rolle, wie sie viele Persönlichkeitsentwickler leider falsch verstehen – und Erfolg eng beieinander, denn konsequent nach außen dargestellt werden kann nur das, was im Innern wirklich und wahrhaftig ist. Wer Karriere machen will, darf nicht darauf warten, entdeckt zu werden. Er muss sich auf sich selbst besinnen, in seiner Eigenheit wichtige Qualitäten und Fähigkeiten erkennen und benennen, klare Ziele formulieren und sich mit einer gehörigen Portion Selbstbewusstsein aktiv aufmachen in Richtung Erfolg. Aktivität ist gefragt, Passivität wird bestraft. Ohne Selbstinszenierung und Präsenz keine Karriere. Von nichts kommt nichts. Auch die Aufmerksamkeit von Chefs will gelenkt werden. Jeder hat es in eigenen Händen, diese auf sich zu ziehen.

1.3   Diversity Management als Motor für wirtschaftlichen Erfolg: Wie Unternehmen die Vielfalt gezielt für sich nutzen

Unternehmen, die die Zeichen der Zeit erkannt haben und Diversity zu ihrem Wettbewerbsvorteil nutzen wollen, brauchen eine neue Unternehmenskultur – eine, die überholte Stereotype aus den Richtlinien streicht und offen ist für eine neue, innovative, kreative oder schlicht andere Art von Mitarbeitern. Es gilt, Grenzen neu zu definieren und Spielraum zu lassen, der es den Mitarbeitern ermöglicht, sich und ihr persönliches Potenzial bestmöglich zu entfalten. Dies kommt Unternehmen gleich in zweierlei Hinsicht zugute: Zum einen natürlich durch genanntes Potenzial. Zum anderen aber auch durch die veränderte Wahrnehmung, die das Unternehmen in der Öffentlichkeit erzielen wird. Internationale Studien belegen, dass Unternehmen, die öffentlich für ihre Diversity-Aktivitäten bekannt sind, einen vergleichsweise höheren Firmenwert aufweisen. Die Art und Weise, wie ein Unternehmen öffentlich wahrgenommen wird, hängt nicht zuletzt davon ab, wie die Mitarbeiter ihren Arbeitgeber nach außen repräsentieren. Ihre Zufriedenheit oder Unzufriedenheit spiegelt sich unmittelbar in der Meinung wider, die sie außerhalb des Unternehmens vertreten. Dies ist ein ganz entscheidender Punkt: Jeder einzelne Mitarbeiter fungiert auf die eine oder andere Weise als Unternehmens- oder Markenbotschafter für seinen Arbeitgeber – ob bewusst oder unbewusst, gewollt oder nicht. Diese Kommunikation durch die Mitarbeiter ist ein wesentlicher Teil des sogenannten Employer Branding geworden. Employer Branding meint die Positionierung eines Unternehmens als Arbeitgebermarke und basiert auf einer Arbeitgebermarkenstrategie, die auf Grundlage der passenden Unternehmensstrategie und Unternehmensmarke entsteht. Gezieltes Employer Branding verbessert das Image eines Unternehmens in der Außenwirkung und damit auch die Wettbewerbsfähigkeit im Kampf um Kunden und die besten Köpfe. Dabei kommt dem Diversity Management eine besondere Rolle zu: Einerseits wird ein Arbeitgeber, der sich den Abbau von sozialen Diskriminierungen und die Verbesserung der Chancengleichheit auf die Fahne geschrieben hat, als fairer wahrgenommen, was zugleich seine Attraktivität erhöht. Andererseits lockt ein geschickt nach außen kommuniziertes Diversity Management – idealerweise eingebettet in eine umfassende CSR-Kommunikationsstrategie – eine breitere Bewerberschicht an, was wiederum in eine höhere Qualität neuer Mitarbeiter und in eine größere Auswahl aus geeigneten Bewerbern mündet. Schließlich werden qualifizierte, engagierte Angestellte durch eine höhere Identifikation und den Aufbau einer emotionalen Bindung langfristig an den Arbeitgeber gebunden. Ein gut durchdachtes Diversity Management trägt erwiesenermaßen dazu bei, neue Kundengruppen zu erobern und die Arbeitsatmosphäre zu verbessern. Letzteres wiederum ist zwingend notwendig, um die positive Marketingwirkung der Mitarbeiter in ihrer Außenkommunikation zu erhöhen.

Potenzielle neue Mitarbeiter, aber auch Kunden, die sich einen Eindruck von der Arbeitsweise einer Firma verschaffen wollen, interessieren sich zunehmend für die Stimmen der Mitarbeiter. Deren Aussagen wirken wahrhaftiger und glaubwürdiger als es die offiziellen Hochglanz-Werbekampagnen je sein können. Dabei müssen die Angestellten oftmals gar nicht aktiv zu ihrer Meinung über den Arbeitgeber befragt werden, denn ein Großteil der Mitarbeiter teilt seine Ansichten ohnehin ganz unverblümt mit der Öffentlichkeit – nämlich in den sozialen Netzwerken, nicht zuletzt auf der speziell dafür entwickelten Plattform kununu, deren einzige Funktion es ist, dass Mitarbeiter ihre Arbeitgeber dort bewerten und beurteilen – einsehbar für jedermann und gleich verbunden mit der entsprechenden Reichweite bei Google und Co. Die Bedeutung der Mitarbeiter für die Außenwirkung eines Unternehmens kann also nicht hoch genug eingeschätzt werden. Es sind auch und vor allem die Mitarbeiter, die einem Unternehmen ein Gesicht verleihen, die als Unternehmens- und Markenbotschafter für die Arbeitgebermarke fungieren – jedes Mal, wenn sie Fotos aus dem Arbeitsalltag, Videos aktueller Firmenevents oder Stellenausschreibungen posten oder eben ihren Arbeitsplatz oder ihren Arbeitgeber öffentlich bewerten.

Laut einer Studie des Marktforschungsunternehmens Weber Shandwick aus dem Jahr 2014 posten 50 % der Mitarbeiter „oft" oder „von Zeit zu Zeit" etwas aus ihrem Arbeitsalltag in den sozialen Netzwerken. Diese Entwicklung können Arbeitgeber gezielt für sich nutzen, indem sie die Mitarbeiter aktiv in das Employer Branding einbinden.

Ein gut durchdachtes Diversity Management, das auf eine große Anzahl von Mitarbeitern mit unterschiedlichen Talenten, Lebensläufen und Wurzeln baut, kann auch im Wettbewerb um die Kunden einen entscheidenden Vorteil bringen – dann nämlich, wenn es der mannigfaltige Stamm an Mitarbeitern erlaubt, einer ebenso großen Vielzahl von Kunden mit den unterschiedlichsten Bedürfnissen für jedes ihrer Belange den passenden Ansprechpartner zur Seite zu stellen. Dies gilt natürlich auch in Hinblick auf die Erschließung neuer Märkte mit all ihren kulturellen Unterschieden. So ist etwa ein Mitarbeiter, der sich sicher und gewandt in einer dem Arbeitgeber fremden Kultur bewegt, weil er vielleicht dort aufgewachsen ist oder einen Teil seines Studiums in dem Land absolviert hat, von unschätzbarem Wert. Für Unternehmen lohnt es sich also in mehrfacher Hinsicht, die Andersartigkeiten und Eigenheiten ihrer Mitarbeiter einzeln zu betrachten und individuell zu kultivieren, sie sogar individuell zu fördern und weiterzuentwickeln – eine neue Aufgabe für das Personalmanagement und die Personalentwicklung. Damit dies gelingt, dürfen Mitarbeiter und potenzielle Bewerber nicht länger in Schubladen gesteckt werden. Es muss vielmehr erlaubt, ja sogar gewünscht sein, dass sich ein Mitarbeiter oder Bewerber traut, sich in seiner Individualität mit all ihren Facetten zu zeigen. Das Unternehmen muss schlussendlich eine symbiotische Beziehung mit seinen Mitarbeitern eingehen, die es beiden Seiten ermöglicht, voneinander zu profitieren und aneinander zu wachsen. Dabei obliegt es dem Unternehmer, die Grenzen gerade so weit zu öffnen, dass die Andersartigkeit ihr Potenzial entfalten kann, ohne die Unternehmensmarke im Kern zu verwässern.

Regelmäßig sollten Führungskräfte deshalb Bilanz ziehen und prüfen, ob die einzelnen Mitarbeiter in ihrer jeweiligen Funktionen noch richtig positioniert sind und ob sie weiterhin genau dort zum Unternehmen und seiner Strategie passen. Regelmäßiges Matching ist für den Unternehmenserfolg unerlässlich. Führungskräfte, denen dieser Balanceakt gelingt, werden nachhaltig von motivierten Mitarbeitern profitieren, die sich durch ihre Identifikation mit dem Unternehmen langfristig an ihren Arbeitgeber binden. Darüber hinaus profitieren sie von einer gesteigerten Kundenbindung, einer verbesserten Wettbewerbsfähigkeit und damit schlussendlich von höheren Umsätzen und Gewinnen.

1.4 Vielfalt als Chance

Die Kultivierung von Vielfalt ist zu einem unverzichtbaren Instrument für unternehmerischen Erfolg geworden. Nur diejenigen Unternehmen, die sich zur Vielfalt bekennen, die sich aktiv für deren Förderung einsetzen und wissen, wie sie die Vorteile, Talente und Eigenheiten sowie das Wissen und die Kenntnisse jedes Einzelnen für ihr Unternehmen nutzen, werden in Zukunft im zunehmenden Wettbewerb der globalen und transparenten Märkte bestehen können. Mit fortschreitender Globalisierung wird das Thema Diversität kontinuierlich weiter an Bedeutung gewinnen. Das bringen allein schon die veränderten Rahmenbedingungen mit sich, innerhalb derer Firmen heute und in Zukunft operieren. Im Zuge der Internationalisierung von Arbeits- und Absatzmärkten werden sowohl Kunden als auch Angestellte zwangsläufig vielfältiger und vielschichtiger und damit verbunden anspruchsvoller. Jeder ist eigen und möchte individuell behandelt, gewürdigt und einbezogen werden. Mit einer heterogenen Belegschaft, deren Mitglieder sich in Geschlecht, kultureller Herkunft, in Alter oder in Bezug auf ihre Vita, Werte und Persönlichkeit voneinander unterscheiden, sind Unternehmen besser aufgestellt, wenn es darum geht, flexibel auf den strukturellen Wandel zu reagieren. Es ist keinesfalls zu weit gegriffen, zu behaupten, dass es sich heutzutage kein Unternehmen mehr leisten kann, auf ein

gut durchdachtes Diversity Management zu verzichten. Die Umsetzung einer zielführen-
den Diversity-Strategie ist dabei als Prozess zu verstehen, der immer wieder auf seine
Funktionalität hin untersucht und gegebenenfalls an neue Anforderungen angepasst werden muss, die die Globalisierung und der damit einhergehende zunehmende Wettbewerb
mit sich bringen. Ziel dieses fortlaufenden Prozesses ist ein agiles Unternehmen, das so
anspruchsvoll ist wie seine Kunden und so bunt wie die Gesellschaft selbst.

1.5   Über den Autor

Falk S. Al-Omary ist der Experte für Selbstinszenierung, Medienreichweite und Egosel-
ling. In mehr als 20 Jahren in politischen Ämtern und Mandaten und mehr als 50 Funktionen in Verbänden, Organisationen und Unternehmen hat er gelernt, wie strategisches
Denken und Handeln in einem komplexen und meist rauen Umfeld funktioniert, wie sich
starke Persönlichkeiten an die Spitze kämpfen und dort auch bleiben. Mit diesem Wissen
leitet er heute seine eigene Unternehmensgruppe. Er ist Mentor, Marken- und Identitätsent-
wickler sowie zupackender Markenbotschafter für all diejenigen, die vor allem sich selbst
verkaufen, sich mit ihrem Namen und ihrer Expertise durchsetzen und auf ein positives Mei-
nungsklima sowie auf ein ihnen vorauseilendes Renommee angewiesen sind.

Der Autor von „Bescheidenheit zieht Armut an" und anderen Werken rund um die
Themen Marketing, PR und Selbstinszenierung arbeitet für viele prominente Persönlichkeiten sowie für namhafte Unternehmen und Eventveranstalter. Er sorgt dafür, dass
Experten höhere Honorare mit ihrem Wissen und Können sowie maßgeschneiderten Produkten erzielen, ohne diese rechtfertigen zu müssen. Dafür spielt er die Klaviatur der
Medien: von Print und Online über Radio und TV bis hin zu crossmedialen Kampagnen transportiert er Botschaften, Themen und Meinungen und sorgt so für starke Anzie-
hungskräfte des Marktes.

Der PR-Profi, Wirtschaftsjournalist, Autor, Top 100 Unternehmer, ausgebildete Busi-
ness-Coach und professionelle Vortragsredner ist zudem gefragter Keynote Speaker.
Seine Vorträge und Workshops sind frech und spritzig, maximal provokant und ein scho-
nungslos ehrlicher Blick hinter die Kulissen der Erfolgreichen.

Weitere Informationen unter www.al-omary.com.

Literatur

Barta, T., Kleiner, M., & Neumann, T. (2011). *Organizational performance. Vielfalt siegt! Warum diverse Unternehmen mehr leisten.* McKinsey & Company, Inc.

Fuchs, J., Kubis, A., & Schneider, L. (2015). *Zuwanderungsbedarf aus Drittstaaten in Deutschland bis 2050. Szenarien für ein konstantes Erwerbspersonenpotenzial – unter Berücksichtigung der zukünftigen inländischen Erwerbsbeteiligung und der EU-Binnenmobilität.* Gütersloh: Bertelsmann Stiftung.

Weber Shandwick, & KRC Research. (2014). Employees rising: Seizing the opportunity in employee activism.

Woolley, A. W. (2010). *Evidence for a collective intelligence factor in the performance of human groups.* Pittsburgh: Carnegie Mellon University.

Diversity im öffentlichen Dienst – Chance oder Hemmnis?

Nicole Britta Bernstein

Wer nicht bereit ist neue Wege einzuschlagen, wird stehen bleiben und sich nicht fortentwickeln.

Zusammenfassung

Der Beitrag „Diversity im öffentlichen Dienst – Chance oder Hemmnis?" stellt die Weiterentwicklung des jetzigen Gleichstellungssystems zur Diversität vor. Die Führungsrolle wird hierbei als entscheidendes Kriterium herausgestellt. Darüber hinaus werden Anregungen zur Potenzialanalyse, Potenzialgewinnung und Potenzialnutzung von Mitarbeiter_innen gegeben. Unterschiedliche Optimierungsmöglichkeiten werden aufgezeigt. Dabei wird nicht aus dem Auge verloren, dass die Einführung von Diversity ein langwieriger Prozess ist, der Führungskräfte und Mitarbeiter_innen sowie auch den Gesetzgeber gleichermaßen fordert. Im Ergebnis wird Diversity als Chance festgestellt. Im öffentlichen Dienst – hier soll auf die Bundesebene Bezug genommen werden – wurden in den vergangenen Jahrzehnten Mitarbeiter_innen mit unterschiedlichsten Hintergründen (z. B. Berufsausbildung, Studium, Migrationshintergrund) eingestellt. Sowohl der Anteil von weiblichen Beschäftigten als auch von Mitarbeiter_innen mit Migrationshintergrund wurde deutlich erhöht. Allerdings sind beide Gruppen bisher in Führungsfunktionen unterrepräsentiert. Wie könnte dieses – aber auch das andere bei den Mitarbeiter_innen vorhandene – Potenzial besser nutzbar gemacht werden?

N.B. Bernstein (✉)
Kiel, Deutschland
E-Mail: nicole.bernstein@gmx.net

© Springer Fachmedien Wiesbaden 2016
P. Buchenau (Hrsg.), *Chefsache Diversity Management*,
DOI 10.1007/978-3-658-12656-8_2

Inhaltsverzeichnis

> **Beispiel**
>
> Am 1. Oktober 1987 wurden in den mittleren Polizeivollzugsdienst des damaligen Bundesgrenzschutzes (BGS) erstmalig 30 Frauen eingestellt. Diese Einstellung wurde mit großem Medieninteresse begleitet. Aufgrund eines höheren Bildungsabschlusses (Abitur/Fachhochschulreife) bewarben sich einige Frauen dieser Einstellung bereits 1988 für die Ausbildung im gehobenen Dienst des BGS. In dem Ablehnungsschreiben der zuständigen Behörde wurde ausgeführt: „Eine Einstellung von Frauen in den Vorbereitungsdienst des gehobenen Polizeivollzugsdienstes des BGS wirft eine Reihe von Fragen, insbesondere hinsichtlich ihrer künftigen Verwendungsmöglichkeiten auf. Die Antworten ergeben sich nur teilweise unmittelbar aus der Entscheidung über die Verwendungsmöglichkeiten im mittleren Dienst. Die offenen Fragen müssen – auch in Ihrem Interesse – vor der Einstellung geklärt werden. Es war sinnvoll, in die vertiefte Prüfung der Fragen erst dann einzutreten, wenn erste gefestigte Erfahrungen mit der Ausbildung von Frauen für den mittleren Polizeivollzugsdienst vorliegen ..." (Grenzschutzkommando West 1988).

Ein Ablehnungsbescheid solchen Inhalts wäre heute undenkbar und würde nach den gültigen gesetzlichen Regelungen sogar Schadenersatzforderungen ermöglichen.

2.1 Begriffsdefinition

Für Diversity gibt es unterschiedliche Definitionen. Im Folgenden wird darunter verstanden:

> Die Diversität auf dem Arbeitsmarkt bezweckt die Anerkennung der Legitimität aller Arbeitnehmer, d. h. auch der auf dem Arbeitsmarkt schwächsten Gruppen. Sie gilt als freiwilliges, unverbindliches Vorhaben mit einem doppelten Ziel: Diskriminierungsbekämpfung und Mehrwertschöpfung (Abedinaj 2012).

Übertragung auf den öffentlichen Dienst
Diese Definition lässt sich auch auf den öffentlichen Dienst in Deutschland übertragen. Die unterschiedlichen öffentlichen Arbeitgeber stehen durch den demografischen Wandel in den kommenden Jahren in starker Konkurrenz zu den wirtschaftlichen Arbeitgebern. Der öffentliche Dienst muss somit für Bewerber_innen attraktiv gemacht werden, um leistungsstarken Nachwuchs zu gewinnen und damit eine Alternative zu anderen Arbeitgebern zu bieten.

Der öffentliche Dienst ist ein Spiegelbild der Gesellschaft. Insofern sollte es das langfristige Ziel sein, diese sich verändernde Gesellschaft bewusster abzubilden. Nur mit diesem Hintergrundverständnis kann der öffentliche Dienst dienstleistungsorientiert für die Bevölkerung tätig sein.

Diversity herzustellen ist ein Prozess, der einige Zeit in Anspruch nehmen wird. Dazu gehört ein bewusstes und stufenweises Vorgehen, um die Mitarbeiter_innen einer Behörde mitzunehmen und an dem Wandlungsprozess zu beteiligen.

2.2 Diversity als Führungsaufgabe und Entwicklungsprozess

Ausgewählte Stationen auf dem Weg zur Umsetzung von Diversität sollen in Abb. 2.1 dargestellt werden.

2.2.1 Erster Schritt: Leitungsentscheidung der Organisationsführung

Der Nutzen der Vielschichtigkeit der Mitarbeiter_innen-Potenziale muss von der Führung einer Organisation vorgelebt und gesteuert werden. Eine Möglichkeit ist z. B. die

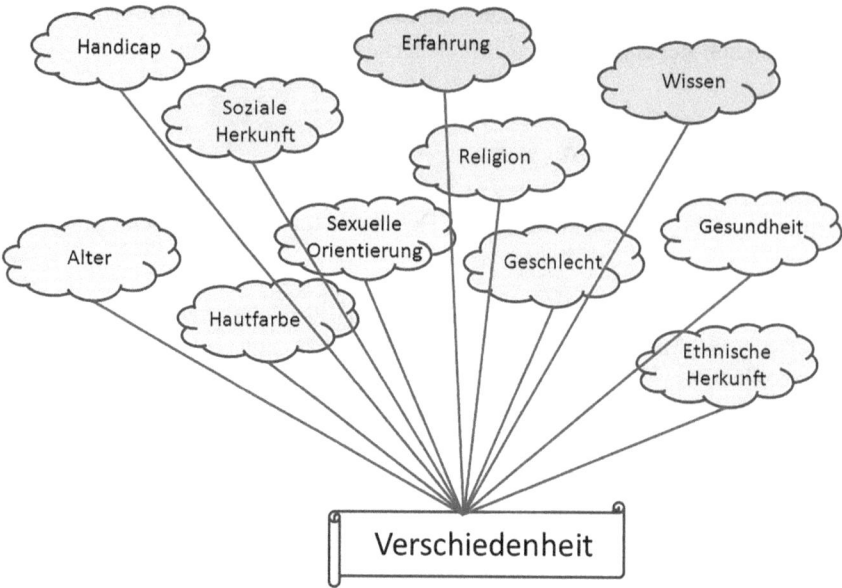

Abb. 2.1 Elemente der Diversity

Unterzeichnung der „Charta der Vielfalt"[1]. Diese ist eine Selbstverpflichtung einer Organisation und ein Bekenntnis zur Vielfältigkeit. Weitere Möglichkeiten bestehen in schriftlichen Absichtserklärungen oder schriftlich niedergelegten Behördenleitungsbeschlüssen.

Dies kann durch verschiedene Maßnahmen manifestiert werden. Somit ist der Führungswille dokumentiert und für alle Mitarbeiter_innen ersichtlich.

2.2.2 Zweiter Schritt: Erarbeitung einer Vision und eines Leitbildes

Im weiteren Führungsprozess sollte die Leitung eine Vision als übergeordnetes langfristiges Ziel formulieren.

Danach kann dann ein Leitbild entwickelt/angepasst werden; viele öffentliche Organisationen verfügen bereits über ein Leitbild. Von einem Leitbild nach dem Top-down-Verfahren ist dringend abzuraten. Gerade für den Prozess, Diversity in einer Organisation einzuführen, wäre ein derartiges Leitbild kontraproduktiv. Von der Führung vorgegebene Leitbilder werden von den Mitarbeiter_innen kaum akzeptiert.

Dieses Leitbild sollte nach dem Bottom-up-Verfahren unter möglichst breit gefächerter Einbindung der Mitarbeiter_innen erarbeitet bzw. aktualisiert werden. Dies benötigt

---

[1]Die Charta findet sich im Wortlaut unter: http://www.charta-der-vielfalt.de/charta-der-vielfalt/die-charta-im-wortlaut.html.

zwar einige Zeit, hat erfahrungsgemäß jedoch den Vorteil, dass sich der größte Teil der Belegschaft mit dem Erarbeiteten identifiziert und dies lebt.

Nach der Erstellung muss dieses Leitbild in die Organisation implementiert werden. Es wird allen Mitarbeiter_innen vorgestellt, durch Aushänge visualisiert und im Intranet an gut sichtbarer Stelle eingestellt. Das Leitbild ist ein Idealzustand, der im Zusammenwirken aller Organisationsangehörigen erreicht werden soll.

2.2.3   Dritter Schritt: Analyse des Ist-Zustands der Organisation

Nach den genannten Vorarbeiten ist eine umfassende Analyse des Ist-Zustandes einer Organisation erforderlich. Dieser kann je nach Behörde sehr unterschiedlich sein, daher ist dieser durch geeignete wissenschaftliche Methoden zu erheben.

Nachfolgend werden ein paar Leitgedanken formuliert, die in die Status-quo-Analyse einfließen können. Einige dieser Gedanken sind bewusst ohne Denkverbote formuliert – auch, wenn sie Bestehendes in Frage stellen.

2.2.3.1 Diversity – ungenutzte Potenziale?

Meiner eigenen Beobachtung nach bringen Mitarbeiter_innen von öffentlichen Organisationen verschiedenste Potenziale bereits bei ihrer Einstellung mit. Dies können z. B. Berufsausbildungen, Studienabschlüsse und/oder Sprachkenntnisse sein. Auch Hobbys und/oder Tätigkeiten im Ehrenamt können Potenziale darstellen.

Teilweise werden potenzielle Mitarbeiter_innen genau wegen dieser Fertigkeiten in Stellenanzeigen gezielt angesprochen. Dies betrifft insbesondere Berufseinsteiger aber auch Umsteiger oder Soldat_innen nach Ende ihrer aktiven Dienstzeit bei der Bundeswehr. Häufig wird das angesprochene Potenzial über die geforderten Voraussetzungen mitgebracht.

Das mitgebrachte Potenzial war Bewerbungsvoraussetzung. In der Folge schlummert dieses Potenzial aber sehr häufig im Verborgenen und/oder es bleibt dem Zufall überlassen, ob diese Fertigkeiten von den zuständigen Führungskräften erkannt und im Weiteren genutzt werden.

Wie bereits angesprochen werden bei der Einstellung gezielt bestimmte Studienabschlüsse als Bewerbungsvoraussetzung gefordert. Beobachtet man die spätere Verwendung dieser Kolleg_innen, so ist öfters wahrzunehmen, dass die Mitarbeiter_innen vollkommen abweichend von diesen Abschlüssen verwendet werden. Damit wird Potenzial verschwendet, weil es entweder dem zuständigen Vorgesetzten nicht bekannt ist, nicht erkannt wurde oder bewusst ignoriert wird.

Teilweise wird die Ausbildung in der eigenen Organisation als hochwertiger und zielführender als vorheriges Wissen betrachtet. Ein solcher Blickwinkel widerspricht jedoch dem Ansatz von Diversity.

Hierzu ein Beispiel

In einer Mittelbehörde des Bundes wurde durch interne Ausschreibung eine Leiter_in der Stabsstelle Controlling gesucht. In der Organisation sind Mitarbeiter_innen mit verschiedenen abgeschlossenen Wirtschaftsstudiengängen als Potenzial vorhanden. Die Personalauswahl fällt auf eine Jurist_in. Diese muss dann aufwendig für die Funktion fortbildet werden.

2.2.3.2 Potenziale erkennen – aber systematisch!

▶ Weder das Erkennen noch das Nutzen von Potenzialen darf dem Zufall überlassen bleiben!

Führungskräfte sollten verinnerlichen, dass in der Vielschichtigkeit einer Organisation viel Stärke liegen kann, wenn dieses Potenzial richtig erkannt und genutzt wird.

In Behörden werden bereits seit einigen Jahren Personalakten auf ein elektronisches System umgestellt. Gerade eine datenverarbeitungsgestützte Führung der Personaldaten eröffnet grundsätzlich die Möglichkeit, systematisch Potenziale zu erfassen, diese auszuwerten und dementsprechend auch gezielt zu nutzen.

Bereits mit der Einstellung sollten bereits mitgebrachte Potenziale in einer Datenbank erfasst werden. Dies ist dann mit dem Werdegang der Mitarbeiter_in in einer Organisation fortzuschreiben. Außerdem sind diese Erkenntnisse – wie alle Inhalte einer Personalakte – nach einem Behördenwechsel mit zu übermitteln. Mit dieser systematischen Erfassung besteht die Option, gezielt nach Potenzialen zu suchen und Mitarbeiter_innen gezielt für Positionen zu gewinnen/auszuwählen. Gerade in den regelmäßigen Beurteilungsgesprächen ergeben sich fortlaufend potenzialrelevante Aspekte, die auch aus privater Fortbildung, einem intensiv ausgeübten Hobby und/oder dem Ehrenamt stammen können.

Hilfreich wäre, wenn die zuständigen Führungskräfte regelmäßig einen Potenzialbogen ihrer Mitarbeiter_innen erhalten, um diesen als Grundlage für unterschiedliche Personalgespräche zu nutzen. Damit kann die Struktur eines Personalführungsgesprächs ergänzt oder eine Stellungnahme zu einer Bewerbung eines Mitarbeiters inhaltlich noch fundierter ausgestaltet werden.

Gerade in großen Organisationen oder verstreut untergebrachten Organisationseinheiten ist es für Führungskräfte hilfreich, einen solchen Potenzialbogen zur Verfügung zu haben. Damit liegen für alle Mitarbeiter_innen die wesentlichen Informationen vor. Reibungsverluste durch Führungswechsel können minimiert werden.

Als Skeptiker und Befürworter des Datenschutzes könnte man an dieser Stelle argumentieren, dass diese Erkenntnisse dem Datenschutz unterliegen und dem Vorgesetzten nicht ohne weiteres zugänglich gemacht werden dürfen. Andererseits kann eine Führungskraft aber nur so gut Potenziale und damit die Vielschichtigkeit ihrer Mitarbeiter_innen erkennen und nutzen, wie sie ihr bekannt sind. Insofern ist der Inhalt solcher Potenzialbögen letztlich nur mit dem zuständigen Datenschutzbeauftragten abzustimmen. Schließlich ist es ja auch im Interesse der Mitarbeiter_innen, ihren Fähigkeiten entsprechend eingesetzt zu werden.

Ein den persönlichen Fähigkeiten und Neigungen von Mitarbeiter_innen entsprechender Einsatz erhöht bekanntermaßen die Berufszufriedenheit und die Leistungsbereitschaft. Dies wiederum hat positive Auswirkungen auf die Gesundheit und führt meist zu geringen Fehlzeiten durch Erkrankungen.

2.2.3.3 Potenziale erhalten und fortbilden

Normalerweise ist es im öffentlichen Dienst üblich, Fortbildung eng an dem jeweiligen Dienstposten auszurichten. Diesbezüglich könnte eine Potenzialdatenbank ebenfalls unterstützend wirken. So hätte der zuständige Vorgesetzte anhand des Ausdrucks die Möglichkeit, mit dem/der Mitarbeiter_in den Fortbildungsbedarf fundiert zu erörtern. Fortbildung der Mitarbeiter_innen ist letztlich auch Führungsaufgabe.

Gerade in Zeiten knapper Ressourcen könnte hier das Augenmerk auf die gesetzlich erforderlichen Fortbildungen sowie die für einen Qualifikationserhalt erforderlichen Fortbildungen gelegt werden. Wenn derartige Termine versäumt werden führt dies häufig zu erheblichen zeitlichen und finanziellen Mehraufwendungen für die Organisation. Außerdem kann diese Mitarbeiter_in dann unter Umständen für bestimmte Verwendungen zumindest zeitweise nicht mehr eingesetzt werden. Dies belastet eine Organisation gleichfalls.

Darüber hinaus könnte dieser Fortbildungsrahmen dadurch erweitert werden, dass weitere vorhandene Potenziale durch Fortbildung auf aktuellem Stand erhalten werden.

Gerade dort, wo Mitarbeiter_innen mit bestimmten Berufs-/Studienabschlüssen gezielt angeworben werden, macht es Sinn, die Fähigkeiten für die Organisation aktuell zu erhalten.

Abstriche sollten nur dort gemacht werden, wo die Potenziale offenkundig nicht für die Organisation nutzbar sind.

Dienststellen sollten sich vermehrt dafür einsetzen, dass Fortbildung unter Nutzung moderner Möglichkeiten, wie z. B. E-Learning stattfindet. Damit würden Abwesenheitszeiten von Mitarbeiter_innen vermindert sowie Reisekosten eingespart. Allerdings muss dann den Mitarbeiter_innen innerdienstlich der notwendige zeitliche Freiraum zum Lernen eingeräumt werden. Darüber hinaus muss die Organisation angepasste technische Lösungen bereitstellen, die alle Formen von E-Learning unterstützen.

Eine Alternative ist, den Mitarbeiter_innen – vergleichbar mit Telearbeit – die Teilnahme am E-Learning von zu Hause aus zu ermöglichen. Dies ist jedoch von den jeweiligen Inhalten abhängig, da einige Inhalte einem besonderen innerdienstlichen Schutz unterfallen.

2.2.3.4 Potenziale gezielt anwerben – Nachwuchswerbung und externe Bewerber

Ein weiterer Punkt ist, zukünftige Mitarbeiter_innen wegen bestimmter Fertigkeiten/ Eigenschaften gezielt anzusprechen. Dazu gehören auch eine adressatengerechte Sprache und die Nutzung der heutigen technischen Möglichkeiten.

Bei der Gewinnung von jungen Menschen ist unbedingt ein Auftritt mit einer eigenen Homepage und in unterschiedlichen sozialen Netzwerken erforderlich. Die meisten jungen Menschen nutzen heute täglich das Internet und ihr Smartphone. So führt eine an junge Leute angepasste Internetpräsenz dazu, dass sich potenzielle Bewerber_innen gut über die Organisation und ihre beruflichen Möglichkeiten informieren können.

Zeitgemäß wäre eine Online-Berufsberatung, in der z. B. im Chat Fragen an eine/n Einstellungsberater_in gestellt werden können und die in Echtzeit beantwortet werden. Hier sind gewerbliche Web-Angebote ein gutes Beispiel, in welchen als Telefonalternative ein Chat mit einer/m Mitarbeiter_in ermöglicht wird.

Die Möglichkeit einer Onlinebewerbung rundet eine gelungene Internetpräsenz ab. Dabei sollte der Bewerbungsprozess selbsterklärend gestaltet und einfach strukturiert sein.

Die o. a. Punkte werden heute schon vielfach genutzt. Dennoch könnte hier das Bemühen noch deutlich intensiviert werden. Wenn eine Organisation Offenheit für Verschiedenartigkeit signalisiert, sinkt bei Interessent_innen die Hemmschwelle für eine Bewerbung. Eine Vision in Verbindung mit einem Leitbild sind hier eine gute Unterstützung.

Gerade auch Bewerber_innen mit Migrationshintergrund könnten durch gezieltere Informationen besser angesprochen werden. In Bezug auf Frauen findet sich in Stellenausschreibungen oft der Satz: „Die Bundesbehörden haben sich die Gleichstellung von Frauen und Männern zum Ziel gesetzt. Bewerbungen von Frauen werden daher ausdrücklich begrüßt."

Warum wird dies nicht standardmäßig auch auf Bewerber_innen mit Migrationshintergrund ausgedehnt? Damit könnte letztlich eine Behörde ohne nennenswerten Mehraufwand dieses Potenzial ansprechen und Offenheit signalisieren. Dies könnte durch den Satz: „Bewerbungen von Menschen mit Migrationshintergrund sind ausdrücklich erwünscht." erreicht werden.

Sucht eine öffentliche Organisation Mitarbeiter_innen mit speziellen Kenntnissen, so sollte die ausgelobte Bezahlung den Fähigkeiten dieser Mitarbeiter_innen entsprechen. Schließlich haben sie Zeit und Geld in ihre Ausbildung/ihr Studium investiert. Will eine Behörde in Konkurrenz mit der freien Wirtschaft hoch qualifizierte Mitarbeiter_innen anwerben, so muss die Bezahlung auf einem akzeptablen Niveau erfolgen.

Es sollte z. B. wirtschaftlich gegengerechnet werden, was die Fortbildung einer Bestandsmitarbeiter_in an Zeit (und somit Gehaltsfortzahlung und Abwesenheit der Arbeitskraft für das Hauptamt) und Geld (z. B. Lehrgangsgebühren, Reisekosten, Trennungsgeld) kosten würde. In Bezug auf eine externe bereits qualifizierte Mitarbeiter_in könnte dieses Geld besser in eine höhere Bezahlung investiert werden. Damit wird dann ein zusätzlicher Anreiz für leistungsstarke externe Bewerber_innen geschaffen.

Auch hier wieder ein Beispiel

Im öffentlichen Dienst werden Diplomingenieure oder EDV-Spezialisten gesucht. Die Besoldung ist bei manchen Ausschreibungen höchsten mit A 10/A 11 bzw. vergleichbaren TVÖD-Einstufungen dotiert. Bekommt die Organisation damit realistisch das qualitative Potenzial, das sie wünscht?

2.2.3.5 Potenziale der Mitarbeiter_innen gezielt auswählen (interne Ausschreibungen)

Bisher ist es üblich, interne Vakanzen auszuschreiben und Bewerbungseingänge der Mitarbeiter_innen abzuwarten. Ergänzend dazu werden Mitarbeiter_innen von Vorgesetzten zu einer Bewerbung ermuntert. Die Bewerbungen werden dann nach der Aktenlage vorausgewählt und der Bewerberkreis damit auf die am besten geeigneten Bewerber_innen eingeengt. Diese werden anschließend in einer persönlichen Auswahlvorstellung für die abschließende Entscheidung in Augenschein genommen.

Ein Problemfeld besteht darin, dass nicht jede Ausschreibung die grundsätzlich geeigneten Personen erreicht. Immer wieder gibt es durch Abwesenheiten wie Urlaub oder Krankheit, organisationsfremde Verwendungen oder auch in der Elternzeit Informationsdefizite. Interessierte Bewerber_innen erfahren daher oft erst im Nachgang von einer Ausschreibung. Vor allem dann, wenn eine sehr kurze Bewerbungsfrist vorgesehen ist oder die Steuerung in Haupturlaubszeiten erfolgt. Dadurch entsteht bei den Mitarbeiter_innen der Eindruck, dass in diesen Fällen das Bewerbungsverfahren durch die Organisation manipuliert werden soll. Ob dies tatsächlich so ist, sei dahingestellt.

Durch die bereits angesprochene Potenzialdatenbank kann ein Bewerbungsverfahren organisationsseitig begleitet werden. So kann der Personalbestand der Organisation nach den obligatorischen und fakultativen Auswahlkriterien systematisch durchsucht werden. Aus der Datenbank könnten die am besten geeigneten Bewerber_innen zusammengestellt und aktiv angesprochen werden, ob sie Interesse an der betreffenden Ausschreibung haben. So könnte gerade bei speziellen Verwendungen das Mitarbeiter_innenpotenzial besser genutzt werden.

Selbstverständlich soll die Maschine die Bewerber_innen nicht abschließend auswählen! Dennoch wäre dies eine zielgerichtete ergänzende Unterstützung des bisherigen Bewerbungsverfahrens.

Führt man diesen Denkansatz weiter, wäre die Organisation bei einer solchen Lösung sogar in der Lage zu analysieren, warum sich die von der Datenbank vorgeschlagenen Mitarbeiter_innen nicht beworben haben. Diese Auswertung könnte mit einem (anonymen) Fragebogen erfolgen. Damit hätte die Organisation die Chance, sich zu hinterfragen und erforderlichenfalls Veränderungen bei Ausschreibungsverfahren vorzunehmen.

Eine solche Analyse wäre gerade für Auswahlverfahren hilfreich, in denen es um Laufbahnwechsel geht. Bei den Aufstiegsverfahren werden teilweise nicht die notwendigen internen Bewerber_innen gewonnen. Durch eine strukturierte Begleitung über eine Potenzialdatenbank könnten Ansätze für die Entwicklung einer höheren Attraktivität von Laufbahnwechseln gewonnen werden.

Die Weiterentwicklung vom gehobenen in den höheren Dienst fällt für viele Mitarbeiter_innen mit ihrer Familienplanung zusammen. Durch die widerstreitenden Interessen zwischen Familie und beruflicher Förderung fällt bei einer großen Anzahl von Mitarbeiter_innen die bewusste Entscheidung für die Familie. Damit verliert eine öffentliche Organisation viel förderungswürdiges Potenzial und gewinnt oftmals nicht die leistungsstärksten Mitarbeiter_innen für die Förderung.

Hier ist ein Optimierungspotenzial der öffentlichen Arbeitgeber – insbesondere auf der Bundesebene – vorhanden. Gerade die oftmals verlangte Mobilität, die damit einhergehende Trennung von Heimat, Freunden und Familie sowie die Planungsunsicherheit über die anschließende örtliche Verwendung führen häufig zu einer Entscheidung gegen den Aufstieg.

In den letzten Jahren hat sich diesbezüglich schon eine Verbesserung ergeben; dennoch bleibt hier Optimierungsbedarf, um gerade den Aufstieg in den höheren Dienst für Mitarbeiter_innen attraktiver zu machen.

2.3   Perspektivwechsel für die Entwicklung zu Diversity

Bisher war es so, dass unterschiedliche Minderheiten, z. B. Frauen, Menschen mit Behinderungen, Menschen mit Migrationshintergrund, dort wo sie defizitär vertreten waren, gezielt gefördert wurden. In der gültigen Gesetzgebung spiegelt sich dies ebenfalls wieder.

Dies soll nachfolgend am Beispiel der Frauenförderung detaillierter dargestellt werden.

2.3.1   Frauenbeauftragte – Gleichstellungsbeauftragte

Es ist erst knapp sechzig Jahre her, dass die Rechte der Frauen durch die Gesetzgebung deutlich gestärkt wurden. Um die Gleichberechtigung weiter zu fördern, wurden erst Frauenbeauftragte eingeführt, die sich dann zu Gleichstellungsbeauftragten entwickelten.

Kurzer geschichtlicher und rechtlicher Rückblick in Schwerpunkten
Mit dem „Gesetz über die Gleichberechtigung von Mann und Frau auf dem Gebiet des bürgerlichen Rechts – Gleichberechtigungsgesetz" erhielten Frauen im Jahr 1958 mehr Rechte. Frauen durften u. a. nunmehr ihr Vermögen in der Ehe selbst verwalten und es stand ihnen die Hälfte des in der Ehe erwirtschafteten Gewinns zu.

Ehefrauen dürfen erwerbstätig sein, wenn dies mit ihren Pflichten in Ehe und Familie vereinbar ist. Der Ehemann hat nicht mehr das Recht, das Arbeitsverhältnis seiner Frau fristlos zu kündigen. Ehefrauen dürfen ein eigenes Konto eröffnen. Sie dürfen in Familienangelegenheiten mitentscheiden. In Erziehungsfragen behalten Männer das alleinige Entscheidungsrecht. Gesetzlicher Vertreter der minderjährigen Kinder bleibt allein der Vater.

Erst mit der Reform des Ehe- und Familienrechts 1977 darf die Ehefrau ohne Zustimmung des Ehemannes erwerbstätig sein. Sie ist nicht mehr zur Haushaltsführung verpflichtet.

Im Jahr 1980 tritt das „Gesetz über die Gleichbehandlung von Männern und Frauen am Arbeitsplatz und bei der Erhaltung von Ansprüchen bei Betriebsübergang (Arbeitsrechtliches EG-Anpassungsgesetz)" in Kraft.

Das BGB enthält nun den neu hinzugefügten Paragrafen 611a. Er lautet: „Der Arbeitgeber darf einem Arbeitnehmer (...) bei der Begründung des Arbeitsverhältnisses, beim beruflichen Aufstieg, bei einer Weisung oder Kündigung nicht wegen seines Geschlechts benachteiligen."

Allerdings ist der bei einem Verstoß gegen diesen Grundsatz zu leistende Schadenersatz gering. Nach einer Gerichtsentscheidung können nur die angefallenen Bewerbungskosten geltend gemacht werden. Damit läuft dieses Sanktionierungsinstrument ins Leere.

1994 tritt das „Gesetz zur Durchsetzung der Gleichberechtigung von Frauen und Männern (2. Gleichberechtigungsgesetz)" in Kraft. In diesem Gesetz sind eine ganze Reihe wichtiger Regelungen enthalten:

- Gesetz zur Förderung von Frauen und der Vereinbarkeit von Familie und Beruf in der Bundesverwaltung und in den Gerichten des Bundes (Frauenfördergesetz). Hierin werden u. a. Frauenförderpläne und Frauenbeauftragte festgeschrieben.
- Verschärfung des gesetzlichen Verbotes der Benachteiligung wegen des Geschlechts im Arbeitsleben – bei der Stellenausschreibung, Einstellung und dem beruflichen Aufstieg (Weiterentwicklung des arbeitsrechtlichen EG- Anpassungsgesetzes)
- Erweiterte Mitwirkungsrechte von Betriebsrat und Personalrat bei der Frauenförderung und der Vereinbarkeit von Familie und Beruf
- Gesetz zum Schutz der Beschäftigten vor sexueller Belästigung am Arbeitsplatz (Beschäftigtenschutzgesetz)
- Gesetz über die Berufung und Entsendung von Frauen und Männern in Gremien im Einflussbereich des Bundes (Bundesgremienbesetzungsgesetz)

Erwähnenswert ist auch die „Verordnung über die Wahl der Frauenbeauftragten in Dienststellen des Bundes (Frauenbeauftragten-Wahlverordnung)". Darin ist festgelegt, dass alle Beschäftigten der Dienststelle für das Amt der Frauenbeauftragten wählbar sind. Damit war es auch möglich, dass dieses Amt von Männern wahrgenommen werden konnte. Allerdings durften hier nur die weiblichen Beschäftigten einer Dienststelle wählen.

Im Jahr 1994 wurde dann auch der Artikel 3 des Grundgesetzes geändert. Im Absatz 2 wurde als Satz 2 ergänzt: „Der Staat fördert die tatsächliche Durchsetzung der Gleichberechtigung von Frauen und Männern und wirkt auf die Beseitigung bestehender Nachteile hin." Außerdem wurde im Absatz 3 ein Satz 2 angefügt: „Niemand darf wegen seiner Behinderung benachteiligt werden."

Im Jahr 2001 trat dann das „Gesetz zur Durchsetzung der Gleichstellung von Frauen und Männern (Gleichstellungsdurchsetzungsgesetz)" in Kraft. Hierzu wurde auch eine Gleichstellungsbeauftragten-Wahlverordnung erlassen.

Wie bereits 1994 sind hier auch nur die weiblichen Beschäftigten der Dienststelle wahlberechtigt. Eine Veränderung wurde im Hinblick auf die Wählbarkeit festgelegt: Gleichstellungsbeauftragte können nunmehr nur noch die weiblichen Beschäftigten der Dienststelle werden.

Dies ist insoweit von Interesse, da die Aufgaben der Gleichstellungsbeauftragten weiter gefasst sind als die der bisherigen Frauenbeauftragten. Die Gleichstellungsbeauftragte ist in Bezug auf die Vereinbarkeit von Familie und Erwerbstätigkeit von Frauen und Männern für beide Geschlechter die Ansprechpartnerin.

Ein weiteres Gesetz ist noch zu erwähnen: das „Gesetz zur Umsetzung europäischer Richtlinien zur Verwirklichung des Grundsatzes der Gleichbehandlung" aus dem Jahr 2006. In diesem Gesetz ist das „Allgemeine Gleichbehandlungsgesetz (AGG)" enthalten. Dieses Gesetz hat zum Ziel, Benachteiligungen aus Gründen der Rasse oder wegen der ethnischen Herkunft, des Geschlechts, der Religion oder der Weltanschauung, einer Behinderung, des Alters oder sexuellen Identität zu verhindern oder zu beseitigen.

Des Weiteren ist das „Gesetz über die Gleichbehandlung der Soldatinnen und Soldaten (Soldatinnen- und Soldaten-Gleichbehandlungsgesetz)" enthalten. Dieses hat eine leicht modifizierte Zielsetzung: Benachteiligungen aus Gründen der Rasse, der ethnischen Herkunft, der Religion, der Weltanschauung oder der sexuellen Identität für den Dienst als Soldatin oder Soldat zu verhindern oder zu beseitigen. Ziel dieses Gesetzes ist es auch, Soldatinnen und Soldaten vor Benachteiligungen auf Grund des Geschlechtes in Form von Belästigung und sexueller Belästigung im Dienstbetrieb zu schützen. Darüber hinaus werden Soldatinnen und Soldaten mit Behinderungen besonders geschützt.

Im Jahr 2015 ist das „Gesetz für die gleichberechtigte Teilhabe von Frauen und Männern an Führungspositionen in der Privatwirtschaft und im öffentlichen Dienst" in Kraft getreten. In diesem Artikelgesetz wurde u. a. das Bundesgleichstellungsgesetz und auch das Soldatinnen- und Soldaten-Gleichstellungsgesetz geändert. Die Wahlmodalitäten für die Gleichstellungsbeauftragten und ihre Stellvertreterinnen bleiben im Wesentlichen unverändert. Erstmals wurde eine Geschlechterquote eingeführt, welche sowohl in der Öffentlichkeit als auch innerbetrieblich kontrovers diskutiert wird. Im Bereich des öffentlichen Dienstes auf Bundesebene fließen statistische Daten nunmehr in eine zweijährige Gleichstellungsstatistik ein. Diese soll den Fortschritt im öffentlichen Dienst transparent machen.

2.3.2 Was sollte als Zwischenschritt verändert werden?

Mit Institutionalisierung der Gleichstellungsbeauftragten wurde die gleichberechtigte Teilhabe am Berufsleben fortentwickelt. Nachfolgend werden ergänzende Optimierungsmöglichkeiten vorgestellt.

2.3.2.1 Gleichstellungsbeauftragte – Mann: ja bitte!

Als erster Zwischenschritt sollte die Wahlberechtigung und die Wählbarkeit der Gleichstellungsbeauftragten und ihrer Stellvertreterin verändert werden. Wenn die Wahlberechtigung auf alle Beschäftigten der Dienststelle ausgedehnt werden würde, hätten die Gleichstellungsbeauftragte und ihre Stellvertreterin eine deutlich bessere Akzeptanz.

Dies würde auch ihren sehr weit reichenden Beteiligungsrechten entsprechen. Die Gleichstellungsbeauftragte wird an nahezu jedem innerdienstlichen Vorgang beteiligt. Damit ist eigentlich unabdingbar, dass alle Mitarbeiter_innen einer Dienststelle diese beiden Personen wählen. Dies würde sie – analog zu den Wahlgrundsätzen – deutlich besser legitimieren.

Die Gleichstellungsbeauftragte und ihre Stellvertreterin sollen in Bezug auf die Vereinbarkeit von Familie und Beruf auch die männlichen Beschäftigten einer Dienststelle beraten und vertreten.

Warum aber werden Männer dahin gehend benachteiligt, dass sie dieses Amt nicht ausüben dürfen? Wäre es nicht viel gerechter, wenn eine der beiden Personen auch männlich sein dürfte? Würde eine solche paritätische Aufteilung nicht die Gleichberechtigung von Mann und Frau abbilden? Warum gibt es in Berufen, die weiblich dominiert sind, keinen Männerbeauftragten oder im übertragenen Sinne einen männlichen Gleichstellungsbeauftragten?

Interessanter Weise war das Geschlecht der damaligen Frauenbeauftragten nicht vorgegeben.

Nicht jeder Mann mag mit einer Frau über familiäre Problemfelder sprechen. Es ist auch wissenschaftlich erwiesen, dass Männer und Frauen unterschiedlich denken. Diese unterschiedliche Denkweise kann leicht zu kommunikativen Missverständnissen führen.

Wiederum kann die unterschiedliche Denkweise aber bei Problemlösungen eher förderlich sein, weil unterschiedliche Blickwinkel vorhanden sind. Damit können – auch im Beteiligungsverfahren – andere Lösungsansätze erreicht werden. Insofern wäre die optimale Lösung für die Gleichstellungsbeauftragten und ihre Stellvertreterinnen, dass eine Person weiblich und die andere männlich ist.

2.3.2.2 Flexibilisierung der Vereinbarkeit von Familie, Pflege und Berufstätigkeit

In den letzten Jahren haben sich die Möglichkeiten für die Vereinbarkeit von Familie, Pflege und Berufstätigkeit deutlich verbessert. In vielen Bereichen wurde Gleitzeitarbeit eingeführt, die eine gewisse Flexibilität ermöglicht. Durch individuelle Vereinbarungen mit dem zuständigen Vorgesetzten sind unterschiedliche Teilzeitarbeitsmöglichkeiten umzusetzen. Dies geschieht dann nach einer einvernehmlichen Vereinbarung.

Teilweise gibt es auch die Möglichkeit der Telearbeit. Ob diese letztlich wahrgenommen werden kann, hängt von der konkreten Aufgabenwahrnehmung ab, da nicht jeder Arbeitsplatz bzw. jeder Arbeitsinhalt Telearbeit ermöglicht.

Bei einem gewissen Prozentsatz von Mitarbeiter_innen mit Teilzeitarbeit und mit Telearbeit kann die Dienststelle sogar Ressourcen einsparen, indem Desksharing, also die Teilung eines Arbeitsplatzes, erfolgt. Gerade in Dienststellen mit Raumnot bzw. Dienststellen in Innenstadtbereichen kann dies eine deutliche Ersparnis für den Arbeitgeber ermöglich, da z. B. auf Neubauten oder zusätzliche Anmietungen verzichtet werden kann. Begünstigt wird Desksharing durch eine moderne IT-Infrastruktur.

Für die meisten Mitarbeiter_innen hat eine Ausgewogenheit zwischen Privat- und Berufsleben heute einen hohen Stellenwert. Gerade mit steigendem Lebensalter und auch mit familiären Veränderungen ist es förderlich, flexible Modelle zu entwickeln.

2.3.2.3 Alt und Jung – die Mischung macht's!

Beispiel

Vor einigen Jahren war ich Kunde eines Autohauses, in dem nach dem Inhaberwechsel nur noch junge Kfz-Meister_innen beschäftigt waren. Dies führte dazu, dass ich die Fehler meines Autos – da ich sehr viel Zeit darin verbringe – teilweise besser kannte als die Meister_in. Dadurch wurden die Reparaturen nicht immer zu meiner Zufriedenheit erledigt. Zwischenzeitlich bin ich Kunde eines Autohauses, in dem junge und alte Kfz-Meister_innen zusammenarbeiten. Dort fühle ich mich als Kunde gut aufgehoben und die Reparaturen wurden bisher alle zu meiner Zufriedenheit erledigt.

Im öffentlichen Dienst ist eine gute Durchmischung der Altersstruktur gleichfalls von Vorteil. Die „grauen Eminenzen" kennen die Historie und Entwicklung von Vorgängen. Das ist für die Situationsbeurteilung und Entscheidungsvorschläge wertvoll. Sie haben allerdings den Nachteil des „Tunnelblicks", weil sie schon so viele Jahre in der gleichen Organisation verbracht haben. Damit werden manche Möglichkeiten außer Acht gelassen. Nicht böswillig, sondern wegen dieser eingeengten Perspektive.

Junge Mitarbeiter_innen sind oft ungestüm und haben noch „Flausen im Kopf". Sie kennen die Historie von Vorgängen nicht. Das mögen Nachteile sein! Die Jugend hat aber einen Vorteil: Sie hat noch einen weit gestellten Blick und kommt damit auf andere Entscheidungsvorschläge und Lösungsmöglichkeiten.

Somit gilt auch hier: Die Mischung macht's und dadurch kommt es zu für die Organisation brauchbaren Ergebnissen.

2.3.2.4 Welche „Interessenvertretungen" gibt es noch in Organisationen?

Der öffentliche Dienst hat sich dem gesellschaftlichen Wandel teilweise angepasst. So gibt es in Dienststellen „Ansprechpartner für gleichgeschlechtliche Lebensweisen", um Mitarbeiter_innen mit einer anderen sexuellen Orientierung zu unterstützen.

Darüber hinaus gibt es noch die „Vertrauensperson der schwerbehinderten Menschen". Diese ist nach dem SGB IX vorgesehen und auch an bestimmten innerdienstlichen Vorgängen zu beteiligen.

Dann gibt es noch „Soziale Ansprechpartner". Diese stehen den Mitarbeiter_innen bei unterschiedlichsten Problemen zur Seite. So können dies z. B. Suchtprobleme (z. B. Alkoholkrankheit, Spielsucht) aber auch Schuldenprobleme sein.

Diese Aufzählung ist nur beispielhaft und keinesfalls abschließend.

Bei den o. g. Ansprechpersonen gibt es auch zwei Seiten: Einerseits können sie von Mitarbeiter_innen angesprochen werden. Andererseits können sich auch Führungskräfte bei bestimmten Problemstellungen beraten und unterstützen.

2.4   Perspektivische Weiterentwicklung: Diversity – Vielfältigkeit

Der historische Rückblick beschränkte sich im Wesentlichen auf die Gleichstellung von Mann und Frau. Die Gleichstellung ist jedoch deutlich umfassender zu betrachten. In unterschiedlichen Gesetzen sind dazu durch die Legislative verbindliche Vorgaben gemacht.

Die Regelungen bezüglich schwerbehinderter Menschen und ihnen gleichgestellter Personen sind z. B. im SGB IX enthalten. Meiner Meinung nach ließe sich ein Teil der dort enthaltenen Regelungen, die sich auf die Gleichstellung mit nicht behinderten Menschen beziehen, in das Bundesgleichstellungsgesetz integrieren. Dies betrifft insbesondere die Regelungen, die eine Benachteiligung verbieten und den Arbeitgebern eine Beschäftigungsquote bzw. die Ausgleichszahlungen vorschreiben.

Warum werden diese unterschiedlichen Gesetze nicht zusammengeführt und zu einem umfassenden „Bundesgleichstellungsgesetz" verändert? Ein solcher Ansatz würde einen Perspektivwechsel vollziehen. Weg von der Minderheitenförderung zu echter Diversity mit Gleichberechtigung aller Interessengruppen.

Durch diesen erweiterten Denkansatz, der auf gegenseitige Akzeptanz innerhalb einer Organisation aufbaut, könnten die Fähigkeiten der Mitarbeiter_innen optimal genutzt werden. Insbesondere projektbezogene Arbeit bietet hierzu günstige Voraussetzungen.

2.4.1   Vision: Vom Gleichstellungsplan zum Diversitätsplan

Im Bundesgleichstellungsgesetz ist dem Gleichstellungsplan ein eigener Abschnitt gewidmet. Hier geht es aber auch im Wesentlichen um die Gleichstellung von Mann und Frau sowie mit Mitarbeiter_innen, die Maßnahmen der Vereinbarkeit von Familie, Pflege und Berufstätigkeit wahrgenommen haben.

Ein Diversitätsplan geht für mich weiter. In ihm wird die Gleichberechtigung und gleichberechtigte Förderung aller Mitarbeiterinnen und Mitarbeiter festgeschrieben.

Die Entwicklung eines solchen Diversitätsplans ist ein Entwicklungsprozess, der Jahre beanspruchen wird. Dieser Prozess kann durch die o. a. Maßnahmen jedoch bereits vorbereitet werden.

2.4.2   Personalvertretungen – verkrustete Strukturen?

Gerade die freigestellten Mitarbeiter_innen in Personalvertretungen sind teilweise über Jahrzehnte auf unterschiedlichen Ebenen in diesen Gremien vertreten. Durch diese langjährige – vom üblichen Organisationsalltag losgelöste Verwendung – geht oftmals das Verständnis für die Wandlung einer Organisation verloren. In den vergangenen Jahren wurden Behörden immer häufiger hinterfragt und ihre Organisationsstrukturen teilweise massiv verändert.

Veränderungen ergeben sich ebenfalls aus dem demografischen Wandel, durch den in wenigen Jahren ein erheblicher Anteil erfahrener Mitarbeiter_innen in den Ruhestand gehen wird und junge Mitarbeiter_innen ausgebildet werden. In zahlreichen Dienststellen wurden unter dem Stichwort „Agenda 2020" die Folgen dieses Wandels diskutiert und Lösungsansätze erarbeitet.

Dieser mehrschichtige Wandel spiegelt sich in den Personalvertretungen nur bedingt wieder.

Meiner Auffassung nach würde es einer gelebten Diversity entsprechen, die Amtszeit in Personalvertretungen auf zwei bis drei Amtsperioden zu begrenzen. Dies hätte den Vorteil, dass die Personalvertreter_innen die praktische Verbindung zu ihrer Organisation nicht verlieren.

Damit können sie ihre Aufgaben – nämlich die Belange der Dienststelle und die der Beschäftigten zu vertreten – wesentlich fundierter wahrnehmen.

Richtig ist, dass die Tätigkeit in einer Personalvertretung einer Einarbeitungszeit bedarf. Daher sollte es auch möglich sein, zwei bis drei Amtsperioden in diesen Funktionen zu verbringen.

Durch die Begrenzung der Amtszeit bleibt die realistische Chance, eine vielschichtige Personalvertretung zu wählen, die die Unterschiedlichkeit der Organisation abbildet. Nur so wird es gelingen, die Interessen aller Mitarbeiter_innen angemessen widerzuspiegeln.

Durch das bisherige unlimitierte System entstehen häufig verkrustete Strukturen, die nur noch eingeschränkt in der Lage sind, eine angemessene Interessenvertretung aller Beschäftigen einer Dienststelle wahrzunehmen. Häufig erfolgt eine Fokussierung auf bestimmte Beschäftigtengruppen, um Win-Win-Lösungen zu finden.

Teilweise entsteht der Eindruck, dass langjährige Personalratsmitglieder Nutznießer ihrer eigenen Entscheidungen sind. Dies betrifft insbesondere Beförderungsmöglichkeiten und Laufbahnwechsel. Diesem Eindruck würde eine limitierte Amtszeit ebenfalls entgegenwirken.

2.4.3 Vision: Entstehung eines Diversitätsgremiums

So wie vorhin eine Weiterentwicklung vom Gleichstellungsplan zum Diversitätsplan vorgestellt wurde, ist visionär die Weiterentwicklung von der Personalvertretung zum Diversitätsgremium vorstellbar.

Hierin würden dann Vertreter_innen aller unterschiedlichen Gruppenzugehörigkeiten mitwirken, um bei Beteiligungsentscheidungen für eine wirkliche Gleichbehandlung der vielfältigen Mitarbeiterschaft zu sorgen und dabei gleichzeitig auch die Interessen der Dienststelle zu berücksichtigen.

Die bisherigen einzelnen Gremien und Verantwortlichen können immer nur einen Teil des Ganzen betrachten, was durch ihre gesetzlichen Aufgabenwahrnehmungen begründet ist.

2.5   Schlussfolgerungen

Diversity im öffentlichen Dienst ist eine Weiterentwicklung der bisherigen Möglichkeiten. Sie wird der Weiterentwicklung unserer pluralistischen Gesellschaft gerecht. Diversity kann nicht auf Knopfdruck und in kurzer Dauer in eine Behörde eingeführt werden. Sie ist ein Entwicklungsprozess, der Zeit beansprucht. Vor allem benötigt dieser Prozess Transparenz, um möglichst alle Mitarbeiter_innen „mitzunehmen".

Darüber hinaus müssen auch die entsprechenden gesetzlichen Grundlagen geschaffen werden, was ebenfalls einige Zeit beanspruchen wird.

Der mittleren bis älteren Mitarbeiter_innen-Generation wird die eine oder andere Veränderung erfahrungsgemäß schwerer fallen. Die breite Akzeptanz bestimmter gesellschaftlicher Veränderungen fällt den meisten mit steigendem Lebensalter schwerer.

Veränderungen in einem festgefügten Dienststellenfeld sind ein oftmals schwieriger Prozess.

Eine lange Zugehörigkeit zur gleichen Dienststelle ist ebenfalls wenig förderlich für Veränderungen. Ein zumindest zeitweiser Wechsel in andere Dienststellen kann für die persönliche Weiterentwicklung und die Aufgeschlossenheit für Veränderungen positive Impulse bringen.

Diversity ist eine große Chance, wenn wir keine Denkverbote haben und für anderes aufgeschlossen sind. Durch die Verschiedenartigkeit der Mitarbeiter_innen entstehen bei Nutzung der vorhandenen Potenziale viele Möglichkeiten.

2.6   Über die Autorin

Nicole Bernstein   ist seit 1987 Polizeibeamtin in der Bundespolizei vormals Bundesgrenzschutz und hat die Polizeiarbeit vom mittleren Polizeivollzugsdienst beginnend kennengelernt. Im Jahr 2002 schloss sie ihre Ausbildung für den höheren Polizeivollzugsdienst an der Polizeiführungsakademie (heute Deutsche Hochschule der Polizei) in Münster-Hiltrup erfolgreich ab. Sie hatte in der Polizei verschiedene Führungs- und Stabsverwendungen inne. Von 2010 bis 2014 war sie als Dozentin an der Akademie für Krisenmanagement, Notfallplanung und Zivilschutz (AKNZ) beim Bundesamt für Bevölkerungsschutz und Katastrophenhilfe tätig. Dort unterrichtete sie im Schwerpunkt Führungs- und Stabslehre. In dieser Zeit bekam sie als Ergänzung ihres polizeilichen Fachwissens Einblicke in unterschiedliche Organisationen des Bevölkerungsschutzes. Seit 2015 ist sie als hauptamtlich Lehrende an der Hochschule des Bundes für öffentliche Verwaltung Fachbereich Bundespolizei tätig und unterrichtet dort Polizeiführungswissenschaften. Sie ist Gründungsmitglied und Vizepräsidentin des gemeinnützigen Vereins „Deutsche Gesellschaft zur Förderung von Social Media und Technologie im Bevölkerungsschutz" (DGSMTech e. V.). Ihr Wissen um Chancen und Risiken von Social Media bringt sie auch in ihre Lehrverwendung ein. In ihrer Freizeit widmet sie sich seit ihrer Kindheit dem Pferdesport und ist durch den langjährigen Besitz eines ehemals aktiven Trabrennpferdes vom Trabrennsport fasziniert.

Weiterführende Literatur

Abedinaj, L. (2012). Comment les entreprises gèrent-elles la diversité à travers des pratiques de GRH? Etude de cas. Mémoire de fin d'études présenté en vue de l'obtention du diplôme de master en politique économique et sociale à la Faculté Ouverte de Politique Economique et Sociale (FOPES – UCL). Juin 2012.

Erster Erfahrungsbericht der Bundesregierung zum Bundesgleichstellungsgesetz (Berichtszeitraum 1. Juli 2001 bis 30. Juni 2004), Deutscher Bundestag 16. Wahlperiode, Drucksache 16/3776 vom 07. Dezember 2006.

Erstes Gesetz zur Reform des Ehe- und Familienrechts (1. EheRG) vom 14. Juni 1976, BGBl I Nr. 67 vom 15. Juni 1976.

Gesetzentwurf der Bundesregierung Entwurf eines Gesetzes zur Durchsetzung der Gleichberechtigung von Frauen und Männern (Zweites Gleichberechtigungsgesetz – 2. GleiBG), Deutscher Bundestag 12. Wahlperiode, Drucksache 12/5468 vom 21. Juli 1993.

Gesetz für die gleichberechtigte Teilhabe von Frauen und Männern an Führungspositionen in der Privatwirtschaft und im öffentlichen Dienst vom 24. April 2015, BGBl I Nr. 17 vom 30. April 2015, Seite 642.

Gesetz über die Gleichberechtigung von Mann und Frau auf dem Gebiete des bürgerlichen Rechts (Gleichberechtigungsgesetz – GleichberG) vom 18. Juni 1957, BGBl I Nr. 26 vom 21. Juni 1957, Seite 609.

Gesetz über die Gleichbehandlung von Männern und Frauen am Arbeitsplatz und über die Einhaltung von Ansprüchen beim Betriebsübergang (Arbeitsrechtliches EG-Anpassungsgesetz) vom 13. August 1980, BGBl I Nr. 48 vom 20. August 1980, Seite 1308.

Gesetz zur Änderung des Grundgesetzes vom 27. Oktober 1994, BGBl I Nr. 75 vom 3. November 1994, Seite 3146.

Gesetz zur Durchsetzung der Gleichberechtigung von Frauen und Männern (zweites Gleichberechtigungsgesetz – 2. GleiBG) vom 24. Juni 1994, BGBl I Nr. 39 vom 30. Juni 1994, Seite 1406.

Gesetz zur Durchsetzung der Gleichstellung von Frauen und Männern (Gleichstellungsdurchsetzungsgesetz – DGleiG) vom 30. November 2001, BGBl I Nr. 62 vom 4. Dezember 2001, Seite 3234.

Gesetz zur Umsetzung europäischer Richtlinien zur Verwirklichung des Grundsatzes der Gleichbehandlung vom 14. August 2006, BGBl I Nr. 39 vom 17. August 2006, Seite 1897.

Grenzschutzkommando West, P 1, Az. 52/20/21 vom 13. Dezember 1988.

Merx, A. Von Integration zu Vielfalt. Kommunale Diversitätspolitik in der Praxis. Handreichung für das Fritz-Erler-Forum Baden-Württemberg der Friedrich Ebert Stiftung (2013).

Merx, A., & Yazar, Serdar. „Vielfalt, Chancengleichheit und Inklusion. Diversity Management in öffentlichen Verwaltungen und Einrichtungen" Charta der Vielfalt e. V. (Hg.) (2015).

Sozialgesetzbuch – Neuntes Buch – (SGB IX) Rehabilitation und Teilhabe behinderter Menschen vom 19. Juni 2001, BGBl I Nr. 27 vom 22. Juni 2001, Seite 1046.

Verein Charta der Vielfalt e. V. http://www.charta-der-vielfalt.de/charta-der-vielfalt/die-charta-im-wortlaut.html. Zugegriffen: 3. Febr. 2016.

Verordnung über die Wahl der Frauenbeauftragten in Dienststellen des Bundes (Frauenbeauftragten-Wahlverordnung – FrbWV) vom 31. Oktober 1994, BGBl I Nr. 79 vom 11. November 1994, Seite 3359.

Verordnung über die Wahl der Gleichstellungsbeauftragten und ihrer Stellvertreterin in Dienststellen des Bundes (Gleichstellungsbeauftragten-Wahlverordnung – GleibWV) vom 6. Dezember 2001, BGBl I Nr. 65 vom 12. Dezember 2001, Seite 3374.

Verordnung zur Durchführung des Bundesgleichstellungsgesetzes und des Bundesgremienbesetzungsgesetzes vom 17. Dezember 2015, BGBl I Nr. 52 vom 22. Dezember 2015, Seite 2274.

Wirtschafts- und Sozialrat der Deutschsprachigen Gemeinschaft Belgiens (WSR): Diversität auf dem Arbeitsmarkt als Chance für die Wirtschaft der DG, 2012–2014.

Diversity als Innovationsmotor

3

Wie Unternehmen in Sachen Innovationsfähigkeit von Vielfalt profitieren können

Nicolas Burkhardt

Zusammenfassung

Die Geschäftswelt verändert sich rasant. Schon heute agieren wir in einem globalen, digitalen Dorf, in dem zu jeder Zeit fast alles verfügbar ist. Vor diesem Hintergrund ist Innovationsfähigkeit für viele Unternehmen zu einem entscheidenden Erfolgsfaktor geworden. Nur mit ihr kann eine hinlängliche Unterscheidung zum Wettbewerb gelingen und so gleichzeitig die Chance erhöht werden, sich langfristig erfolgreich am Markt zu positionieren. Der vorliegende Beitrag beschäftigt sich mit der Rolle von Diversity in diesem Zusammenhang. Es wird dargestellt, welches Potenzial Vielfalt in Unternehmen entfalten kann, wenn es darum geht, innovative Angebote zu entwickeln, sich prozessual wie organisatorisch selbst zu verändern oder ganz neue Geschäftsmodelle zu erzeugen. Der Autor stützt seine Beobachtungen dabei auf langjährige Tätigkeiten als Innovationsmanager in der Industrie, als Geschäftsführer einer Beratungsfirma sowie als Hochschullehrer für Innovation und Leadership.

Inhaltsverzeichnis

N. Burkhardt (✉)
KOPFSPRINGER GmbH, c/o Startplatz, Speditionsstraße 15a, Düsseldorf, Deutschland
E-Mail: burkhardt@kopfspringer.com

© Springer Fachmedien Wiesbaden 2016
P. Buchenau (Hrsg.), *Chefsache Diversity Management*,
DOI 10.1007/978-3-658-12656-8_3

3.1   Ein Manifest mit sieben Punkten zur Vielfalt

Nun setze ich mich schon einige Jahre mit dem Thema Innovation und Entwicklung von neuen Geschäftspotenzialen auseinander und werde doch immer wieder überrascht, wenn ich bemerken muss, dass viele Unternehmen sich dem Thema Diversity bewusst versperren oder sich über dessen Potenzial nicht im Klaren sind. Letzteres bedingt ersteres, in der Regel.

Auf den nachfolgenden Seiten sollen dem Leser sieben einfache Punkte helfen, die Chancen, die sich im Kontext von Vielfalt für die Innovationsfähigkeit ergeben, besser zu verstehen. Der Text soll zudem anregen und Hinweise geben, wie Innovationskraft in einer Unternehmung durch die Erhöhung von Diversity in unterschiedlicher Form gestärkt werden kann.

Es ist eingangs an dieser Stelle wichtig darauf hinzuweisen, dass die nachstehenden Punkte keiner wissenschaftlichen Abhandlung entsprechen. Sie sind vielmehr ein Mosaik aus Beobachtungen aus diversen Innovationsprojekten, die gerade für Manager einer innovationsfokussierten Unternehmung hilfreich sein sollten. Der Text erhebt gleichwohl weder Anspruch auf Vollständigkeit der Analyse des Potenzials von Vielfalt, noch stellt er seine Erkenntnisse als allgemeingültig dar.

Entsprechend dem üblichen Vorgehen in Kreativprozessen schlägt er vielmehr eine Zahl an Lösungen vor, die der Leser selbst zu bewerten und für die Gültigkeit im eigenen Kontext zu verorten hat.

3.1.1   Vielfalt ist vielfältig

Lassen Sie uns zu Beginn der Ausführungen gemeinsam überlegen, was Vielfalt oder eben Diversity eigentlich genau bedeutet. Zunächst einmal ist der vom lateinischen „Diversitas" abgeleitete Begriff ja recht weitläufig. Er kann die Vielfalt in Hinblick auf Geschlecht, kulturellen Hintergrund, religiöser Weltanschauung, Sexualität, Hautfarbe, sozialer Schicht, Bildungsniveau oder dergleichen mehr betreffen.

Gerade in unternehmerischen Kontexten wird er vom Großteil der Mitarbeiterschaft aber oftmals in Äußerlichkeiten wahrgenommen: Geschlecht, Herkunft, Alter, Behinderung. Natürlich ist dies pauschal begriffen und nur ein Bruchteil von dem, was wirkliche Vielfalt sein kann. Wirkliche Vielfalt ist eben vielfältig.

Aber der Reihe nach: Wenn wir uns die Mühe machen nachzudenken, wer im Regelfall mit der konzeptionellen Entwicklung von Innovationen und Erneuerungen in einem Unternehmen zu tun hat, stellen wir fest, dass dies nicht selten bestimmte Einzelbereiche sind: Das Innovationsmanagement, die Geschäftsleitung oder strategische Abteilungen.

Es ist wohl nicht erforderlich, sich weitergehende Gedanken darüber zu machen, wer in diesen Abteilungen im Großteil beschäftigt wird. Bestausgebildete, gut bezahlte Akademiker im mittleren Alter mit mehreren Jahren Berufserfahrung, überwiegend männlich, wie man so schön sagt: Denker und Lenker. Verantwortlich dafür, die Welt um die Unternehmung herum zu verstehen und Angebote zu entwickeln, die die fokussierten Kundengruppen (ob B2B oder B2C) gefälligst begeistern sollen.

Die Schwierigkeit besteht in diesem Zusammenhang darin, dass im Zeitalter von Individualisierung und Wettbewerbsvielfalt der Kunde dort draußen ein komplexeres Wesen geworden zu sein scheint. Faktisch ist dies natürlich nicht der Fall, aber seit einigen Jahren kann er nun einmal auf ein wesentlich breiteres Angebot zurückgreifen und somit seine lange Zeit verborgenen Bedürfnisse aktiv stillen und somit passiv kommunizieren. Der Kunde sucht, was seinem Anspruch entspricht. Er ist damit gefühlt für oben skizzierte Entwicklungsabteilungen weniger kalkulierbar und vielschichtiger geworden.

Ethnomarketing, Produktentwicklung für Silver Ager, die Gruppe der LOHAS – dies sind mehr oder weniger verschwurbelte Begriffe, die allesamt das gleiche beschreiben: Schubladen als Antworten auf den neuen, komplexeren Kunden. Zwar ist es natürlich erforderlich, gewisse Cluster zur Einordnung von Kundeninteressen zu bilden, um Werbemaßnahmen oder Bedürfnisanalysen zusammenstellen zu können. Allerdings verkennen viele dieser Ansätze, dass Gruppierungen von Kunden typischerweise eben mehreren Schubladen angehören können.

Der Innovationsansatz des Technology Push hat damit eigentlich schon länger ausgedient. Das ingenieursgetriebene Entwickeln von Angeboten, die technisch anspruchsvoll, aber ohne Berücksichtigung von Kundenbedürfnissen erfolgen, ist ein Auslaufmodell, das sich heute kaum ein Unternehmen mehr leisten kann. Singuläre, vorgefertigte Meinungen, was dem Kunden gut tun würde, werden zum kapitalen Unternehmensrisiko.

Es ist die Zeit des Market Pull. Das impliziert, dass Unternehmen heutzutage nur erfolgreich sein können, wenn sie den Markt beobachten und Dinge anbieten, die bestehende (verdeckte oder nicht verdeckte) Bedürfnisse befriedigen.

Da der Markt nun selbst so vielfältig geworden ist, ist es eine logische Konsequenz, dass sich die Diversität der Kundenbedürfnisse auch in den Ansichten und Erfahrungen der Innovations- und Entwicklungsabteilungen widerspiegeln sollten. Denn nur so besteht überhaupt die Möglichkeit nachzuvollziehen, was der Kunde eigentlich will und was ihn zur Interaktion mit dem Unternehmen bewegt.

Fortschrittliche Unternehmen setzen aus diesem Grund bereits auf bunt durchmischte, diversifizierte Innovationsteams, die viele verschiedene Ansichten und Einstellungen vertreten und damit den Markt bestmöglich spiegeln.

3.1.2 Vielfalt sollte nicht auf Äußerlichkeiten reduziert sein

Vielfalt auf Äußerlichkeiten zu reduzieren, greift zu kurz. Wie bereits erwähnt, ist aber genau das oftmals Annahme in Unternehmungen. Befeuert werden solche Ideen noch von der Vielzahl an sogenannten Stock-Fotos, die man überall im Internet findet. Sie zeigen vermeintlich heterogene Teams in typischen Geschäftssituationen, begehen dabei aber einige wesentliche Fehler.

Gut, nun ist es natürlich schwierig, innere Vielfältigkeit z. B. in Bezug auf Einstellungen in einem Bild zu transportieren. Die auf Hochglanz polierten Büro- und Besprechungssituationen mit durchmischten Teams vermitteln jedoch trotz heterogener Äußerlichkeit eine bisweilen erschreckende Homogenität der inhaltlichen Ausrichtung.

Zwar findet der geneigte Betrachter auf derartigen Bildern mit Teamsituationen in Kreativprozessen stets (übrigens meist einen) Vertreter einer von der Gesamtheit der abgelichteten Gruppe abweichenden Ethnie, allerdings ist der Kontext „Business" doch offenbar für alle gleich besetzt. Gleicher Anzug, gleiche Gestik, gleiche Stimmung. Es wäre durchaus überraschend, würde in den dargestellten Konstellationen, wenn sie in Wirklichkeit stattfinden würden, tatsächlich die propagierte Kreativität und Progressivität entzünden.

Fragen Sie sich doch zur Übung einmal selbst, wie vielfältig Sie sind! Sie werden schnell feststellen, dass Sie als Person gleich mehrere Rollen in sich tragen und nur die wenigsten im Geschäftsleben zum Einsatz kommen. Ihr Äußeres repräsentiert im Unternehmen zumeist nur eine Rolle. Dass viele der übrigen, verdeckten Rollen gleichwohl interessant sind und kreatives Potenzial bergen, bleibt unentdeckt.

Betrachten wir an dieser Stelle einmal einen weiteren Aspekt der Vielfalt und der schwierigen Reduktion auf äußerliche Attribute. Denken wir an die Steigerung von Vielfalt durch die Positionierung nach Geschlechtern in Organisationen.

Natürlich ist es löblich, dass darauf Acht gegeben wird, dass zumindest nach außen hin eine gewisse Durchmischung vor dem Hintergrund dieses Unterscheidungsmerkmals stattfindet. Allerdings wird man oftmals mit Erstaunen feststellen müssen, dass die eigentlich ursprünglichen Attribute von Weiblichkeit aber auch Männlichkeit einfach auf der Strecke bleiben und zu einem Einheitsbrei aus Business-Macho-Gehabe, gespielt übrigens von Männern wie Frauen, werden.

Vielfalt oder Diversity sollte genau dies verhindern. Der Aufstieg von Frauen beispielsweise sollte nicht daran gekoppelt werden, die Machorolle besser zu spielen. Ein gutes Diversity Management sollte vielmehr darum bemüht sein, Meinungen, Einstellungen und Rollen zuzulassen und nicht zwingend darauf bedacht sein, äußerlich offensichtliche Unterscheidungsmerkmale zu fördern.

Der wesentliche Erfolgsfaktor liegt vielmehr in einer Vielzahl an Verhaltensweisen, eingebettet in eine starke gemeinschaftliche Innovationskultur. Nicht von ungefähr sagt Malcom Forbes: „Diversity (is) the art of thinking independently together." Es ist also nicht das, was nach außen scheint, sondern vielmehr jenes, was im Inneren wirkt.

3.1.3 Vielfalt ist Einstellungssache

Vielfalt ist auch persönliche Einstellungssache. Ein Manager, der auch Dinge zulässt, die nicht seinem direkten Gusto entsprechen, hat die Chance, neue Potenziale seiner Mitarbeiterschaft zu entdecken und auch sich selbst weiter zu entwickeln.

Sicherlich kann man nicht verhehlen, dass Vielfalt auch einmal wehtun kann. Insbesondere wenn sie dazu führt, dass die eigenen Denkmuster und Annahmen als rückständig entlarvt werden. Jedoch kann genau das ein Beschleuniger für Innovationskraft in Unternehmen sein.

Dies bedeutet Wertschätzung von fremder Meinung, eigenes Scheitern zulassen und mutig sein, Entscheidungen zu treffen, die nicht auf der eigenen, sondern auf der vielfältigen Erfahrung der eigenen Belegschaft beruhen. Wer dies beherzigt, ist auf dem besten Weg aus einem langsamen Dampfer ein Innovationsschnellboot zu machen.

Thomas Edison wurde im Zuge der Erfindung der Glühbirne noch vor seinem Durchbruch in diesem Zusammenhang mal gefragt, ob er nicht entgeistert und entmutigt sei, auch beim 1000. Versuch noch immer kein Erfolg gehabt zu haben. Er verneinte dies und antwortete darauf, dass er ja 1000 Wege gefunden hätte, wie die Glühbirne nicht funktioniert.

Es ist also eine Frage von Einstellung, wie man mit Vielfalt umgeht und wie man mit ihren Ergebnissen verfährt. Wenn man aus diesen dann Profit schlagen kann, wie Edison in seinem Beispiel, ist man nah dran an einer Steigerung der Innovationsfähigkeit.

3.1.4   Kreativität braucht Vielfalt

Wie aus dem Beispiel gelernt werden kann, entstehen Innovationen durch eine große Menge an Konzepten, die wiederum dem bekannten Trichtermodell folgend, aus einer Masse von kreativen Impulsen oder Ideen entspringen.

Als nicht ganz wissenschaftliche Faustformel kann davon ausgegangen werden, dass es für eine Innovation rund 1000 qualifizierte Ideen oder Impulse braucht (siehe Edison). Eine schier unglaubliche Menge, wenn man den Druck bedenkt, unter dem einige Unternehmen stehen, gleich mehrere Innovationen in geordneter Regelmäßigkeit zu produzieren.

Um diese Zahl an Input überhaupt generieren zu können, arbeiten fortschrittliche Organisationen und kreative Vordenker im Zusammenhang mit Innovationen nach dem simplen, aber effizienten, kreativen Problemlösungsprozess:

Der Prozess besteht im Wesentlichen aus einer Analysephase, einer Phase der Ideenfindung, gefolgt vom Bewertungsschritt und der den Prozess abschließenden Umsetzung der Innovation. Gerade die letzte Phase ist im Übrigen besonders entscheidend und wird recht gerne vergessen. Wahrscheinlich einer der Gründe, warum Thomas Edison zu seiner Zeit ebenfalls meinte: „Innovation without implementation is hallucination".

Aber zurück zum Thema: Insbesondere in den ersten drei Phasen des kreativen Problemlösungsprozesses wird der Wert von Vielfalt deutlich.

In der Phase der Analyse, in der die eigentliche Problemstellung einer Kundengruppe oder eines Marktes herausgearbeitet wird, ist die Involvierung diverser Perspektiven Gold wert. Wer hat eigentlich genau ein Problem und wieso hätte die Lösung dieses Problems das Potenzial für den Problemlöser wirtschaftlich attraktiv zu sein?

Seit sich die Arbeit des Innovationsmanagements von einem Technology Push hin zu einem Market-Pull-Ansatz weiterentwickelt hat, ist es essenziell geworden, möglichst viele Eindrücke zur vermeintlichen Abnehmer- oder Kundengruppe im Vorfeld zu erfahren. Auf diese Weise lassen sich Potenziale weit besser abschätzen und Sinnhaftigkeiten von Investitionen mit reduziertem Risiko kalkulieren (vgl. Abb. 3.1).

Wenn ein Unternehmen nun also die Chance hat, sich in seine Kunden hineinzuversetzen und deren Bedürfnisse besonders gut zu identifizieren, da er in seinem divers besetzten Team selbst einige Schnittflächen zu den Eigenschaften und Bedürfnissen des Kunden hat, ist dies der erste Schritt zu mehr Verständnis.

Sobald das Bedürfnis oder Problem ausgemacht ist, geht es in die Phase der Ideenfindung und damit in die Phase, in der der oben erwähnte Trichter mit vielfältigen Lösungsimpulsen befüllt werden muss. Hier spielt Diversity gleich eine Doppelrolle. Zum einen ist die Grundregel zu beachten „Quantity beats Quality", sprich: Die Generierung von vielfältiger Masse steht im ersten Schritt vor der Produktion von Qualität. Die Breite an Impulsen ist hier entscheidend.

Zum anderen ist es die Perspektivenvielfalt selbst, die im Rahmen der Ideengenerierung so ausschlaggebend für den Erfolg ist. Nur wo weitläufige Sichtweisen und Erfahrungen, Wissen und Hintergründe zusammenwirken, entsteht eine ausreichende Basis für qualitative Wertbeiträge.

Dies ist auch der Grund, warum sich einige der rund 200 Kreativmethoden, die im Rahmen von Ideenfindungsphasen angewendet werden können, genau mit diesem Potenzial der unterschiedlichen Perspektiven befassen.

So setzt die relativ junge Methode des LEGO® Serious Play beispielsweise auf das individuelle Produzieren von Ideen und Prototypen in einer Gruppe. Jeder Teilnehmer schließt aufeinanderfolgende, iterative Bauphasen, in der er oder sie Ideen mit Bausteinen realisiert und anfassbar macht, mit sogenannten Storytelling-Sessions ab. Darin beschreibt jeder Teilnehmer einer Gruppe seine Lösungsidee und stellt deren Vorteile vor. Schließlich, nach mehreren Runden der Ideenverfeinerung, werden alle vielfältigen Individualmodelle zu einem gemeinschaftlichen Gruppenmodell in einer Gesamtlösung zusammengeführt. Oft erlebt man dabei eine hohe Form der Wertschätzung der beteiligten Individuen untereinander. Hierbei gibt es nur zwei Prämissen: Niemand aus der Gesamtgemeinschaft darf Schwierigkeiten bei der Verwendung von Individuallösungen im Gesamtmodell haben. Und von jedem Individualkonzept muss mindestens ein Bestandteil im Gesamtmodell wiederzufinden sein.

Abb. 3.1 Innovation

Aber auch, wenn es die Gruppe in einem Unternehmen nicht hergibt, divers in Hinblick auf seine Teilnehmer ausgerichtet zu sein, gibt es andere Lösungen. Eine recht bekannte Kreativmethode von de Bono, die Sechs Hüte, zwingt selbst homogene Gruppen zur Heterogenität und Vielfalt. Dies gelingt, indem allen Teilnehmern einer Ideenfindungsphase bestimmte Rollen zugeteilt werden, aus denen heraus sie diskutieren und beitragen müssen. Das Ergebnis ist – neben einer gewissen Erheiterung – mit etwas Übung überaus effizient und bringt Perspektiven, die eine einheitlich denkende und argumentierende Gruppe nicht gehabt hätte.

3.1.5 Wirkliche Kundenzentrierung erreicht man über Vielfalt

Kundenzentrierung ist ein hochaktuelles Thema. Stellen Sie sich einmal vor, Sie entwickeln in Ihrem Unternehmen die Idee, ein neues kerngeschäftsfremdes Geschäft anzugehen. Die technischen Kompetenzen haben Sie. Sie können das Produkt, die Dienstleistung oder das Geschäftsmodell bauen, aber Ihnen fehlt die Kenntnis vom Markt.

Was können Sie tun? Sie versetzen sich in Ihre neue Kundengruppe hinein. Und das wiederum geht am besten, wenn Sie Vertreter aus eben dieser Kundengruppe in Ihren Innovationsprozess integrieren. Sei es in Form von Kundenintegration oder durch die Zusammenstellung, respektive dem Aufbau von heterogenen Teams.

Im Design Thinking, einer weiteren Kreativmethode oder vielmehr einem Innovationsansatz, produzieren Sie in vornehmlich heterogenen Innovationsteams zunächst eine sogenannte Persona. Sie ist die Stellvertreterperson Ihrer angenommenen Kundengruppe. Natürlich ist es hilfreich, wenn Sie sich in diese Person gut hineinversetzen können und dies geht am besten mit empathischen Potenzial oder wenn Sie Kenntnisse von Bedürfnissen der Persona haben, wenn ein Teammitglied Ihrer Entwicklereinheit deren Bedürfnisgelage persönlich kennt.

Nur wenn dies gegeben ist, lässt sich ausschließen, dass ein Team ein Produkt produziert und dabei Bedürfnisse, die die Zielpersonen haben und die Treiber für einen Kauf sind, nicht beachtet.

Können Sie sich vorstellen, dass z. B. nur ein Bruchteil der Innovationsmanager heute Frauen sind und man Gründerinnen von Start-ups mit der Lupe suchen muss? Und das, obwohl Frauen oftmals den Kaufimpuls respektive die Kaufentscheidung für neue Produkte in Familien treffen und ohnehin annähernd die Hälfte unserer Bevölkerung ausmachen? Dass da Verständnispotenzial verloren geht, sollte sich von allein erschließen.

Nur wer wirkliche Insights zu einer Kundengruppe vorweisen kann, ist in der Lage, Innovationen marktgerecht zu produzieren. Und die Chance auf Insights erhöhen Sie durch die Vielfalt ihres Teams.

3.1.6 Diversifizierte Teams bergen mehr Potenzial

Das eigentliche Potenzial von diversifizierten Gruppen findet an den Schnittflächen zwischen Kompetenzfeldern statt. Zwei Beispiele sollen dies verdeutlichen.

Man muss nicht alles selber machen und es gibt immer Menschen, die die eigenen Ansichten, Ideen und Konzepte mit ihrem Input weiter voranbringen.

Beispiel

In Beispielunternehmen A sollte vor einigen Jahren ein Innovationsmanagement aufgebaut werden, weil die bis dahin bestandenen Geschäftsbereiche mittelfristig nicht mehr ertragreich arbeiten würden und somit der Fokus klar auf neuer Produkt-, Service und Geschäftsmodellinnovation lag, die den Zeitpunkt zum Break Even maßgeblich verkürzen sollten.

Da es bis hierher kein Innovationsmanagement im Unternehmen gab, sondern lediglich Abteilungen, die sich um Forschung und Entwicklung kümmerten, also einen längeren Entwicklungshorizont im Blick hatten, war dies eine gänzlich neue Aufgabe.

Der seinerzeit mit der Aufgabe betraute Manager entschied sich, aufgrund seiner begrenzten Erfahrung im Bereich Innovation ein Fachbuch zu Rate zu ziehen und zeichnete hieraus einen mustergültigen Innovationsprozess für das Unternehmen ab. Da er sich aber der Sache weder sicher war noch wusste, wie nun mit dem Prozess zu verfahren sei, entschied er sich, einen Termin aufzusetzen, bei dem ein überaus heterogenes, vielfältiges Teilnehmerfeld aus Geschäftspartnern unterschiedlichster Branchen zusammenkamen. Das Ziel war es sprichwörtlich, die „Hosen runter zu lassen" und den für das Unternehmen geplanten Prozess zur Diskussion mit Externen zu stellen.

Das Ergebnis waren umfangreiche Erkenntnisse zu Fallstricken und Schwierigkeiten im Prozess, die der betroffene Manager noch vor der Implementierung radikal beseitigte. Nach Aktivierung und Ingangsetzung des neuen Innovationsmanagements profitierte die gesamte Belegschaft des Unternehmens von diesen, im Vorfeld durch eine divers besetzte Gruppe eingebrachten Erkenntnisse.

Der dabei entstandene Kreis ist noch heute aktiv und hilft sich branchenübergreifend bei Fragestellungen rund um Innovationsmanagement. Wissenstransfer in diversifizierten Gruppen ist hier das Stichwort.

Beispiel

Ein weiteres Beispiel sind Innovationsworkshops und Bootcamps zur Entwicklung von Neugeschäft, die der Manager einige Monate später aufsetzte. Auch hier setzte er erneut auf die Kraft der Diversity und lud sowohl externe wie auch interne Teilnehmer zu Kreativsessions ein.

Unter den externen Teilnehmer gab es zahlreiche Studierende aus unterschiedlichsten Fachdisziplinen, die mit dem Kerngeschäft des Unternehmens inhaltlich nichts am Hut hatten. Nach einer kurzen „Druckbetankung" zu inhaltlichen und methodischen

Themen, die alle Teammitglieder auf einen einheitlichen Basiswissensstand bringen sollten, wurden Ideen für mögliche neue Geschäftsmodelle entwickelt.

Durch die vielfältigen Einsichten in unterschiedliche Disziplinen und Fachbereiche und das positive Zusammenwirken entwickelten sich in wiederkehrenden Abständen Neugeschäfte, von denen eine nicht geringe Anzahl am Markt erfolgreich implementiert werden konnte. Der Schlüssel lag auch hier in den Schnittflächen und sich daraus ergebenden Wissenskombinationen. Neben der Tatsache, dass Spaß einer der größten Treiber in solchen Sessions war, war es vor allem der gemeinsame Lernprozess als vielseitige Einheit, die sich sukzessive eine eigene diversifizierte Kultur entwickelt hat.

3.1.7   Diversity ist Chefsache

Kommen wir zum Abschluss zu einem letzten wesentlichen Hinweis in Sachen Diversity. Vielfalt ist Chefsache. Vielfalt muss vorgelebt werden. Vielfalt wie auch Innovation beginnen im Kopf.

Wie kann das nun gelingen, angesichts der Tatsache, dass der Chef ja nur eine Einzelperson ist? Nun grundsätzlich ist das recht simpel. Zum einen sollte die Unternehmensführung immer darauf bedacht sein, eine möglichst heterogene Mitarbeiterschaft zu haben.

In Abstimmung mit der strategischen Ausrichtung von Personalabteilungen kann so bereits von Beginn an bei Neueinstellungen auf eine möglichst breite Vielfalt innerhalb der Mannschaft geachtet werden.

Und was ist mit den bereits vorhandenen Mitarbeitern? Was, wenn diese alle relativ homogen ähnliche Merkmale aufweisen? Das soll ja durchaus vorkommen. In dem Fall sollte der Chef seine Mitarbeiter ermutigen, bisher verdeckte Eigenschaften und Interessen mit zum Arbeitgeber zu bringen. Auch das sollte er vorleben. So entstehen plötzlich ganz andere, bisher verborgene und heterogene Kompetenzprofile, aus denen sich enormes Potenzial für Kreativsitzungen oder gar die Entwicklung von zukünftigem Neugeschäft ableiten lässt.

Fangen Sie doch einmal mit einem „Das kann ich sonst noch -Tag" an. An so einem Tag könnten Sie Ihren Mitarbeitern die Möglichkeit eröffnen, auf einem firmeninternen Marktplatz ihre am Arbeitsplatz nicht erforderlichen aber vorhandenen Kompetenzen zu präsentieren. Sie glauben gar nicht, wie vielfältig Ihnen plötzlich Ihre Belegschaft erscheint. Und im Idealfall fühlen sich Ihre Mitarbeiter nicht nur in ihrer Persönlichkeit wertgeschätzt, sondern Sie können aus einigen verdeckten Kompetenzen sogar sinnvolle Impulse für ihre Innovationsfähigkeit ableiten.

Zu guter Letzt obliegt es der Unternehmensführung in Hinblick auf Hierarchiegefüge außerdem für eine Durchmischung im Innovationsprozess zu sorgen. Bauen Sie Barrieren ab und integrieren Sie ihre gesamte, interessierte Belegschaft in den Ablauf von kreativen Problemlösungen und Konzeptionen neuer Produkte, Prozesse und Geschäftsmodelle.

Innovation ist keine Frage von Hierarchie, sondern immer eine Frage der Führungsfähigkeit. Bin ich bereit, mich dem Potenzial aller Mitarbeiter zu öffnen und selbst solche zu integrieren, deren originäre Aufgabe doch eigentlich eine ganz andere als die, „kreativ zu sein" entspricht?

Wenn ja, entsteht in Kürze eine kraftvolle Fülle an neuen Ideen, Potenzialen und Eindrücken, die es Ihnen einfacher machen sollte, sich am Markt mit innovativen Entwicklungen zu behaupten.

Vielfalt ist nicht alles, aber schon ganz schön viel.

3.2   Über den Autor

Prof. Dr. Nicolas Burkhardt unterrichtet am Campus Köln die Studienfächer Innovation, Changemanagement und Leadership im gleichnamigen MBA Programm der FH des Mittelstands. Er ist Gründer der Kopfspringer GmbH, einer Beratungsgesellschaft mit dem Fokus auf Geschäftsmodellinnovationen, Lean StartUp und Innovation-Training.

Nicolas Burkhardt ist darüber hinaus Mitbegründer des Quantensprung Awards für disruptive Geschäftsmodelle und Ausrichter des etablierten InnovationSquare. Dieser umfasst als eine der größten deutschsprachigen Communities für Innovationen als Mitglieder alle DAX-Konzerne sowie rund 300 kleine und mittelständische Unternehmen.

Das Leitbild von Kopfspringer geht davon aus, dass die Mitarbeiter einer Organisation die entscheidenden Faktoren für Zukunftsfähigkeit und Wettbewerbsvorteil sind. Nur mit den richtigen Fähigkeiten lässt sich Innovationserfolg automatisieren. Durch Weiterbildungen und Entwicklung von Innovations-, Change- und Leadershipkompetenzen hilft Kopfspringer, den Weg in eine erfolgreiche Zukunft zu ebnen.

Diversity Management – Erfolgsfaktor für Unternehmen in einer globalisierten Welt

Matthias Friedrich

Zusammenfassung

Die alternde Gesellschaft führt dazu, dass Unternehmen immer größere Schwierigkeiten haben, geeignete Fach- und Führungskräfte zu gewinnen. Zuwanderung bewirkt, dass Menschen aus anderen Sprach- und Kulturräumen mit Wertvorstellungen, die sich von unseren europäischen Traditionen und Werten bisweilen deutlich unterscheiden, die Berufswelt zunehmend beeinflussen. Unternehmen haben es auf einmal mit den jungen Talenten der Generation Y zu tun, die völlig andere Werte und Forderungen haben als bisher. Diese Ausführungen beleuchten einige Schwerpunktthemen des Diversity Managements, wie z. B. Zuwanderung, Genderdiskussion, Frauenquote oder Generation Y und zeigen anhand realer Praxisbeispiele, wie die Herausforderung der Vielfalt durch geschicktes unternehmerisches Handeln in eine Chance und einen Vorsprung für Unternehmen gewandelt werden kann. Diversity Management ist heute ein zunehmend wichtiger Aspekt im Rahmen der strategischen Unternehmensentwicklung. Diversity ist heute nicht mehr Sozialfaktor, sondern Erfolgsfaktor für Unternehmen in einer globalisierten Welt.

Inhaltsverzeichnis

M. Friedrich (✉)
Herford, Deutschland
E-Mail: m.friedrich@mf-consults.de

© Springer Fachmedien Wiesbaden 2016
P. Buchenau (Hrsg.), *Chefsache Diversity Management*,
DOI 10.1007/978-3-658-12656-8_4

4.1   Alle wollen individuell sein – aber wehe, jemand ist anders!

Der Mensch neigt dazu, sich im Bekannten, Vertrauten, Ähnlichen wohlzufühlen – und scheut das Neue, das Andere, das Unbekannte. Gerade jedoch vor dem Hintergrund der Globalisierung der Wirtschaft und zunehmender Angewiesenheit auf Zuwanderung in unserem Land – wen treiben die Stichworte „demografischer Wandel", „Fachkräftemangel" oder „War for Talents" in der täglichen Personalarbeit nicht? – hängt für Unternehmen zukünftig der wirtschaftliche Erfolg nicht unwesentlich auch davon ab, wie aktiv, nachhaltig und erfolgreich sie das Thema „Diversity Management" betreiben.

Im Dezember 2006 haben führende deutsche Unternehmen unter der Schirmherrschaft der deutschen Bundeskanzlerin Dr. Angela Merkel die sogenannte „Charta der Vielfalt" als Wegbereiter für Diversity in Deutschland verfasst. Die Unterzeichner verpflichten sich ein Arbeitsumfeld zu schaffen, das unterschiedliche Talente in der Belegschaft anerkennt und fördert – unabhängig von Geschlecht, Rasse, Nationalität, ethnischer Herkunft, Religion, Weltanschauung, Behinderung, Alter und sexueller Orientierung. Inzwischen ist sie von mehr als 2.000 Unternehmen unterzeichnet worden, die damit ein bewusstes Zeichen nach außen setzen wollen, sich so aber auch den Zugang zu Best-Practice-Beispielen und einer größeren Wissensbasis sichern.

Es gilt, die Chancen, die aus der Verschiedenheit der Beschäftigten resultieren, im Rahmen einer Unternehmenskultur, in der die Wertschätzung der Vielfalt fest verankert ist, zu erkennen und aktiv zu nutzen.

Einzigartigkeit und Unterschiede der Mitarbeiter stellen einen wichtigen Wert dar und enthalten Potenziale für den Einzelnen sowie für das gesamte Unternehmen. Wenn es gelingt, die vielfältigen Talente der Menschen in den Unternehmen, in einem ganzen Land klug zu mobilisieren, dann ist das ein riesiger Gewinn für alle. Dabei darf „Gewinn" nicht nur betriebswirtschaftlich im unternehmerischen Sinne verstanden werden, sondern auch im übergeordneten Sinn, nämlich als Gewinn für die gesamte Gesellschaft.

4.2 Zuwanderung in Deutschland – Ein kurzer Rückblick

Aktuell bekommt dieses Thema durch die enorme Zahl von Asylbewerbern, mit der Europa und insbesondere Deutschland seit 2015 konfrontiert wird, für Gesellschaft und Wirtschaft eine neue Aktualität und Facette. Die Asylsuchenden kommen zu ca. 90 % aus Ländern und Kulturbereichen, die mit der abendländischen Kultur Westeuropas sowie seinen sprachlichen und religiösen Wurzeln nichts gemeinsam haben (vgl. Statista 2015). Standen im Jahr 2006 bei Abfassung der Charta der Vielfalt noch die Kriterien „Geschlecht", „Herkunft" und „Behinderung" ganz oben auf der Liste der Handlungsbedarfe, so dürften heute die Aspekte „Ethnische Herkunft/Rasse" und „Religion/Weltanschauung" eine besondere Aktualität und Aufmerksamkeit besitzen.

Wie kann man etwas zu einer Chance machen, was sich zunächst und vordergründig als enorme politische und gesellschaftliche Herausforderung, ja bisweilen sogar als Überforderung unserer Systeme darstellt?

4.2.1 Flüchtlinge und Umsiedler aus Mittel- und Osteuropa 1945–1950

Die Flucht und Vertreibung Deutscher aus den deutschen Ostgebieten und aus Ostmittel-, Ost- und Südosteuropa während und nach Ende des Zweiten Weltkrieges von 1945 bis 1950 umfasst Flucht, Vertreibung und die erzwungene Auswanderung großer Teile der dort ansässigen deutschsprachigen Bevölkerungsgruppen. Sie betraf Millionen Deutsche in den Ostgebieten des Deutschen Reiches und deutschsprachige Bewohner aus Ostmittel-, Ost- und Südosteuropa. Sie war eine Folge der nationalsozialistischen Gewaltherrschaft und Kriegsverbrechen in Ostmitteleuropa und Südosteuropa während der Zeit des Nationalsozialismus und der Gebietsverluste des Deutschen Reiches, die die Siegermächte USA, Sowjetunion und Großbritannien auf der Potsdamer Konferenz 1945 festlegten (vgl. Wikipedia 2016a).

1944/1945 kamen 12 bis 14 Mio. Ost- und Sudetendeutsche nach Westdeutschland, in die Sowjetische Besatzungszone und in das „befreite" Österreich. In der Nachkriegszeit flohen viele noch einmal – aus der sowjetischen in die amerikanische Besatzungszone und die britische Besatzungszone. Die Bundesrepublik Deutschland und die Deutsche Demokratische Republik standen vor einer unlösbar scheinenden Herausforderung. Durch die Bevölkerungsverschiebungen verdoppelten einige Länder und DDR-Bezirke wie Mecklenburg ihre Einwohnerzahl. In vormals konfessionell homogenen Regionen mit starken eigenen Traditionen – zum Beispiel Oberbayern und der Lüneburger Heide – lebten nun große Bevölkerungsgruppen mit anderem Lebensstil und fremder Konfession. Vereinzelt entstanden sogar regelrechte Flüchtlingsgemeinden.

Die wirtschaftliche und soziale Integration der Vertriebenen in die beiden deutschen Staaten vollzog sich in einem langen Prozess. Neuere Forschungen zeigen, dass die allgemeinen wirtschaftlichen Aufwärtsbewegungen während der 1950er-Jahre durch

Wirtschaftswunder im Westen und Ausbau der Industrie im Osten einen erheblichen Effekt auf die wirtschaftliche Eingliederung der Vertriebenen hatten (vgl. Schwartz 2008).

4.2.2 Anwerbung von Gastarbeitern in Deutschland ab 1955

Zehn Jahre nach Ende des Zweiten Weltkriegs wird in Deutschland Hilfe aus dem Ausland benötigt: Die eigenen Kräfte reichen bei weitem nicht aus, um das eigene Land wieder aufzubauen. Von Firmen werden Arbeiter – vor allem für körperlich schwere Tätigkeiten – ebenso händeringend gesucht wie im Straßen- und Brückenbau. Im Süden Italiens dagegen stehen viele Menschen auf der Straße – arbeitslos und kaum in der Lage, ihre Familien zu ernähren. Aus dieser Not heraus machen Deutschland und Italien eine Tugend: Am 20. Dezember 1955 erfolgt der Abschluss des Anwerbeabkommens, welches deutschen Unternehmen erlaubt, sich im Süden Europas die dringend benötigten Arbeitskräfte zu holen.

Dem ersten Anwerbeabkommen folgen weitere mit Griechenland und Spanien (1960), der Türkei (1961), Marokko (1963), Portugal (1964), Tunesien (1965) und Jugoslawien (1968).

Diese Gastarbeitergeneration aus den 1960er- und 1970er-Jahren des vorigen Jahrhunderts leistete einen entscheidenden Beitrag zum deutschen Wirtschaftswunder, welches ohne diese Gastarbeiter-Immigration nicht denkbar gewesen wäre.

Wenn auch der überwiegende Teil dieser Arbeitsmigranten wieder zurück in ihr jeweiliges Heimatland gekehrt ist (12 von 14 Mio. Arbeitsmigranten kehrten zurück) (vgl. Wikipedia 2016b), leben heute dennoch ca. 1,8 Mio. Türken und 550.000 Italiener in Deutschland (vgl. Fischer 2016).

4.2.3 Zuwanderung bereichert sozial und wirtschaftlich, wenn Integration gelingt

„Man hat Arbeitskräfte gerufen, und es kamen Menschen", schrieb Max Frisch (1975). Es kamen keine Objekte, die maschinengleich nur eine Leistung erbringen wollten, um ansonsten nicht weiter aufzufallen – nein, es kamen Subjekte mit ihren ganz eigenen Wurzeln, Traditionen, Vorlieben, Eigenarten und Emotionen.

Kennen wir in der Regel nicht alle jemanden aus der Nachbarschaft oder dem näheren Bekanntenkreis, der hiergeblieben ist, seine Familie nachholte, hier mit der Zeit verwurzelte, Kinder geboren wurden und die ausländische Familie mitsamt ihrer zweiten und dritten Generation wirtschaftlich und sozial als integriert angesehen werden kann? Würde uns kulturell und gesellschaftlich nicht sogar etwas fehlen, wenn wir nicht wie selbstverständlich die leckere Pizza des charmanten und lebenslustigen Italieners im Ort oder die freundliche Höflichkeit des türkischen Gemüsehändlers um die Ecke genießen könnten? Haben uns diese Gastarbeiter mit ihrer vielfältigen und interessanten Kultur, die sie mit in unser Land gebracht haben, mit ihrem mediterranen und südländischen Temperament nicht unendlich bereichert?

Die beiden Beispiele zeigen sehr anschaulich, dass unser Land – und damit die Politik, die Gesellschaft und die Wirtschaft – wiederholt vor der Herkulesaufgabe der Integration massenhafter Zuwanderungen stand. Diese Beispiele zeigen ebenfalls: Es verändert unser Land und unser Miteinander, zweifellos. Und ohne die zwangsläufig damit einhergehenden Probleme aus den Unterschieden in Sozialisierung, Kultur und Religion kleinreden zu wollen, muss man feststellen: Es war nicht nur eine sicherlich immense Herausforderung, sondern führte auch zu einer gegenseitigen Bereicherung.

Sich für die Menschen aus einem ganz anderen Kulturkreis zu öffnen, aufeinander zuzugehen für ein auf Basis des Rechts- und Wertesystems unseres Staates wertschätzendes, konstruktives, lebenswertes und bereicherndes Miteinanders, gegenseitig voneinander zu lernen, die Diskussion weg von einer problemorientierten hin zu einer lösungs- und chancenorientierten Diskussion zu führen, ist ebenso die Herausforderung unserer Tage. Und unser Herangehen an diese Aufgabe und ihre Lösung entscheidet nicht unerheblich darüber, welche Qualität die wirtschaftliche Leistungsfähigkeit und das gesellschaftliches Miteinander in der nächsten und übernächsten Generation in unserem Land, ja in Europa haben werden.

4.3 Genderdiskussion und Frauenquote

4.3.1 Mitarbeiter oder MitarbeiterInnen oder Mitarbeitende – oder was...?

Diversity beginnt mit dem Abbau von Diskriminierung. Den rechtlichen Rahmen für einen weitgehend einheitlichen Diskriminierungsschutz hat das Allgemeine Gleichbehandlungsgesetz (AGG) geschaffen, das 2006 in Kraft getreten ist. Ziel des Gesetzes ist, Benachteiligungen „aus Gründen der Rasse oder wegen der ethnischen Herkunft, des Geschlechts, der Religion oder Weltanschauung, einer Behinderung, des Alters oder der sexuellen Identität zu verhindern oder zu beseitigen" (Antidiskriminierungsstelle des Bundes 2006).

Frauen werden im Job benachteiligt, weil sie im Schnitt weniger verdienen, oder Männer werden ihnen gegenüber bevorzugt, weil sie nicht schwanger werden können: Dagegen muss etwas getan werden und wird getan – und das ist gut und richtig so. Denn es bedeutet soziale Ungerechtigkeit zwischen den Geschlechtern, die dringend abgeschafft gehört.

Aber ist es denn wirklich diskriminierend, wenn ein Chef von seinen „Mitarbeitern" spricht und dabei die „Mitarbeiterinnen" nicht explizit erwähnt? Müssen wir denn deshalb alle Beschäftigten eines Unternehmens zum Neutrum machen und fortan nur noch von „Mitarbeitenden" sprechen? Ist das wiederum nicht fürchterlich unpersönlich, ja sogar unmenschlich?

Welche junge Frau fühlt sich denn nicht angesprochen, wenn an einer Universität von „Studenten" die Rede ist? Warum müssen wir jetzt auf einmal die Pluralform „Studenten" als diskriminierend ansehen? Genauso könnten ja die männlichen Studenten auf die Barrikaden gehen, weil die Pluralform mit dem weiblichen Artikel „die" davor – also *die* Studenten – semantisch eine feminine Bedeutung hat und von den Männern als diskriminierend empfunden werden könnte. Also sozusagen der Kampf für die Emanzipation des Mannes …

Und dieser frauenfeindliche Sexismus an den Ampeln! Überall nur Männchen! Millionen Frauen müssen jeden Tag warten, dass ihnen ein Mann zeigt, dass sie gehen dürfen.

Und müssen dann nicht konsequenterweise auf den Radwegen, wo ausschließlich Männerfahrräder aufgemalt sind, auch Frauenfahrräder hin gemalt werden? Sozusagen Gleichberechtigung der Geschlechter im täglichen Verkehr?

Diese wenigen, zugegebenermaßen überspitzen Beispiele zeigen sehr schnell, worauf es bei der Genderdiskussion ankommt – und worauf nicht. Deshalb lautet mein Appell: Leute, bleibt doch bitte sachlich und helft, sachliche Missstände und soziale Ungerechtigkeiten zu beseitigen, wo Verhältnisse und Gegebenheiten nicht mehr zu einer liberalen, freiheitlichen und demokratischen Gesellschaft des 21. Jahrhunderts passen. Aber betreibt diese Diskussion doch bitte nicht als politische Selbstbefriedigung und macht das Leben nicht noch komplizierter als es eh schon ist.

4.3.2 Die gesetzliche Frauenquote: Frauen-Bonus versus Sachkompetenz?

Nach jahrelanger Debatte hat der Deutsche Bundestag im März 2015 die Frauenquote beschlossen. Demnach müssen von 2016 an rund 108 börsennotierte Unternehmen, in denen die Arbeitnehmer voll mitbestimmungsberechtigt sind, bei der Besetzung von Aufsichtsratsposten den 30-Prozent-Anteil einhalten. Ansonsten muss der Posten unbesetzt bleiben.

Das Gesetz sieht zudem vor, dass sich ca. 3.500 mittelgroße Unternehmen sich bis Ende September 2015 eigene Zielvorgaben beim Frauenanteil in Vorstand, Aufsichtsrat und den obersten zwei Managementebenen setzen mussten. Diese Flexiquote soll nicht nachträglich korrigiert werden dürfen. Das Gesetz enthält darüber hinaus auch Regelungen für eine Frauenquote im öffentlichen Dienst des Bundes. Sozusagen gesetzlich verordnete „Female Readiness" für Großunternehmen.

Es ist im Sinne sozialer Gerechtigkeit selbstverständlich, dass Frauen und Männer die gleichen Chancen haben müssen. Aber brauchen wir dafür ein Gesetz? Auch ohne Gesetz haben wir Frauen, die bewiesen haben, dass sie es durch Können nach oben geschafft haben.

Wir haben seit 2005 eine Frau als Bundeskanzlerin, die weltweit hoch anerkannt und geschätzt ist und ihrer Rolle und Verantwortung auch auf der internationalen Bühne höchst gerecht wird.

Wir haben seit dem 17. Dezember 2013 mit Ursula von der Leyen eine Frau als Bundesministerin der Verteidigung – einer bis dahin politischen Männer-Domäne.

Schauen wir einmal über den Teich: Seit Januar 2014 steht mit Mary Barra erstmals eine Frau an der Spitze des US-Autokonzerns General Motors. Eine „Quotenfrau"? Mitnichten! Die 51-jährige Barra ist eine GM-Veteranin und arbeitet seit 33 Jahren für GM. Bis zu ihrer Berufung als Vorstandschefin war sie für den Umbau des Unternehmens zuständig. Sie hat sich durch Kompetenz, Leistung und Förderung empor gearbeitet und es gab offensichtlich gute Gründe für Ihre Berufung (vgl. Spiegel Online 2013).

Die Berufung Barras zeigt, dass Diversity in den USA längst viel selbstverständlicher und konsequenter gelebt wird als hierzulande. Im Gegensatz zu Deutschland schaffen es Frauen in den USA längst auf die Spitzenposten amerikanischer Großkonzerne. Barra befindet sich in illustrer Gesellschaft. Die Computerriesen IBM und Hewlett-Packard, die Internetkonzerne Google und Yahoo oder der Softdrink-Konzern PepsiCo werden allesamt von Frauen geleitet – und das ganz ohne gesetzliche Frauenquote.

In der von Männern dominierten Automobilbranche ist es bisher selten, dass Frauen hochrangige Positionen einnehmen. Bislang wurde noch kein großer Autobauer von einer Frau geleitet. Auch den großen deutschen Autokonzernen wie Volkswagen, BMW und Daimler stehen Männer vor. Wann wird der Umbruch in der Unternehmenskultur im Volkswagenkonzern glaubhaft auch dadurch dokumentiert, dass man den Mut hat, eine Frau zur Vorstandsvorsitzenden zu wählen? Bisher gibt es trotz Wechsel in Aufsichtsrat und Vorstand begründete Zweifel, an den intensiv geforderten und nötigen Wertewandel zu glauben. Die Köpfe haben sich geändert, aber damit die Werte auch…?

Hilft es der Entwicklung eines Unternehmens, hilft es der internationalen Wettbewerbsfähigkeit der deutschen Wirtschaft, hilft es der Entwicklung der gesamten Volkswirtschaft, wenn Aufsichtsratspositionen unbesetzt bleiben, nur weil die gesetzliche Frauenquote untererfüllt ist?

Wie wohltuend vernünftig – und in meinen Augen überhaupt nicht unemanzipiert – klingt es da, wenn ich lese, dass die persönlich haftende Gesellschafterin und Vorstand für Finanzen und Einkauf eines weltweit tätigen westfälischen Familienunternehmens mit ca. einer halben Milliarde Euro Umsatz und ca. 4.200 Beschäftigten eine gesetzliche Frauenquote ablehnt. Das Familienunternehmen setze auf Förderung. Der Frauenanteil wachse in allen Bereichen, im Top-Management betrage er gut 16 % (vgl. Neue Westfälische 2015). Zugegeben, dieser Wert ist nun nicht gerade eine Sensation. Aber ist es im Interesse einer langfristig tragfähigen und nachhaltigen Entwicklung nicht sehr viel sinnvoller, auf unternehmerische Vernunft statt auf gesetzliche Regelung zu setzen? Dies gerade von einer Frau und Unternehmerin zu lesen, finde ich sehr bemerkenswert.

Ist die gesetzliche Frauenquote nicht vielleicht sogar sexistisch und diskriminierend für beide Geschlechter? Ist sie nicht vielleicht unfair für Männer, weil Frauen Jobs bekommen könnten, obwohl sie weniger qualifiziert sind? Und habe ich als Frau nicht vielleicht ein Störgefühl und meine, dass andere denken, ich habe den Job nur, weil es die Quote gibt …?

Neuerlich ist zu lesen, dass sogar eine Gruppe deutscher Unternehmerinnen Front macht gegen die Initiative der deutschen Bundesministerin für Familie, Senioren, Frauen und Jugend, Manuela Schwesig (vgl. Welt am Sonntag 2015). Deren neuester Vorstoß in Sachen Gleichberechtigung ist das „Gesetz für mehr Lohngerechtigkeit zwischen Frauen und Männern", welches auf Grund der geplanten Umsetzung bei acht befragten deutschen Unternehmerinnen auf starke Ablehnung stößt. Tatsächlich setzt die Bundesfamilienministerin nicht nur die Vereinbarungen des Koalitionsvertrages um – was ihre Aufgabe ist, sondern geht mit ihrem Gesetzentwurf deutlich darüber hinaus.

Künftig soll für alle Beschäftigten und Arbeitnehmer in der Privatwirtschaft und im öffentlichen Dienst des Bundes ein individueller Auskunftsanspruch festgelegt werden. Unternehmen ab 500 Beschäftigte sollen verpflichtet werden, ihre eigene Entgeltgleichheit zu prüfen, herzustellen und darüber zu berichten. Tun sie das nicht, droht ihnen vor Gericht eine Umkehr der Beweislast. Ein neues Bürokratiemonster wird befürchtet. Zudem soll es auch eine Verpflichtung der Unternehmen geben, in Stellenausschreibungen das vorgesehene Mindestgehalt anzugeben. Dies würde unweigerlich dazu führen, dass eigene Mitarbeiter, Öffentlichkeit und Wettbewerber sehr viel mehr über die Gehaltsstrukturen von Firmen erfahren als bisher.

Selbstregulierende Marktwirtschaft? Das Gehalt wird an eine Stelle und nicht mehr an ein Individuum geknüpft? Man fragt sich angesichts solcher Initiativen, ob die Politik wirklich weiß, wie Wirtschaft funktioniert…

Notwendig ist ein Umdenken in den Köpfen, ein kultureller Wandel, eine Änderung der gesellschaftlichen Haltung. Dies ist ein langer Prozess. Und das Ergebnis ist nicht durch Gesetze zu erreichen, welche den Unternehmen neue bürokratische Belastungen aufbürden. Deshalb plädiere ich für eine gesetzliche Selbstverpflichtung der Unternehmen – ohne konkrete Zahlenvorgaben oder mit einem Opt-out bei nachweislich nicht erfolgreichem Bemühen eine Frau zu gewinnen. Denn dafür sind die individuellen Gegebenheiten in Form von Region, Branche und Unternehmensgröße zu unterschiedlich, als dass eine gesetzliche Regelung sinnvoll und zielführend wirklich zu einer Verbesserung der Gesamtsituation führen könnte.

Erwähnen möchte ich an dieser Stelle eine Initiative und Informationsplattform für hoch qualifizierte Frauen – genannt „Genderdax" –, die sich an Frauen in Fach- und Führungspositionen ebenso richtet wie an Nachwuchskräfte und Wiedereinsteigerinnen. Für diese Zielgruppe wird ein umfassender Überblick über Beschäftigungsmöglichkeiten und Entwicklungschancen bei ausgewählten Großunternehmen, kleinen und mittelständischen Betrieben sowie Forschungszentren in Deutschland geboten.

Für die Aufnahme in den Genderdax können sich alle Unternehmen und Forschungsinstitute in Deutschland bewerben, die im Rahmen ihrer Personalpolitik und ihres Diversity Managements weibliche Fach- und Führungskräfte fördern. Genderdax wurde bereits vom Bundesministerium für Familie, Senioren, Frauen und Jugend gefördert (vgl. Genderdax 2016).

4.4 Generation Y

4.4.1 Eine neue Generation bewirkt einen Paradigmenwechsel in Gesellschaft und Arbeitswelt

Sie sind die Kinder der digitalen Revolution. Ihr Problem sind nicht – wie für die Generation zuvor – die Grenzen, sondern es ist die Grenzenlosigkeit. Alles ist möglich, zumindest virtuell. Sie wollen alles und das auf einmal: Familie plus Feierabend, Beruf plus Freude plus Sinn, und nebenbei auch noch schnell die Welt retten. Ihre Ziele verfolgen sie kompromisslos. Und es könnte sein, dass sie diese auch durchsetzen, denn sie haben eine Macht, die ihren Eltern und Großeltern vorenthalten war: Die Macht der Demografie, die Macht der Knappheit in einem hochgebildeten und wirtschaftlich florierenden Land. Sie werden für einen grundlegenden und nachhaltigen Paradigmenwechsel in der Arbeitswelt sorgen.

Mit „Generation Y" – auch „Millennials", „Gen Y" oder „Ypsiloner" genannt – ist die Gruppe der im Zeitraum von ca. 1980 bis 2000 Geborenen bezeichnet. Sie waren die Teenager der Jahrtausendwende und lösen die letzte Generation der Babyboomer – der Generation X – ab. „Y" verstanden auch im Sinne von „Why" oder „Why not" – sie fragen und hinterfragen, sie wollen Erklärungen und keine Anweisungen.

Generation Y verkörpert einen Wertewandel, der auf gesellschaftlicher Ebene bereits stattgefunden hat. Dieser vollzieht sich nun auch zunehmend in der Berufswelt. Diese Generation wird mittelfristig in die Führungsebenen vordringen, sie stellt die Manager von morgen. Sie wollen heute schon anders arbeiten, anders geführt werden – und sie werden in Zukunft selber anders führen. Gerade im Hinblick auf diese Generation der heute 20- bis 35-Jährigen werden Unternehmen in Zukunft ihre Human-Resources-Strategien verändern müssen, um diese jungen Menschen im „War for Talents" für sich zu gewinnen.

Was sind die besonderen Kennzeichen der Generation Y?

- **Lebensstil:** Sie sind die erste Generation, die im Umfeld von Internet und grenzenloser mobiler Kommunikation aufgewachsen ist. Sie sind sehr technologieaffin und arbeiten lieber in virtuellen Teams als in tiefen Hierarchien. Sie sind völlig neue Technologien der Kommunikation und des Austausches gewohnt. Sie gelten allgemein als gut ausgebildet.
- **Gruppen-Individualismus:** Soziologisch zeichnen sich die Y-Vertreter vor allem durch eine Rückwendung zu gemeinschaftlichen Formen aus: Communities, Peer Groups (Gruppe von Gleichgestellten mit eigenen Werten, Einstellungen und Verhaltensweisen) und Netzwerke spielen eine herausragende Rolle. Die Y-Vertreter sind bei aller Individualität geübte Teamplayer, die sich nicht nur im realen Leben, sondern auch in der virtuellen Welt durch eine exzellente Vernetzung auszeichnen.

- Andererseits ist die persönliche, individuelle Wahlfreiheit für die Ys unverzichtbar. Abgrenzungsphänomene früherer Jugendlicher haben an Bedeutung verloren. Wichtiger ist heute „Anschlussfähigkeit" an die präferierte Peer Group. Da diese Zugehörigkeiten zumeist frei gewählt und jederzeit revidiert werden können, spielt das Selbstdesign eine wichtige kulturelle Rolle. Individuelle Kreativität wird so für die Generation Y zu einer zentralen Triebkraft. Ein Konzept, das sie als Forderung auch an die Protagonisten der Unternehmenskultur und Wirtschaftsprinzipien von morgen richten. Selbstverwirklichung und deren Umsetzung sind die Antriebsfedern, die auch beruflich beflügeln sollen.
- **Offenheit** kennzeichnet das Mindset der Generation Y. Häufig multikulturell sozialisiert, sind Homo-Ehe, Religions- und Glaubensfreiheit sowie die Gleichstellung der Geschlechter ebenso selbstverständlich akzeptiert wie Veganertum, die Forderung nach Legalisierung weicher Drogen und das Grundrecht auf „Access". Die Forderungen nach Open Data, Open Science, Open Education, Open Innovation, Open Government und vielem mehr brechen mit der Logik des Herrschaftswissens und halten ihm die Überlegenheit des geteilten Wissens entgegen.
- **Sinnsuche und Selbstbestimmtheit:** Anstelle von Status und Prestige rücken die Freude an der Arbeit sowie die Sinnsuche ins Zentrum. Mehr Freiräume, die Möglichkeit zur Selbstverwirklichung sowie mehr Zeit für Familie und Freizeit sind zentrale Forderungen der Generation Y: Sie ist nicht mehr bereit, alles dem Beruf unterzuordnen, sondern fordert eine Balance zwischen Beruf und Freizeit. Die Arbeit soll vor allem sinnvoll sein und Abwechslung bieten. Erwerbsarbeit wird nicht mehr als ein vom übrigen Leben abgelöster Prozess verstanden, sondern ist integraler Bestandteil eines erfüllten Lebens. Arbeitszeit wird Lebenszeit – mit den entsprechenden Erwartungen daran.

Besser leben, anders arbeiten. Das ist die Erwartungshaltung der Y-Vertreter. Da sich diese nicht unbedingt verträgt mit dem bisherigen klassischen Job-System, führt dies unweigerlich zu einem Paradigmenwechsel in der Arbeitswelt. Man spricht von „New Work", mit den zentralen Werten Freiheit, Selbstständigkeit und Teilhabe an Gemeinschaft. New Work bietet Freiräume für Kreativität und Entfaltung der eigenen Persönlichkeit (vgl. Wikipedia 2016c).

4.4.2 Sinnvolle Human-Resources-Strategien mit Blick auf die Generation Y

Leben ist für die Generation Y viel weniger planbar als früher. Alles ist möglich, aber alles wandelt sich auch. Es gibt unzählige Optionen, aber nichts bleibt wie es war. Die Y-Vertreter sind Meister im Improvisieren. Ihr Lebenslauf verliert die Gradlinigkeit, die noch für ihre Eltern typisch war. Die Generation Y erkennt das Prekäre der globalisierten Wirtschaft. Deshalb will sie *jetzt* auf ihre Kosten kommen (vgl. Bund et al. 2013).

Die Y-Vertreter sind an biografisches Selbstmanagement gewohnt, sie kümmern sich stark um sich selbst. Bei allem Stress, den sie empfinden, genießen sie diesen Umstand aber auch, weil es sie unabhängig und frei macht.

Möglichkeiten von Sabbaticals – also einem vorübergehenden Ausstieg aus dem Job –, Eltern-, Teil- und Auszeiten werden bereits im Bewerbungsgespräch hinterfragt und werden als Elemente der bewussten Unterbrechung der Berufsbiografie zunehmen. Der Führungskräftenachwuchs möchte zukünftig sowohl in seinem Unabhängigkeits- und Selbstbestimmungsstreben ernst genommen werden sowie in dem gefördert werden, was er jeweils ganz spezifisch für sein Team und das Unternehmen leisten kann und möchte.

Führungskräfte müssen sich auf eine veränderte Interpretation des Karrierebegriffs durch die Generation Y einstellen. Wir-Werte (Partnerschaft, eigene Familie, Freunde) und solche, die auf die Entfaltung der eigenen Persönlichkeit abzielen, stehen höher im Kurs als beruflicher Erfolg im klassischen Sinne. Kreativ zu sein, eigene Ideen zu verwirklichen, mitgestalten zu können ist für junge Frauen und Männer wichtiger als das Erklimmen der Karriereleiter. Was „Karriere machen" bedeutet, wird von ihnen neu bestimmt.

Das hat erhebliche Auswirkungen für die Unternehmen und ihre Human-Resources-Strategien. Denn für eine solche Generation ist ausgemacht, dass man sich fortwährend qualifiziert, sich immer weiterbildet, dass sich Unternehmen um das geistige Potenzial und das Know-how ihres Fachkräfte-Pools kümmern. Sie spiegeln und verstärken einen klaren Trend: Die Voraussetzungen für Wachstum, Fortschritt und Innovation sind künftig grundlegend andere als in der alten Industriewelt. Unternehmenswerte basieren mehr denn je auf dem Wissen und der Kreativität der Mitarbeiter. Künftige Arbeitsumgebungen werden mehr und mehr in einem hohen Maße selbstbestimmte, flexible Hochbildungsumgebungen sein (vgl. Signium International 2013).

Die jungen Menschen der Generation Y verabschieden sich von den tradierten Rollenmustern. Unternehmen müssen sich darauf einstellen, dass junge Führungskräfte mit einem neuen Selbstverständnis in Top-Positionen vordrängen. Selbst dort, wo der Talentpool auch künftig noch weitgehend männlich geprägt ist, muss das Management nach Alternativen zu einst typisch männlichen und typisch weiblichen Karriereplänen und der klassischen Ausgestaltung von Führungspositionen suchen.

Neue Anreizmechanismen werden benötigt, die sowohl auf Leistungsprinzipien aufbauen wie auch auf dem Ziel der Talent- und Persönlichkeitsentwicklung sowie der Schaffung erweiterter, persönlicher Freiräume.

Es bedarf einer lebendigen Feedback-Kultur in den Unternehmen. Anerkennung und Wertschätzung prägen so zunehmend die Beziehung zwischen Mitarbeiter und Vorgesetztem – die subjektiv erlebte Sinnhaftigkeit und die Arbeitsergebnisse verbessern sich.

Gebraucht werden Führungskräfte, die es schätzen, wenn Mitarbeiter kompetenter sind als sie selbst.

Die klassische Führungskultur, die auf Konformität, alte Rollenbilder, überholte Autoritätsmuster und Karrieremodelle setzt – viele Hierarchien und wenige Freiräume, Anweisungen statt Erklärungen – hat ausgedient. Die Förderung von Kreativität, Agilität und Innovation durch größere persönliche Freiräume, die eine höhere Selbstbestimmtheit, Individualität und Unabhängigkeit des Mitarbeiters gestatten, wird zukünftig mehr denn je die Keimzelle unternehmerischen Erfolges sein.

4.5 Diversity Management in der deutschen Wirtschaft – Vergleich zwischen DAX-Konzernen und der mittelständischen Wirtschaft

4.5.1 Status quo der 30 DAX-Konzerne: Vorreiter in Sachen Diversity

Ein Blick auf die Recrutingseiten der 30 DAX-Konzerne in Deutschland von Adidas über BMW und Lufthansa bis hin zu Siemens und Volkswagen zeigt, dass diese Unternehmen es durchgängig verstanden und im Rahmen ganzheitlicher Konzepte fest verankert haben, dass es heute Menschen mit unterschiedlichen Ideen, Stärken, Interessen und kulturellen Hintergründen braucht, um nachhaltig innovativ, leistungsfähig und erfolgreich zu sein.

Sie haben verstanden, dass die Belegschaft ein Spiegelbild ihrer Kunden sein muss, wenn sie langfristig erfolgreich international bestehen können wollen. Sie haben verstanden, dass es im Sinne der Erfolgsorientierung eines international operierenden Unternehmens großen Sinn macht, die Vielfalt, die entstanden ist, nicht nur irgendwie zu „managen", sondern diese aktiv und entschlossen durch bewusstes Recruiting nach Vielfältigkeitskriterien sogar zu vergrößern und zu fördern (vgl. Adidas Group 2016).

Im März 2011 haben die DAX 30-Unternehmen zum Beispiel in der gemeinsamen Erklärung „Frauen in Führungsfunktionen" zugesagt, ihre Maßnahmen zur Erhöhung des Frauenanteils in Führungspositionen zu intensivieren. Die Unternehmen haben festgehalten, wie die Frauenförderung in den Unternehmen jeweils spezifisch und individuell nach den Rahmenbedingungen des Unternehmens weiter ausgebaut werden soll (vgl. Bundesministerium für Familie, Senioren, Frauen und Jugend 2010).

Die nachstehend aufgeführten Best-Practice-Beispiele zeigen, welche Vielfalt an Maßnahmen, Veranstaltungen, Ideen und Konzepten, die zum Thema „Diversity Management" ganz allgemein und zum Thema „Frauen in Führungspositionen" im Besonderen heute bereits erfreulicherweise in großen Konzernen gelebte Realität sind:

- Interne Diversity-Tage mit Vorträgen und Diskussionen zu Themen wie interkulturelle Kommunikation, Work-Life-Integration, Networking und Frauen in Führungspositionen
- Trainingsangebote zu interkultureller Kommunikation: Mitarbeiter werden für die verschiedenen Kulturen sensibilisiert und für Herausforderungen im interkulturellen Arbeitsumfeld qualifiziert

- Women's Networking Gruppe: Aufbau eines internationalen Frauennetzwerkes, um mehr Frauen im Unternehmen zu fördern und zu fordern
- Mentoring: Mit einem speziellen Programm soll der Anteil der Meisterinnen in der Fertigung eines deutschen Automobilherstellers erhöht werden. Frauen mit einem gewerblich-technischen Ausbildungsgrad werden systematisch identifiziert und motiviert eine Meisterlaufbahn einzuschlagen.
- SilverLiner: Ein deutscher Premium-Autohersteller baut auch in der Fertigung auf ältere Mitarbeiter. Die komplexe Montagelinie für einen Sportwagen soll vom Erfahrungspotenzial der Älteren profitieren. Die Arbeitsabläufe sind auf deren Ansprüche abgestimmt, ein Arbeitstakt in der Montage ist deutlich länger als in der Großserienfertigung.
- Vorbild Toleranz: Einer der größten automobilen Finanzdienstleister in Europa setzt sich intern und extern für mehr Toleranz gegenüber homosexuellen Mitarbeitern ein. Er wirbt dafür mit einem eigenen Festwagen bei der Christopher Street Parade am Firmensitz. Das Unternehmen erhielt dafür 2006 den Max-Spohr-Preis. Im gleichen Jahr wurde er als Deutschlands bester Arbeitgeber ausgezeichnet.
- Mitgliedschaft der Unternehmen und Organisationen in verschiedenen Gruppen, Gremien und Initiativen, die sich dem Thema „Diversity" aktiv verschrieben haben, wie z. B. Charta der Vielfalt, Sticks & Stones Berlin, Women & Work Konferenz Bonn, Genderdax, Sponsoring der Mixed Leadership Conference etc.

4.5.2   Diversity Management im deutschen Mittelstand: Großes Entwicklungspotenzial

Der Mittelstand erbringt mehr als die Hälfte der gesamten Wirtschaftsleistung und beschäftigt fast zwei Drittel aller Mitarbeiter in Deutschland. Mittelstandsunternehmen haben quantitativ betrachtet eine enorme Bedeutung für die deutsche Wirtschaft. Sie gelten zudem als Innovations- und Wachstumstreiber.

Der deutsche Mittelstand in Zahlen

- 99,6 % aller umsatzsteuerpflichtigen Unternehmen
- 59 % aller sozialversicherungspflichtigen Beschäftigten
- 84 % aller Auszubildenden
- 55,5 % der gesamten Wirtschaftsleistung

Die genannten Zahlen basieren auf folgenden Kriterien:

- Jahresumsatz bis 50 Mio. € und bis zu 500 Beschäftigte (KMU/Quantitatives Kriterium)
- Einheit von Eigentum und Leitung (Familienunternehmen/Qualitatives Kriterium)

Mittelstand und KMU besitzen eine sehr große Schnittmenge. Die Mittelstandsde-
finition umfasst auch deutlich größere Unternehmen, wenn sie das qualitative Kriterium erfüllt (IfM Bonn 2016).

Die meisten Fortschritte in Bezug auf eine inklusive Arbeitskultur werden bei großen
Arbeitgebern und im öffentlichen Dienst erzielt. Wo jedoch bleiben die kleinen und mittleren Unternehmen?

Diversity Management ist im deutschen Mittelstand leider noch die Ausnahme. Eine
Studie zeigt, dass sich 55 % aller deutschen Unternehmen noch gar nicht mit dem Thema
beschäftigen (vgl. PageGroup 2014). Lediglich weniger als 1 % der kleinen und mittleren Unternehmen – also des Mittelstands – betreibt erkennbar Diversity Management.
Das heißt nicht, dass keine Maßnahmen zum Einsatz kommen, sondern viel eher, dass
die Kultur in den Unternehmen viel stärker von der Unternehmerpersönlichkeit geprägt
ist als von festen installierten Strukturen und Prozessen, die zu mehr Offenheit führen
sollen.

Praxisbeispiel

Eine Beispiel aus meiner beruflichen Praxis mag dies verdeutlichen: Ich hatte für ein
international tätiges, sehr renommiertes Unternehmen im Automobilzulieferbereich –
Marktführer in seiner Branche und auch mein Erstkunde, der mir mit seinem großen
Vertrauensvorschuss und Erstauftrag den Start in meiner Beratungstätigkeit stark unter-
stützte -, unter anderem den Auftrag, einen „Leiter Presswerk" zu suchen. Im Rahmen
dieser Kandidatensuche ragte für mich nach kurzer Zeit eine Person heraus, die sich
durch eine besondere Qualifikation und Erfahrung von dem Rest der in Frage kommenden Kandidaten äußerst positiv abhob. Ein Glücksgriff.

Nach mehreren intensiven, nicht einfachen und anfangs durchaus auch irritierenden
Gesprächsrunden war man sich auch im Unternehmen sicher: „Den wollen wir haben."
Glücklicherweise waren mein Auftraggeber und ich in der Beurteilung der Qualifikation
und Eignung dieses Kandidaten schnell einig. Man hielt ihn sogar für so geeignet, dass
man ihn inzwischen nicht mehr als Leiter Presswerk haben wollte, sondern plante ihn
für die Betreuung und Koordination der Metallverarbeitung in allen Werken der Gruppe
weltweit einzusetzen. Nachdem man sich nach rund einem Vierteljahr, mehreren
Gesprächsrunden und ein paar haarigen Verhandlungen schlussendlich vertraglich einig
wurde, gratulierte ich meinem Mandanten zu diesem hervorragenden neuen Mitarbeiter.
Der Personalchef sagte mir dann: „Ja, der ist wirklich gut... – aber das will ich Ihnen
sagen: Diese Jabbelei werden wir ihm auch noch abgewöhnen!"

Was war der Hintergrund? Im Unternehmen mag man keine Schwätzer, sondern sucht
Macher. Man sitzt in einer Region, die für ihre Wortkargheit, manche sagen auch „Stur-
heit", durchaus nicht unbekannt ist und in der Eloquenz nicht zu den primären Anfor-
derungskriterien an die persönlichen Eigenschaften eines Bewerbers gehört. Bei allem

agiert man wirtschaftlich sehr erfolgreich und wächst nachhaltig. Aber im Umgang untereinander handelt man eher nach dem Grundsatz der Ostfriesen: „Es heißt Moin – Moin Moin ist schon Gesabbel." In diese Welt kommt nun ein äußerst qualifizierter Manager, erfahren in der Führung von Werken mit bis zu 800 Mitarbeitern – aber eben auch mit den Genen eines eher lebenslustigen und redseligen Rheinländers … Da prallen Welten aufeinander … Diesem Mitarbeiter bleibt zu wünschen, dass er im Rahmen seiner weltweiten Tätigkeit für dieses großartige und erfolgreiche Unternehmen durchaus auch mit Menschen, Mitarbeitern und Kollegen zusammen kommt, die seine Art einfach nur als angenehme Freundlichkeit und als gutes, kollegiales Kommunikationsverhalten bewusst schätzen. Noch kann man sich dieses Verhalten und diese Enge in den Auswahlkriterien leisten, doch der Königsweg in eine zukunftsfähige Personalauswahl ist das sicherlich nicht. Ich sehe es u. a. als meine Aufgabe an, meinen Mandaten in diesem Punkt zu etwas mehr geistiger Offenheit und Weite zu führen. Ich weiß, er wird mich dafür nicht mögen – nicht sofort zumindest …

4.5.3 Diversity Management: Unverzichtbar im internationalen Wettbewerb

Der Mittelstand in Deutschland gerät im Zuge weiter fortschreitender Globalisierung und weltweit tätiger Konzerne zunehmend unter Wettbewerbsdruck. Die größte Herausforderung für die deutschen Mittelständler stellt aktuell jedoch die Verfügbarkeit von Fach- und Führungskräften dar. Sind die Unternehmen in den Metropolregionen wie z. B. rund um Berlin, Hamburg, Frankfurt, Stuttgart oder München davon noch weniger betroffen – doch auch hier stehen sie im harten Wettbewerb um Talente mit den großen Konzernen, die nicht selten in diesen Regionen ihren Sitz haben und mit einer höheren Attraktivität als Arbeitgeber locken –, so stellt die Gewinnung qualifizierter Mitarbeiter sowie die Mitarbeiterbindung für ca. ein Drittel der Unternehmen eine besonders intensive Herausforderung dar.

Doch Unternehmen, die Diversity Management in Ihren Wertekanon aufgenommen haben und bewusst und aktiv betreiben, wissen, dass es sich für sie lohnt.

Ich möchte hiermit ein deutliches Plädoyer für Diversity Management im Mittelstand abgeben. Noch mag es Vorstände, Geschäftsführer und Personalchefs geben, die das für neumodisches Zeugs halten. Denn abgesehen von einigen Start-ups oder eher jungen Unternehmen in neuen Märkten ist der deutsche Mittelstand – ein Kennzeichen ist, Sie erinnern sich, die Einheit von Eigentum und Leitung – deutlich konservativ geprägt. Ich weiß, wovon ich spreche … Noch mag man sich in diesen Kreisen lieber primär um Umsatz, EBIT und Exportquote als KPI's kümmern als um solche, gerade in Zukunft unverzichtbaren und daher immer wichtiger werdende Begriffe wie Employer Branding, Candidate Experience oder eben Diversity.

Ich plädiere dafür, Diversity Management als Beurteilungskriterium im Rahmen der Bewertung und Zertifizierung von Managementsystemen aufzunehmen. Denn die Frage des Zugangs zur „Ressource Mensch" wird – in Zukunft noch stärker als heute – die Handlungs- und Qualitätsfähigkeit von Unternehmen wesentlich beeinflussen.

Meine Herren – und vielleicht und hoffentlich auch immer öfter, meine Damen –, haben Sie sich schon mal Gedanken gemacht, was es Sie kostet, wenn eine Vakanz längere Zeit unbesetzt bleibt, weil in Frage kommenden Kandidaten sich nicht für Ihr Unternehmen entscheiden, sondern für den Wettbewerb, weil dieser vielleicht bessere Möglichkeiten für alleinerziehende Mütter bietet und eine Zusammenarbeit mit einer Kita betreibt, die der alleinerziehenden Mutter oder dem getrennt lebenden Vater eine bessere Vereinbarkeit von Familie und Beruf gestattet?

Haben Sie sich schon mal Gedanken gemacht, welch betriebswirtschaftlicher und unternehmerischer Schaden Ihrem Unternehmen entsteht, wenn Sie nicht das volle Potenzial an Talent, Kreativität und Engagement Ihrer Mitarbeiter nutzen, weil diese sich vielleicht nicht im gewünschten Maß anerkannt, geschätzt oder integriert und angenommen fühlen? Welchen Einfluss hat dies wohl auf Ihre Wettbewerbsfähigkeit?

Haben Sie sich schon mal Gedanken gemacht, was es Ihr Unternehmen kostet, wenn Teamwork nicht gelingt und ein hohes Maß an Energie der einzelnen Mitarbeiter in Form von Reibungsenergie einfach verloren geht? Auch hier gibt es hervorragende Tools, um herauszufinden, ob ein Mitarbeiter tatsächlich den Job macht, den er machen möchte – und damit intrinsisch motiviert ist –, oder ob er an einer für ihn völlig falschen Position eher widerwillig und unmotiviert Dienst nach Vorschrift schiebt. Die Frage ist: Wie viel Low Performer wollen Sie sich leisten als Unternehmer?

Haben Sie sich schon mal Gedanken gemacht, was es Sie kostet, wenn es Ihnen nicht gelingt, qualifizierte Spezialisten, in deren Einarbeitung und Fortbildung Sie viel investiert haben, längerfristig an Ihr Unternehmen zu binden und Sie die Stelle nach kurzer Zeit wieder neu besetzen müssen? Neue Einarbeitung, neue Schulungen etc. …?

Was kann man als Mittelständler in Sachen Diversity also tatsächlich tun, ohne dass das Unternehmen auf Grund einer unmittelbar folgenden Ertragsschieflage sofort ein Sanierungsfall wird?

Die nachfolgende und unvollständige Auflistung mag ein paar Anregungen geben, welche Maßnahmen zur Belebung von Vielfalt auch für mittelständische Unternehmen geeignet sind:

- Kommunizieren Sie dieses Thema aktiv auf den Karriereseiten Ihrer Homepage? Verbessern Sie sofort die Außendarstellung Ihres Unternehmens, das kostet Sie nichts. Dann jedoch bitte auch liefern und nicht nur Konfetti vor die Fassade hängen.
- Ist die Zuständigkeit für die Förderung von Vielfalt in der Geschäftsführung angesiedelt? Wenn Förderung von Vielfalt gelingen soll, muss sie integraler Bestandteil des Geschäftsmodell Ihres Unternehmens, Ihrer Unternehmensstrategie beziehungsweise Ihrer Unternehmenskultur sein. Diversity ist Chefsache!
- Werden Führungskräfte hinsichtlich dieses Themas bewusst sensibilisiert?
- Gibt es flexible Arbeitszeit- und Arbeitsortmodelle zur Verbesserung der Work-Life-Balance? Die Technik macht es inzwischen möglich, dass in vielen Bereichen der Ort für die Erbringung einer Arbeitsleistung immer unwichtiger wird.

- Werden Teams bewusst heterogen und interkulturell zusammengesetzt?
- Gibt es Deutschkurse für ausländische Mitarbeiter? Diese werden häufig als Schulungsmaßnahme sogar gefördert.
- Gibt es barrierefreie Maßnahmen für behinderte Beschäftigte?
- Nimmt der Anteil von Menschen mit Migrationshintergrund oder Behinderungen – insbesondere in Leitungspositionen – im Unternehmen zu?
- Steigt der Anteil von Frauen und Mitarbeitern 50+ in Führungspositionen?
- Gibt es erkennbar Angebote speziell für Eltern und Alleinerziehende, wie etwa Kinderbetreuung und Wiedereinstiegsprogramme nach der Kinderpause?
- Werden alters- und behindertengerechte Arbeitsplätze angeboten?
- Wird die Mitarbeiterzufriedenheit in Ihrem Unternehmen systematisch ermittelt?

Unternehmen, die den Kampf um Talente morgen gewinnen wollen, zeigen eine hohe Wertschätzung individueller Lebensgestaltung ihrer Mitarbeiter. Sie bieten gern den Rahmen, der das Arbeiten in internationalen Unternehmenskulturen ermöglicht und fördert. Sie sorgen in ihrer Belegschaft für das Maß an kultureller Vielfalt, welches ihrem internationalen Kundenstamm entspricht.

4.6 Förderung von Vielfalt steigert die Unternehmens-Performance

Vielfalt bringt Ergebnisse – und Diversity Management ist ein messbarer Prozess. Davon zeugt eine Studie aus Dezember 2014, die ich hier lediglich auszugsweise in Bezug auf die in der Praxis erzielbaren Ergebnisse erwähnen möchte (vgl. GE Capital 2015).

Was sind nun die positiven, messbaren Ergebnisse, von denen Unternehmen berichten, die Diversity Management bereits aktiv betreiben?

- Positive Wirkung auf das Image des Unternehmens durch Ausdruck von Fortschrittlichkeit
- Bessere Zusammenarbeit in Teams
- Förderung von Synergien zwischen den Mitarbeitern
- Stärkere Mitarbeiterbindung
- Verbesserung der Mitarbeiterzufriedenheit
- Fortschritte bei der Entwicklung neuer Lösungen und Produkte
- Erschließung neuer Märkte, insbesondere für exportorientierte Unternehmen
- Produktivitätssteigerung
- Umsatzsteigerung
- Bessere Ausschöpfung der Mitarbeiterkompetenzen beugt Fachkräftemangel vor

Es werden diejenigen Unternehmen in Zukunft das Rennen um die besten Talente machen, die den Trend zu individuellen Lebensentwürfen erkennen und ihren Beschäftigten diese ermöglichen. Diversity-getriebene Unternehmen tragen den Anforderungen bewusst Rechnung, die das Arbeiten in internationalen Unternehmenskulturen stellt. Eine von kultureller und demografischer Vielfalt geprägte, bunte Lebenswirklichkeit beeinflusst die Strukturen in diesen Unternehmen nachhaltig. Diese Unternehmen werden zu zukünftigen Gewinnern, denn sie verstehen es, ihrer Belegschaft ein hervorragendes Arbeitsklima zu bieten sowie die Vielfalt der Belegschaft als Ressource für den ökonomischen Vorteil des Unternehmens strategisch nutzbar zu machen.

4.7   Fazit

Die steigende soziale und räumliche Mobilität der Menschen, veränderte Wertevorstellungen und individuelle Lebensentwürfe treffen heute immer noch auf überwiegend traditionelle und wenig flexible Strukturen in der realen Arbeitswelt.

Mitarbeiter mit unterschiedlicher kultureller Erfahrung und Herkunft sind vor allem für international agierende Firmen wichtig – und zwar umso mehr, je internationaler und heterogener der Kundenkreis ist.

Wer diese Vielfalt aktiv fördert und nutzt, schafft im Unternehmen bessere Zusammenarbeit in produktiveren Teams. Diese sind der Nährboden für neue Leistungsträger und Ideen, die den zukünftigen Erfolg des Unternehmens generieren.

Diversity ist Chefsache und darf daher nicht auf die Teamebene begrenzt sein. Wichtig sind motivierende Rollenvorbilder auf Führungsebene.

Diversity Management wird ein zunehmend wichtiger Aspekt im Rahmen der strategischen Unternehmensentwicklung. „Diversity" ist heute nicht mehr Sozialfaktor, sondern Erfolgsfaktor für Unternehmen in einer globalisierten Welt.

4.8   Über den Autor

Matthias Friedrich ist als Unternehmens- und Personalberater Experte für die Besetzung von Fach- und Führungspositionen in engen und/oder spezifischen Märkten. Nach technischem und kaufmännischem Studium in Bochum (Maschinenbau, Fachrichtung Fertigungstechnik sowie betriebswirtschaftliches Aufbaustudium zum Diplom-Wirtschaftsingenieur) hat er über 20 Jahre unternehmerische Verantwortung in verschiedenen Managementpositionen mittelständischer Industrieunternehmen mit Umsatz-, Ergebnis- und Personalverantwortung getragen. Innerhalb seiner unternehmerischen Gesamtverantwortung lagen die Schwerpunkte seiner Tätigkeit in Finanzen & Controlling, im internationalen Marketing & Vertrieb, in der weltweiten Akquirierung und Betreuung von Key Accounts sowie der erfolgreichen Entwicklung und Umsetzung von Wachstumsstrategien. Eine hohe interkulturelle Kompetenz und Sicherheit auch auf internationalem Parkett runden sein Profil ab.

Seit 2013 berät Matthias Friedrich international tätige, überwiegend mittelständische Unternehmen im Bereich „Executive Search & Expert Search" und hilft ihnen ihre hervorragende Marktposition zu sichern und ihren Vorsprung weiter auszubauen, in dem er für ihre Vakanzen mittels einer direkten Suche und persönlichen Ansprache in definierten Zielbranchen („Direct Search") die bestmöglichen Kandidaten interessiert und gewinnt. Aus eigener unternehmerischer Tätigkeit kennt er das Geschäft, den Markt und auch die Wettbewerber seiner Mandanten. Das bedeutet ein sehr hohes Verständnis für die spezifischen fachlichen Anforderungen an die Position sowie an die passende Persönlichkeitsstruktur des Kandidaten. Matthias Friedrich versteht das Geschäft seines Auftraggebers und spricht die Sprache der Kandidaten. Seine fundierte Branchenkenntnis und -erfahrung sowie die direkte Suche und persönliche Ansprache in Verbindung mit einem sorgfältigen und mehrstufigen Auswahlprozess gibt seinen Mandanten die Sicherheit, eine Vakanz innerhalb eines straffen Zeitrahmens mit dem speziell für ihr Unternehmen bestgeeigneten Kandidaten langfristig erfolgreich zu besetzen. Matthias Friedrich betreut jedes Mandat durchgängig persönlich und erreicht damit höchste Qualitäts- und Zufriedenheitswerte bei seinen Mandanten.

Ein gefragter Partner ist Matthias Friedrich auch dann, wenn es um die Entwicklung und Umsetzung von Strategien und Konzepten mit den Themenschwerpunkten „Employer Branding", „Change" und „International Business Development" geht.

Matthias Friedrich ist Partner der Formations Group Executive Search & Consulting GmbH mit Sitz in Zug/CH und Frankfurt/D sowie Mitglied des Marketingclubs OWL Bielefeld.

Matthias Friedrich lebt in Herford/NRW und ist von seinen beiden Büros in Herford und Frankfurt aus für Mandanten in der gesamten D/A/CH-Region tätig. Er ist Jahrgang 1964, verheiratet und Vater eines Sohnes.

Mehr unter www.mf-consults.de.

Literatur

Adidas Group. (Hrsg.). (2016). Vielfalt und Inklusion. http://www.adidas-group.com/de/nachhaltigkeit/mitarbeiter/vielfalt-und-inklusion/. Zugegriffen: 20. Jan. 2016.

Antidiskriminierungsstelle des Bundes. (Hrsg.). (2006). Allgemeines Gleichbehandlungsgesetz (AGG). http://www.antidiskriminierungsstelle.de/SharedDocs/Downloads/DE/publikationen/AGG/agg_gleichbehandlungsgesetz.pdf?__blob=publicationFile. Zugegriffen: 20. Jan. 2016.

Bund, K. et al. (2013). Generation Y : Wollen die auch arbeiten?. http://www.zeit.de/2013/11/Generation-Y-Arbeitswelt. Zugegriffen: 16. Febr. 2016.

Bundesministerium für Familie, Senioren, Frauen und Jugend. (Hrsg.). (2010). Frauen in Führungspositionen. http://www.bmfsfj.de/RedaktionBMFSFJ/Broschuerenstelle/Pdf-Anlagen/frauen-in-f_C3_BChrungspositionen-deutsch,property=pdf,bereich=bmfsfj,sprache=de,rwb=true.pdf. Zugegriffen: 20. Jan. 2016.

Frisch M. (1975). Überfremdung. In Öffentlichkeit als Partner. edition suhrkamp 209, zitiert in Stich-Worte. Ausgesucht von Uwe Johnson. S. 189. Frankfurt a. M.: Suhrkamp.

Fischer, M. (2016). Gastarbeiter in Deutschland. http://www.wissen.de/gastarbeiter-deutschland. Zugegriffen: 20. Jan. 2016.

GE capital. (Hrsg.). (2015). „Triebwerk des Erfolgs – Der Mittelstand im Fokus" – Eine Studie von GE Capital und des Institut für Mittelstandsforschung IfM Bonn. http://www.ifm-bonn.org/uploads/tx_ifmstudies/GE-Capital-2015.pdf. Zugegriffen: 20. Jan. 2016.

Genderdax. (Hrsg.). (2016). Topunternehmen für hochqualifizierte Frauen. www.genderdax.de. Zugegriffen: 20. Jan. 2016.

IfM Bonn. (Hrsg.). (2016). KMU-Definition des IfM Bonn. http://www.ifm-bonn.org/definitionen/kmu-definition-des-ifm-bonn/. Zugegriffen: 06. Apr. 2016.

Harting-Hertz, M. (12. November 2015). Wirtschaft, „Persönlich". *Neue Westfälische*.

PageGroup. (Hrsg.). (2014). Diversity management survey. https://www.pagepersonnel.de/sites/pagepersonnel.de/files/PageGroup_DIVERSITY_MANAGEMENT_SURVEY.pdf. Zugegriffen: 20. Jan. 2016.

Schwartz, M. (2008). Vertriebene im doppelten Deutschland. Integrations- und Erinnerungspolitik in der DDR und in der Bundesrepublik. In D. Hoffmann, M. Krauss, & M. Schwartz (Hrsg.),Vierteljahrshefte für Zeitgeschichte. Heft 1, (S. 101–151). Vertriebene in Deutschland. Interdisziplinäre Ergebnisse und Forschungsperspektiven, München.

Signium International. (2013). Generation Y – Das Selbstverständnis der Manager von morgen. https://www.zukunftsinstitut.de/fileadmin/user_upload/Publikationen/Auftragsstudien/studie_generation_y_signium.pdf. Zugeriffen: 16. Febr. 2016.

Spiegel Online. (Hrsg.). (2013). US-Autokonzern: GM beruft Mary Barra als neue Chefin. http://www.spiegel.de/wirtschaft/service/general-motors-ernennt-mit-mary-barra-erstmals-frau-zur-chefin-a-938279.html. Zugegriffen: 20. Jan. 2016.

Statista. (Hrsg.). (2015). Hauptherkunftsländer von Asylbewerbern in Deutschland im Jahr 2015. http://de.statista.com/statistik/daten/studie/154287/umfrage/hauptherkunftslaender-von-asylbewerbern/. Zugegriffen: 20. Jan. 2016.

Vorwort von Bundeskanzlerin Dr. Angela Merkel, Schirmherrin der „Charta der Vielfalt", Herausgeberin: Die Beauftragte der Bundesregierung für Migration, Flüchtlinge und Integration, Dorotheenstraße 84, 10117 Berlin.

Welt am Sonntag . (20. November 2015). *Frauen gegen Frauenministerin*.

Wikipedia. (Hrsg.). (2016a). Flucht und Vertreibung Deutscher aus Mittel- und Osteuropa 1945–1950. https://de.wikipedia.org/wiki/Flucht_und_Vertreibung_Deutscher_aus_Mittel-_und_Osteuropa_1945%E2%80%931950. Zugegriffen: 20. Jan. 2016.

Wikipedia. (Hrsg.). (2016b). Gastarbeiter. https://de.wikipedia.org/wiki/Gastarbeiter. Zugegriffen: 20. Jan. 2016.

Wikipedia. (Hrsg.). (2016c). New York 2016. https://de.wikipedia.org/wiki/New_Work. Zugegriffen: 20. Jan. 2016.

Wie die Assistentin als Feel Good Managerin zum Geheimtipp für gelungenes Diversity Management wird

5

Carmen Fries

Zusammenfassung

Diversität in der Gesellschaft führt zu Diversität in Unternehmen. Den Fakt, dass wir im Privatleben und am Arbeitsplatz Unterschiedlichkeiten erleben, dürfen wir akzeptieren. Ob wir sie als Chance oder als Herausforderung betrachten, können wir selbst wählen. Sarah, eine junge Assistentin der Geschäftsführung, erlebt durch verschiedenste Facetten von Diversität im Unternehmen zunächst Herausforderungen im Umgang mit ihren KollegInnen. Ihre Weiterbildung zur Feel Good Managerin befähigt sie einige Jahre später, auf Basis ihrer gesammelten Praxiserfahrungen einen Maßnahmenplan zu erstellen, der die Zusammenarbeit zwischen Menschen verschiedenster Generationen, Nationalitäten, Bildungsniveaus, Hierarchien etc. öfter gelingen lässt und dazu führt, dass sich auch ihre eigenen Beziehungen im Büro verbessern. Für ihr Unternehmen wird sie somit als Expertin für Arbeitsglück zum Geheimtipp für gelungenes Diversity Management, das auf einer gelebten Wertekultur basiert und zu einer höheren Rendite durch glücklichere Mitarbeiter führt. Erfolgreiche Unternehmen stellen den Menschen als Unternehmenswert in den Vordergrund und fördern Diversität im Team, anstatt sie zu bekämpfen. Sie haben erkannt, dass diversity@office der Erfolgsfaktor für führende Unternehmen der Zukunft ist.

C. Fries (✉)
Aarhaldenstrasse 23, 3052 Zollikofen (BE), Schweiz
E-Mail: hello@feelgood-at-office.com

© Springer Fachmedien Wiesbaden 2016
P. Buchenau (Hrsg.), *Chefsache Diversity Management*,
DOI 10.1007/978-3-658-12656-8_5

Inhaltsverzeichnis

5.1 Diversity – das betrifft uns hier nicht!

Vielleicht glauben Sie noch, das Thema „Diversity" betrifft Sie nicht? Das gibt es nur in großen Städten oder Konzernen? Sie hingegen leben und arbeiten in einer Kleinstadt und „da kennt man sich?"

In der folgenden Geschichte zeige ich Ihnen am Beispiel der 28-jährigen Sarah, wie Diversity in Unternehmen wirkt. Sarah arbeitet als Vertriebsassistentin in der Exportabteilung eines mittelständischen, Reinigungsgeräte für Förderbänder produzierenden, Unternehmens in Nordrhein-Westfalen.

Beispiel

In Hessen geboren, lebt Sarah, nun, nachdem sie mit 21 Jahren jung Mutter wurde, mit ihrer Tochter Anna in der grünen Oase des Ruhrgebiets: in Haltern am See. Sie hat, ihren Neigungen entsprechend, gerade in Essen eine zweijährige Berufsausbildung zur kaufmännischen Assistentin mit Fremdsprachen abgeschlossen.

Vor acht Wochen trat sie ihre erste Stelle nach ihrer erfolgreich abgeschlossenen Ausbildung an und ist top motiviert. Sie ist zu 90 % beschäftigt. Am Freitagnachmittag geht sie früher nach Hause, weil der Kinderhort ihrer Tochter bereits um 14.00 Uhr schließt.

Endlich darf sie ihr frisches Wissen von der Schulbank in der Praxis anwenden und verdient genug Geld, mit dem sie ihrer kleinen sechsjährigen Tochter ein schönes Leben ermöglicht.

Jeden Morgen schleppt Sarah einen Korb mit dicken Wörterbüchern an ihren Schreibtisch. Abends büffelt sie zu Hause auch noch Vokabeln.

Wenn die Kollegen schmunzeln, antwortet sie: „Ich will mich einfach gut vorbereiten, bevor ich mit unseren Außendienstmitarbeitern in Frankreich und Spanien telefoniere. Und was sollen denn unsere Kunden denken, wenn mir eine Vokabel fehlt?"

Am Montag, 13. Dezember 2000, sagt Sarah in Recklinghausen: „Guten Morgen Peter, na, wie geht's dir? Hattest du ein schönes Wochenende?"

„Ja mei, was wüllst denn du scho wieda?! Stör mi ned bei da Arbad!"

Sarah schaut auf die Kuckucks-Uhr an der Wand des Büros von Peter, dem 56-jährigen urbayrischen Werkstattleiter des mittelständischen Unternehmens, das sie als ihren Traumarbeitgeber sieht.

Die Uhr zeigt 9.10 Uhr an. „Komisch", denkt sie, „der Peter hat doch nur die „BILD"-Zeitung auf dem Tisch liegen. Er scheint gar nicht so beschäftigt zu sein."

Sie denkt an den überaus charmanten, 35-jährigen Außendienstmitarbeiter aus Frankreich namens Christophe, der sie zuvor exakt um 9.03 Uhr angerufen hatte. So jung sie auch in diesem Job war: wie engagiert Christophe quasi „Tag und Nacht" für seine Kunden im Einsatz ist, das hat sie sofort gesehen.

„In Frankreich ticken die Uhren halt langsamer, die stehen vor Mittag eh nicht auf!", hatte sie zuvor schon öfter von den Monteuren in der Werkstatt gehört. Die meinen nämlich, dass Christophe und die anderen französischen Monteure ihr Geld im Schlaf verdienen, weil sie in Deutschland schon um 7 Uhr „zu malochen" beginnen, wie sie es nennen.

„Wie kommt es dann, dass Christophe schon um 09.03 Uhr am Montagmorgen einen sehr eiligen Auftrag an mich durchgibt?", fragt sich Sarah und erinnert sich, warum sie in die Werkstatt gekommen ist.

Etwas irritiert startet sie einen neuen Versuch, Peter anzusprechen. Christophe hatte ihr zuvor die Dringlichkeit seines Anrufs geschildert. Der Kunde in Le Havre, Frankreich, ist ein Anlagenhersteller und Christophe versucht schon seit Monaten, ihre Produkte dort zu platzieren.

Am Wochenende fiel das Testgerät, das von ihrem schärfsten Konkurrenten vor einer Woche dort installiert wurde, überraschend aus. Eine Tür ging auf: Der Anlagenhersteller wollte ihnen eine Chance geben und Christophe war bereit, schon am Samstag einen neuen Abstreifer zu installieren.

Am Samstagmorgen stand Christophe um 6.30 Uhr laut fluchend auf der Baustelle in Le Havre und sah, dass er den Auftrag heute nicht holen würde. Voll motiviert und in Arbeitskleidung stellte er auf dem Hafengelände fest, dass er statt des benötigten W3 nur einen Typ X7 im Kofferraum seines Renault Kombi hatte. Der passte nicht!

Irgendetwas war in Deutschland mit der Etikettierung des W3s schiefgelaufen – jedenfalls hatte er nicht das richtige Gerät im Kofferraum. Christophe war sehr enttäuscht, denn für „seine" Firma arbeitete er quasi Tag und Nacht – immer intrinsisch motiviert, noch mehr und zufriedenere Kunden zu gewinnen.

Am Montagmorgen rief er sofort nach ihrem Dienstbeginn seine Sachbearbeiterin, Sarah, in Deutschland an, und schilderte ihr sehr bildlich seine missliche Situation. Diese verstand – ohne Wörterbuch – bestens und machte sich sofort auf den Weg zum Hüter der Liefer- und Produktionstermine: Peter.

„Peter, es brennt…," setzte sie nun entschlossen an – die gemächlich tickende Kuckucksuhr und die BILD-Zeitung blendete sie dabei aus – und erzählte Peter voller

Begeisterung von den tollen Aussichten ihres Teams, in Frankreich schon sehr bald einen bedeutenden Neukunden zu gewinnen, wenn der W3 denn morgen um 9.00 Uhr in Le Havre sei – mit UPS hätte sie den Liefertermin abgeklärt.

Nach einem Redeschwall von Peter, der sinngemäß fragte, ob sie denn noch alle Tassen im Schrank hätte und meinte, dass das natürlich nicht gehe, „Wir sind ja nicht bei ‚Wünsch' dir was!", verließ Sarah geknickt und mit hängenden Schultern die Werkstatt.

„Wie sollte sie nur Christophe erklären, dass der Abstreifer nun doch nicht morgen um 9.00 Uhr in Le Havre sein könne, sondern erst in 14 Tagen?!" Die Enttäuschung und den Ärger in Frankreich wollte sie sich gar nicht vorstellen und fühlte sich mitverantwortlich…

Sie ging zurück an ihren Arbeitsplatz, machte sich kurz für die Kundenakte eine Notiz des Gesprächs mit Peter und war im Begriff, den Hörer abzunehmen, um die schlechte Botschaft zu überbringen.

Da klingelte das Telefon bei ihrer französischen Teamleiterin, Françoise. Die Stimme des 56-jährigen, urbayrischen Werkstattleiters war so laut, dass sie Sarah zusammenzucken ließ.

„Ja, da sag deiner Gehilfin halt, dass sie dem Christophe ausrichten kann, dass der W3 heute um 14.00 Uhr fertig ist! Aber nicht, dass der Franzockel sich jetzt dran gewöhnt, wir haben hier Arbeit zu erledigen und sind kein Ponyhof!" Françoise lachte schallend und legte auf. Die Nachricht brauchte sie gar nicht mehr ausrichten, Peter hatte laut genug gesprochen.

Françoise hatte Sarah bei der Einstellung mit einem Augenzwinkern zu verstehen gegeben, dass die Firma „sehr familienfreundlich" sei und daher ein Auge zudrücke, weil Sarah wegen ihrer Tochter „nur" zu 90 % arbeiten könne. Françoise selbst ist 33 Jahre und kinderlos.

„Die hat gut lachen", dachte sich Sarah. „Sie muss ja nicht mit dem ‚Knochenhund' um die Lieferzeiten kämpfen, als gäbe es kein Morgen. Es ist ganz schön schwer, es immer allen Recht zu machen: Vor allen Dingen den Kunden, Françoise, Christophe und dem Werkstatt-Peter! Peter muss immer direkt bei der Chefin petzen – wieso kann er mich nie direkt anrufen? Meine Nummer sollte er ja haben…"

So sah der Arbeitsalltag von Sarah in dem mittelständischen Unternehmen in NRW aus.

Sechs Jahre später, im Oktober 2006, verließ Sarah dieses Unternehmen und wurde Geschäftsleitungsassistentin bei der iSOFT Health GmbH. Ihre Erfahrungen hatten sie fit für den nächsten Schritt in ihrer Karriere gemacht.

Weitere neun Jahre später, im November 2015, schreibt Sarah als Feel Good Managerin einen Artikel über Diversity Management und kann aufgrund ihrer Erfahrung aus 15 Jahren als Assistentin und insbesondere als zertifizierte Feel Good Managerin analysieren, welche Diversity-Parameter und Schwierigkeiten in ihrer ersten beruflichen Station als Vertriebsassistentin aufgetaucht waren.

Nicht nur das, sie erkennt Stolpersteine und hat für sich selbst und ihre BerufskollegInnen Handlungsempfehlungen, wie die Arbeit mit Diversity Management in diesem Zusammenhang besser gelingen kann.

Sie nimmt sich einen Moment Zeit und analysiert die Herausforderungen in ihrer ersten beruflichen Station rückblickend. Dank ihrer Kompetenzen aus dem Feel Good Management kann sie hieraus auch gleich eine diversitäre Lösungsempfehlung ableiten und diese in ihrem heutigen Joballtag zu ihrem und dem Wohle der anderen MitarbeiterInnen einsetzen.

Doch bevor ich Ihnen Sarahs Lösungsempfehlungen vorstelle und aufzeige, wie die Assistentin als Feel Good Managerin zum Geheimtipp für gelungenes Diversity Management wird, gebe ich Ihnen hier einen ersten Überblick darüber, was Feel Good Management ist und was eine Feelg ood Managerin macht.

5.2 Was ist Feel Good Management?

5.2.1 Ein Führungsansatz, der Arbeitsglück fördert

Feel Good Management ist ein Führungsstil, der die Menschen als Unternehmenswert schätzt und nicht als austauschbare LeistungsträgerInnen sieht.

Der Begriff Feel Good Management wurde, anders als der Name vielleicht vermuten lässt, im Jahr 2011 in Deutschland erfunden.

Start-up-Unternehmen der IT- und Games-Branche realisierten, dass sie sich intensiv um ihre WissensarbeiterInnen kümmern müssen, wenn sie als Arbeitgeber attraktiv sein und den positiven Spirit aus der Gründerzeit beibehalten wollen.

Die erste, in den Medien genannte Feel Good Managerin in Deutschland gab es bei Jimdo, einem Webseitenbaukastenanbieter, 2011 sah sich Jimdo einem großen personellen Wachstum gegenüber und schuf erstmals diese Stelle.

Auch WOOGA, ein deutscher Spielehersteller, ist Vorreiter in Sachen Feel Good Management. Dort wurde sehr schnell ein mehrköpfiges Feel Good-Managerinnen-Team aufgebaut, um internationale Talente nicht nur zu finden, sondern auch zu halten.

In der Start-up-Szene gehört es mittlerweile zum guten Ton, Feel Good Managerinnen für das Wohl der MitarbeiterInnen zu beschäftigen. Oft ist gelebtes Feel Good Management das Alleinstellungsmerkmal eines Arbeitgebers, wenn sich die begehrten Top-LeistungsträgerInnen zwischen mehreren Angeboten entscheiden können.

Die Auswirkungen erfolgreichen Feel Good Managements sind zufriedenere MitarbeiterInnen. Diese sind erfolgreicher und engagieren sich freiwillig für das Unternehmen. Das deutsche Fraunhofer Institut für Arbeitswirtschaft und Organisation IAO hat 2013 in Zusammenarbeit mit GOODplace® ein Job-Profil für die Feel Good Managerin veröffentlicht, um dieses neue Berufsbild zu definieren.

Die Gründung des ersten Berufsverbandes Feel Good Management (BFGM) e. V. im Juli 2015 durch das Institut für Wertekultur in der Wirtschaft bedeutete einen weiteren Meilenstein und stärkte das Berufsbild nachhaltig.

Immer mehr Arbeitgeber erkennen, wie viel Einfluss gute Stimmung am Arbeitsplatz auf den Erfolg des Unternehmens hat. Die Vermeidung von psychischen Erkrankungen durch erhöhte Arbeitsbelastung und daraus resultierende Ausfälle des Personals ist ein zusätzlicher Anlass für die Wirtschaft, aktiv zu werden.

Wertschätzung steht an erster Stelle
Feel Good Management fördert ein wertschätzendes und gesundes Miteinander. Ist das Team zufriedener, profitiert der Arbeitgeber und sieht seine Rendite steigen. Die MitarbeiterInnen sind seltener krank, kündigen weniger schnell und das ExpertInnen-Wissen bleibt in der Firma.

Wenn Angestellte dann ihren Arbeitgeber auch noch im Bekanntenkreis weiterempfehlen und die Rekrutierungskosten sinken, ist dies erfolgreiches Employer Branding.

Studien zur MitarbeiterInnenzufriedenheit bestätigen, was Sie längst wissen: Die wenigsten ArbeitnehmerInnen identifizieren sich voll mit ihrem Arbeitgeber, die meisten machen Dienst nach Vorschrift und wieder andere sind nur noch physisch anwesend – innerlich haben sie schon längst gekündigt.

5.2.2   Wie fühlt sich Feel Good Management an, was macht es?

„Dass der Mitarbeiter sich wohlfühlt, das muss in Zukunft eine Selbstverständlichkeit sein", so Gabor Janszky, Trendforscher und Autor von „2025 – So arbeiten wir in der Zukunft."

Die ArbeitnehmerInnen zu unterstützen wird demnach zur zentralen Management aufgabe.

„Sich um die Mitarbeiter zu kümmern, ist Voraussetzung für Loyalität", sagt das Beratungsinstitut trendence zum Thema „Schöne neue Arbeitswelt".

Wie steht es in Ihrem Unternehmen um den „feelgood@office"-Faktor? Wie viele der folgenden Wohlfühl-Kriterien erfüllt es? Wird Diversity in Ihrem Unternehmen schon gelebt?

- Flexible Arbeitszeiten und variable Jobmodelle berücksichtigen individuelle Lebenssituationen (Teilzeit, Home-Office, Jobsharing, Sabbatical).
- Eine Lifelong-Learning-Kultur füllt ruhigere Arbeitsphasen zwischen Projekten durch Weiterbildung der MitarbeiterInnen ohne Entlassungen oder Kurzarbeit.
- Aktiv gelebte Diversity-Kultur im Unternehmen integriert verschiedene Altersgruppen, Nationen, Religionen und soziale Schichten beruflich und privat für ein harmonischeres Arbeitsumfeld.
- Wöchentliche „Frag' mich alles, was du willst"-Meetings ermöglichen jedem Mitarbeiter und jeder Mitarbeiterin, direkte Fragen an die Unternehmensführung zu stellen und Antworten zu erhalten.

- Die Kranken- und Fluktuationsraten im Unternehmen sinken, während die Teilnahme der MitarbeiterInnen an freiwilligen Events zunimmt.
- Es gibt ein Ideen-Management: Innovationen aus dem Team werden honoriert und MitarbeiterInnen in ihrer Kreativität bestärkt.
- MitarbeiterInnen empfehlen ihre Arbeitgeber im eigenen Umfeld weiter und helfen durch ihre Partizipation, die Rekrutierungskosten zu senken.
- Bei privaten Problemen stehen MitarbeiterInnen und ihre Familien nicht alleine da, Employee-Assistance-Programme bieten eine anonyme und kostenlose Krisenberatung an.
- Das Team unterstützt sich gegenseitig beim Erreichen der Firmenziele, Fehler bei der Arbeit werden als Lernschritte gesehen und gemeinsam Höchstleistungen erreicht.
- KundInnen, LieferantInnen und PartnerInnen spüren den positiven Wind in Ihrer Firma: Die persönlichen Beziehungen jedes Mitarbeiters, jeder Mitarbeiterin und die der Firma nach innen und außen verbessern sich.

Um zu sehen, wie Feel Good Management in der Praxis hilft, Diversity im Unternehmen umzusetzen, kehren wir zu Sarah und ihren Fragestellungen zurück. 15 Jahre später erinnert sich die Feel Good Managerin Sarah mit einem Schmunzeln an ihre erste Arbeitsstelle zurück. Das gleiche Schmunzeln hat sie im Gesicht, wenn sie an ihren ersten Sprung vom „5er-Turm" im Freibad und ihre erste Tanzstunde denkt.

Sarah hat sich weiterentwickelt und ihre Kompetenzen aus dem Feel Good Management befähigen sie, direkt konkrete Lösungsvorschläge für das Praxisbeispiel aus ihrer ersten beruflichen Station zu erarbeiten, die sie rückwirkend so ihrem damaligen Arbeitgeber präsentieren würde.

In ihrer heutigen Position als selbstständige Feel Good Managerin kann sie diese Maßnahmen (vgl. Tab. 5.1) direkt in ihre tägliche Arbeit einfließen lassen. Sie unterstützt ihre Kunden optimal darin, die Diversity-Kultur im Unternehmen zu fördern und Verschiedenheit als Wettbewerbsvorteil zu nutzen. Sarah vertritt klar die Meinung, dass „diversity@office" zusammen mit „feelgood@office" der Faktor für erfolgreiche Unternehmen 4.0 ist.

Ein Team, das seine Verschiedenheit als Stärke erkennt und sie nutzt, wird immer bessere Ergebnisse erreichen, als eines, das dagegen ankämpft und versucht, die Verschiedenheiten zu Gleichheiten zu machen.

Tab. 5.1 Maßnahmenplan für gelungenes Diversity Management durch die Feel Good Managerin

Diversitäre Herausforderung für die Assistentin Sarah im ersten Job – Jahr 2000–2006	Praxisbeispiel aus Sarahs Geschichte als Vertriebsassistentin – Jahr 2000–2006	Diversitäre Lösungsempfehlung durch die heutige Feel Good Managerin Sarah – Jahr 2015 (Rückblick)
Alter/Generationen	Die 28-jährige Berufsanfängerin Sarah trifft auf den 56-jährigen Peter, der kurz vor seiner Rente steht	Sarah führt „Welcome Days" für Neueintritte ein und stellt jeder neuen Mitarbeiterin und jedem neuen Mitarbeiter für die ersten 100 Tage im Job einen Paten bzw. eine Patin an die Seite. Sie achtet hier auf die Durchmischung der Generationen, um den Austausch zu fördern
Position/Hierarchie	Die Vertriebsassistentin Sarah tritt mit einem Auftrag an die Führungskraft Lager/Produktionsleiter Peter heran	Sarah führt einmal pro Quartal „Walking in my shoes"-Tage durch, an denen die MitarbeiterInnen verschiedenster Hierarchiestufen einen halben Arbeitstag zusammen an einem charitativen Projekt ihrer Wahl arbeiten. Innerhalb dieser Teams tauschen sie während der Zeit ihre Jobs für mehr gegenseitiges Verständnis
Branche	Die Schüttgut-Industrie ist handwerklich ausgerichtet und eine Herausforderung für die junge, administrativ ausgerichtete Vertriebsassistentin Sarah	Sarah unterstützt die Initiative „Zukunftstag", wonach Jugendliche schon sehr früh in scheinbar geschlechteruntypische Berufe schnuppern können. Die Mädchen kommen in die Werkstatt und die Jungen in die Verwaltung. So können sie sich frühzeitig ein Bild verschiedener Branchen machen

(Fortsetzung)

Tab. 5.1 (Fortsetzung)

Diversitäre Herausforderung für die Assistentin Sarah im ersten Job – Jahr 2000–2006	Praxisbeispiel aus Sarahs Geschichte als Vertriebsassistentin – Jahr 2000–2006	Diversitäre Lösungsempfehlung durch die heutige Feel Good Managerin Sarah – Jahr 2015 (Rückblick)
Herkunft regional/international	Sarah kommt aus Hessen, lebt in NRW und trifft auf den Bayern Peter. Als Fremdsprachenkorrespondentin liebt sie andere Länder und Sprachen. Peter spricht außer seiner Muttersprache Deutsch keine Fremdsprache	Sarah leitet das hausinterne Kreativ-Team, das sich um die jährliche Weihnachtsdeko kümmert. In jedem Jahr unterstützt ein anderer Mitarbeiter oder eine andere Mitarbeiterin das Team mit Input und die Firma wird nach den regionalen oder internationalen Inputs der KollegInnen in festlicher Atmosphäre geschmückt, um die jeweilige Region oder das Land vorzustellen
Familienstand	Sarah ist eine junge, alleinerziehende Mutter, die sowohl im Job als auch Zuhause versucht, ihr Bestes zu geben	Sarah baut einen Firmenkindergarten auf, der vom Team dankbar angenommen wird. Nun können die MitarbeiterInnen mit ihren Kindern gemeinsam die Mahlzeiten einnehmen und sind entspannter, da die Kinderbetreuung flexibel und inhouse ist
Ausbildungsstand	Sarah hat die Schule mit der Fachhochschulreife abgeschlossen und kommt frisch aus dem Berufskolleg mit einer fundierten Ausbildung nach neuesten Standards. Die Mehrzahl der MitarbeiterInnen hat ein niedrigeres Schulbildungsniveau	Sarah lanciert eine Kooperation mit einer Abendschule, die den MitarbeiterInnen zahlreiche Weiterbildungsangebote ermöglicht. Das Interesse des Teams insbesondere daran, den Realschulabschluss nachzuholen, wächst und die Maßnahme erfreut sich großer Beliebtheit
Beschäftigungsdauer	Sarah arbeitet seit 8 Wochen im Unternehmen und kennt die Firmenkultur noch nicht umfassend	Die von Sarah eingeführten Job-PatInnen informieren jeden neuen Mitarbeiter bzw. jede neue Mitarbeiterin über die Firmenkultur und führen sie in das Team ein

(Fortsetzung)

Tab. 5.1 (Fortsetzung)

Diversitäre Herausforderung für die Assistentin Sarah im ersten Job – Jahr 2000–2006	Praxisbeispiel aus Sarahs Geschichte als Vertriebsassistentin – Jahr 2000–2006	Diversitäre Lösungsempfehlung durch die heutige Feel Good Managerin Sarah – Jahr 2015 (Rückblick)
Beschäftigungsgrad	Sie arbeitet zu 90 % und hat hierzu schon die eine oder andere flapsige Bemerkung aus der Werkstatt gehört, dass sie „ja nie erreichbar sei"	Sarah führt eine Vertretungsregelung ein, damit die Telefone der in Teilzeit arbeitenden KollegInnen immer besetzt sind – auch während ihrer Abwesenheit. Es gibt ein allgemeines Tool zur Nachrichtenverwaltung für abwesende MitarbeiterInnen
Eigene Kinder ja/nein	Sarah arbeitet mit Françoise, ihrer Teamleitung, eng zusammen. Françoise erlebt mit 33 gerade eine Phase der Torschlusspanik und reagiert sehr sensibel, wenn Sarah von ihrer Tochter Anna erzählt	Sarah unterstützt Frauen wie Françoise, die einen Karriereknick fürchten, wenn sie ein Kind bekommen. Sie hat flexible Arbeitsmodelle eingeführt und der Firmenkindergarten nimmt Babys ab 3 Monaten zur Betreuung auf, sodass eine Rundumversorgung parallel zum Job gewährleistet ist
Bildungsstand	Sarah hatte ihr Leben lang keine Berührungspunkte mit der „BILD"-Zeitung und reagiert mit Vorurteilen auf Menschen, die diese täglich lesen	Sarah schreibt einen Jahreswettbewerb für die lustigste Story aus der „BILD"-Zeitung aus. Jetzt arbeiten alle KollegInnen verschiedener Hierarchie und Bildung zusammen und sammeln Inhalte, weil sie Spaß an dem Thema haben und den Hauptpreis, eine Reise nach London, gewinnen wollen. Die lustigste Story wird immer an der Weihnachtsfeier präsentiert

(Fortsetzung)

Tab. 5.1 (Fortsetzung)

Diversitäre Herausforderung für die Assistentin Sarah im ersten Job – Jahr 2000–2006	Praxisbeispiel aus Sarahs Geschichte als Vertriebsassistentin – Jahr 2000–2006	Diversitäre Lösungsempfehlung durch die heutige Feel Good Managerin Sarah – Jahr 2015 (Rückblick)
Geschlecht	Die junge und gutmütige Sarah lässt sich schon mal vom ausgesprochenen Charme ihres französischen Kollegen Christophe um den Finger wickeln – gerade, wenn es um Lieferfristen geht	Charmeoffensiven hin oder her – es gibt dank Sarah ein klares Reglement für Lieferfristen. Dieses hat sie die zuständigen KollegInnen in einem Meeting ausarbeiten lassen, das sie selbst moderierte. Seitdem ist jeder über die Regelungen orientiert und es funktioniert ohne Einwände, weil jeder am Ergebnis partizipierte
Respekt	Dass Peter nicht direkt Sarah anruft, um ihr die Auslieferung des Reinigungsgerätes zu bestätigen, sondern ihre Teamleitung, deutet Sarah als mangelnden Respekt und reagiert beleidigt	Sarah hat die Regeln der direkten Kommunikation mit dem Team gemeinsam eingeführt. In einem Kick-off Workshop mit einem Kommunikationstrainer haben sie das Thema Gewaltfreie Kommunikation bearbeitet und üben seitdem Respekt und Wertschätzung, wenn sie miteinander kommunizieren
Motivationsgrad	Sarah ist gerade in ihrem ersten Job, top-motiviert und trifft auf den berufserfahrenen Peter, der im Leben schon alles geleistet hat. Kurz vor der Rente sieht er für sich keine neuen beruflichen Ziele mehr	Sarah fragt immer wieder ältere Kollegen um Rat und holt sich Feedback von ihnen, wenn sie neue Teamaktionen plant. Dadurch erleben die älteren MitarbeiterInnen ein Gefühl, dass ihr Wissen in der Firma benötigt wird und sehen einen Sinn in ihrer Tätigkeit – auch, wenn die Rente kurz bevorsteht

(Fortsetzung)

Tab. 5.1 (Fortsetzung)

Diversitäre Herausforderung für die Assistentin Sarah im ersten Job – Jahr 2000–2006	Praxisbeispiel aus Sarahs Geschichte als Vertriebsassistentin – Jahr 2000–2006	Diversitäre Lösungsempfehlung durch die heutige Feel Good Managerin Sarah – Jahr 2015 (Rückblick)
Dialekte	Sarah hat teilweise große Mühe, Peters urbayrischen Dialekt zu verstehen. Er hingegen findet ihre nahezu dialektfreie Sprache hochnäsig	Jeden Montagmorgen, beim gemeinsamen Team-Frühstück, spielen die KollegInnen „Dialekt-Training". Jeder Kollege und jede Kollegin spricht „wie ihm bzw. ihr der Schnabel gewachsen ist" und die anderen sprechen nach. Sie kommen vor lauter Lachen meist nicht weit. Gleichzeitig lernt das Team ein paar Ausdrücke des fremden Dialekts
Mentalität	Die Hessen gelten allgemein als sehr offen und unkompliziert. Bei den Nordrhein-Westfalen dauert es ein bisschen, bis sie sich öffnen. Ebenso gelten die Bayern teils als stur. Wer sie einmal als Freunde gewonnen hat, darf sich über eine oft lebenslange Freundschaft freuen	Seit der Einführung der diversen Team-Meetings durch Sarah ist das Verständnis untereinander gewachsen und die KollegInnen öffnen sich einander schneller. Die Zusammenarbeit in den Teams ist trotz der verschiedenen Mentalitäten harmonischer geworden. Die KollegInnen lachen mehr miteinander anstatt, wie zuvor, übereinander
Verständnis für lokale Arbeitszeitabweichungen	Die deutschen Monteure fangen um 7.00 Uhr an und bezeichnen die französischen Kollegen als faul, weil diese „erst um 9.00 Uhr" anfangen	Im Rahmen der jährlichen „Come Together"-Tage besuchen sich die Monteure für 2 Tage gegenseitig am Arbeitsplatz, um das Verständnis füreinander zu stärken. Die deutschen Kollegen genießen es, auch einmal „erst um 9.00 Uhr zu starten" und wundern sich „wie lange der Arbeitstag in Frankreich ist!", wenn er um 18.00 Uhr endet, anstatt um 16.00 Uhr

(Fortsetzung)

Tab. 5.1 (Fortsetzung)

Diversitäre Herausforderung für die Assistentin Sarah im ersten Job – Jahr 2000–2006	Praxisbeispiel aus Sarahs Geschichte als Vertriebsassistentin – Jahr 2000–2006	Diversitäre Lösungsempfehlung durch die heutige Feel Good Managerin Sarah – Jahr 2015 (Rückblick)
Kultur der verschiedenen MitarbeiterInnen	Unabhängig von regionalen Unterschieden gibt es in Deutschland und Frankreich grundsätzlich abweichende Kulturen	Unter der Aktion „MitarbeiterInnen kochen für MitarbeiterInnen" werden in der firmeneigenen Küche internationale Gerichte aus den Heimatländern der MitarbeiterInnen gekocht. Die jeweiligen MitarbeiterInnen übernehmen an diesem Tag die Küchenorganisation
Wochenarbeitszeit versus Wochenendarbeit	Durch länderspezifische gesetzliche Vorgaben hat der französische Außendienstmitarbeiter Christophe gemäß seines Arbeitsvertrags weniger Stunden zu leisten als ein deutscher Kollege oder eine Kollegin. Am Wochenende arbeiten beide – je nach Einsatzlage. Dies stimmt die deutschen Kollegen manchmal missmutig	Den AußendienstmitarbeiterInnen steht frei, in jedes Land zu wechseln, in dem es eine Niederlassung der Firma gibt. Bisher ist die Umzugsquote mit 1,5 % noch recht gering
Interessen der verschiedenen Positionen	Der Außendienstler Christophe ist Vertriebler durch und durch, der Werkstattleiter Peter sieht Produktionslimits und die Aufgabe der Vertriebsinnendienstmitarbeiterin Sarah ist die Vermittlung zwischen diesen beiden Positionen	Für diese 3er-Konstellation wurde von allen Beteiligten ein Teamziel erarbeitet. Nicht nur die Lieferfristen wurden vereinbart, auch die Liefermengen pro Jahr, für die sich alle drei gemeinsam verpflichteten. Wenn das Ziel erreicht wird, erhält das Team einen Gutschein für einen Tagesausflug – wahlweise in Deutschland oder Frankreich

(Fortsetzung)

Tab. 5.1 (Fortsetzung)

Diversitäre Herausforderung für die Assistentin Sarah im ersten Job – Jahr 2000–2006	Praxisbeispiel aus Sarahs Geschichte als Vertriebsassistentin – Jahr 2000–2006	Diversitäre Lösungsempfehlung durch die heutige Feel Good Managerin Sarah – Jahr 2015 (Rückblick)
Qualitätsstandards	Die deutschen und französischen KollegInnen geraten immer mal wieder aneinander, weil sie unterschiedliche Auffassungen von Qualität haben. Die Falschetikettierung des W3 führt Christophe auf Schlampigkeit seiner deutschen KollegInnen zurück	Sarah beauftragt die Qualitätsmanagerin einen Kommunikationsplan zu erstellen, um ein international einheitliches Verständnis von den Lieferstandards zu haben. Hierzu plant die Qualitätsmanagerin weltweite Workshops, um alle Niederlassungen auf ein Niveau einzuschwören. Sarah übernimmt die Moderation der Workshops und schafft es nachweislich, die MitarbeiterInnen einander näher zu bringen. Die Qualitätsstandards können angeglichen werden
Firmenwagenregelung	Es gibt seitens des deutschen Stammhauses in Nordrhein-Westfalen eine klare Vorgabe, dass die Firmenwagen weltweit von der Marke „Opel" bestellt werden. Die Franzosen und Französinnen hingegen lehnen sich dagegen auf und bestehen auf ihre inländischen Marken	Sarah hat eine Lockerung der Car Policy erwirkt und nun auch französische Autohersteller als mögliche Firmenwagenlieferanten in der Policy gelistet. Die KollegInnen in Frankreich waren bei den Vertragsverhandlungen behilflich. Gemeinsam konnten sie finanzielle Ersparnisse erzielen, weil nun alle MitarbeiterInnen in Frankreich ihre Firmenwagen zentral bei einem Autohaus kaufen

(Fortsetzung)

Tab. 5.1 (Fortsetzung)

Diversitäre Herausforderung für die Assistentin Sarah im ersten Job – Jahr 2000–2006	Praxisbeispiel aus Sarahs Geschichte als Vertriebsassistentin – Jahr 2000–2006	Diversitäre Lösungsempfehlung durch die heutige Feel Good Managerin Sarah – Jahr 2015 (Rückblick)
„Positionsmissbrauch – Willkür"	Die junge Vertriebsassistentin erlebt in ihrer 6-jährigen Laufbahn in dem mittelständischen Unternehmen immer wieder, dass der Werkstattleiter Liefertermine scheinbar willkürlich verteilt. Dies bezeichnet sie für sich im Inneren als Positionsmissbrauch	Sarah hat sich einen Überblick über die Situation verschafft. Peter äußerte ihr gegenüber nach vielen Gesprächen vertrauensvoll, dass er auf seine alten Tage noch ein Terminverwaltungsprogramm testen wolle. In seinen handschriftlichen Notizen verliere er „manchmal" den Überblick. Sarah schmunzelt und organisiert sofort eine Programmschulung für den erblühenden Peter, der wieder mehr Spaß an seinem Job hat
Charakter	Die Charaktere von Peter, Christophe und Sarah reichen von aufbrausend, emotional, sensibel bis hin zu vermittelnd. Sarah ist zu Beginn noch mit dieser ganzen Bandbreite überfordert	Im Laufe ihrer Berufstätigkeit hat Sarah sich selbst besser kennengelernt und auch ihre KollegInnen mit verschiedensten Charakterzügen. Manchmal nimmt sie sich aus der Situation heraus und beobachtet die Leute stumm. Sie kann mittlerweile schon intuitiv die Charaktereigenschaften der Menschen interpretieren

5.3   Die Transformation der Assistentin

5.3.1   Die Assistentin ist ihre eigene Feel Good Managerin

Beispiel

Sarah, die als junge und sehr pflichtbewusste Vertriebsassistentin begann, hat in den letzten Jahren viele Erfahrungen als Geschäftsführungsassistentin gesammelt und das Wohl anderer war ihr schon immer ein persönliches Anliegen.

Nur kam ihr persönliches Feel Good dabei zu kurz. Als ihr das klar wurde, und sie den Beruf der Feel Good Managerin bei einer ihrer Internetrecherchen nach Weiterbildungsmöglichkeiten rund um ihr Lieblingsthema MitarbeiterInnenzufriedenheit entdeckte, zögerte sie nicht lange und unterschrieb den Ausbildungsvertrag.

Mit dieser Unterschrift investierte sie erstmals in ihre persönliche Zufriedenheit, ihren eigenen „feelgood@office"-Faktor, und nicht wie bisher in die nächste rein fachliche Weiterbildung.

Im Laufe ihrer Zertifizierung als Feel Good Managerin erlebte sie eine persönliche Transformation. Sie erkannte, dass sie selbst großen Einfluss darauf nehmen kann, wie sie ihr Arbeitsglück empfindet.

Sarah fokussierte sich neu und erkannte, dass sie als ihre eigene Feel Good Managerin sich selbst und andere glücklicher machen konnte. Das war für sie ein bahnbrechender Schritt, der ihr half, ihren gesamten bisherigen beruflichen Weg zu rekapitulieren und zu analysieren.

Rückblickend stand sie immer wieder vor einer Herausforderung in ihren beruflichen Stationen, wenn sie zunächst nicht damit umgehen konnte, dass ein Kollege oder eine Kollegin „so ganz anders als sie selbst" war oder die weiblichen und männlichen Vorgesetzten von einem anderen Planeten zu kommen schienen.

Sobald sie diese Konflikte verstand und für sich selbst lösen konnte – wurde sie weiter auf ihrem Weg zur Expertin für Arbeitsglück und Diversity Management gestärkt.

Feel Good Managerinnen können eine werteorientierte Organisationsentwicklung fördern und Unternehmen dabei begleiten, Diversity Management gelingen zu lassen. Mit Tools aus dem Feel Good Management unterstützen sie das Team dabei, die Werteorientierung eines Unternehmens wirksam in dessen Kultur zu verankern.

Sie legen dabei besonderen Wert darauf, dass MitarbeiterInnen jeden Alters, Religion, Kultur, Geschlechts und Bildungsstand ihr Potenzial so entfalten können, dass sie zum einen glücklicher in ihrem Job werden und sich zum anderen durch ihre Unterschiedlichkeit so ergänzen, dass sie – ähnlich einem bunten Blumenstrauß an Möglichkeiten – das Unternehmen bereichern.

Durch die Erstellung eines individuellen Werteprofils schafft die Feel Good Managerin ein stabiles Fundament für gelebtes Diversity Management im Unternehmen und dessen gesunde, erfolgreiche Entwicklung, indem sie die MitarbeiterInnen die Werte mit entwickeln und daran partizipieren lässt. In ihrer Stabstelle begleitet sie das Unternehmen nachhaltig in diesem Prozess und wacht im Sinne des Teams über die Unternehmenswerte und den Diversity Faktor.

Ich habe Sie auf diesen Seiten auf eine Reise eingeladen. Es liegt mir am Herzen, Ihnen am Beispiel Sarahs einen konkreten Einblick in die Tätigkeit einer Feel Good Managerin zu geben. Der Kern ihrer Arbeit ist es, MitarbeiterInnen in ihrer Diversität zu erkennen, wertzuschätzen und zu fördern.

„Da muss es doch noch mehr geben…"

Kennen Sie das? Sie sind gut ausgebildet, investieren Zeit und Geld in Ihre Weiterbildung. Sie haben einen guten Job und trotzdem träumen Sie manchmal davon, Ihren Berufsalltag ein wenig freier gestalten zu können, sich neue Tätigkeitsfelder zu erschließen, Ihre Kompetenzen zu erweitern. „Da muss es doch noch mehr geben…" sagen Sie vielleicht zu sich.

Ich habe mir diese Fragen gestellt

Ich selbst liebe meinen Job als GL-Assistentin. Doch gab es auch Momente, in denen ich mich fragte: „Was, wenn ich nicht als alleinerziehende Mutter meine Ausbildung zur Fremdsprachenkorrespondentin und Betriebswirtin ‚quasi nebenbei' gemacht hätte?" Fremdsprachen, internationale Kulturen und Menschen in all ihren Facetten waren schon immer mein Ding.

20 Jahre später – meine Tochter war aus dem Haus – suchte ich eine Antwort auf die Sinnfrage. Ich wollte wissen, wohin mein Weg in den nächsten Jahren führt. Dass ich eine Antwort finden und als Feel Good Managerin und Expertin für Diversity Management mein Herzensprojekt feelgood@office® ins Leben rufen würde, danach sah es zunächst für mich nicht aus.

Jetzt für's Herz!

Es war an der Zeit, meine innere Stimme zu Wort kommen zu lassen. „Die ersten 20 Jahre deines Berufslebens hast du funktioniert, was möchtest du die nächsten 20 Jahre tun?" Ich recherchierte, machte mir die Entscheidung zunächst nicht leicht.

Ich erkannte, dass ich mit dem bisherigen, funktionellen Weg mein Herz nicht zu 100 % glücklich machte. Das Kompliment einer früheren amerikanischen Assistenz-Kollegin klang mir im Ohr: „Carmen, you have a special gift to make people happy."

Wieso nicht also das Arbeitsglück strategisch untermauert angehen und mich fit machen für das Office der Zukunft? Das langjährige Arbeiten in verschiedensten internationalen Firmen und meine Gabe prädestinierten mich, um den Wohlfühlfaktor von Menschen unterschiedlichster Herkunft, Kultur und Bildung im Büro zu fördern und mich als Feel Good und Diversity Managerin zu positionieren.

Abb. 5.1 feelgood@office

Key Visual/Slogan der Online-Academy feelgood@office® – www.feelgood-at-office. com (vgl. Abb. 5.1)

Der Markenname feelgood@office® entstand, als ich im August 2013 mit einem Freund über einen Projektnamen brainstormte. Internationalität, Arbeitsglück und Wertschätzung spiegelt er wider.

Die junge Frau auf dem Sofa im Bild oben repräsentiert die junge Feel Good Managerin, die unabhängig und frei ist. Sie ist sich ihres Wertes bewusst und fühlt sich wohl in ihrem Job.

Der darunter stehende Slogan „Lebst du deine Wert-ICH-keit schon?" steht für uns Assistentinnen. Nach unseren Wünschen und Zielen fragte bis jetzt selten jemand und deshalb ist es Zeit, dass wir für uns einstehen und uns unseres Wertes selbst bewusst sind. Großartiges wird von den Assistentinnen dieser Welt geleistet – manche richten sogar ihr ganzes Leben nach ihren Chefs aus und verpassen dabei ihr eigenes …

Von der ersten Anstellung als Assistentin bis zur Feel Good Managerin lag ein Weg voller neuer Lernerfahrungen, über den ich durch Tiefen und Höhen zur Expertin für gelungenes Diversity Management wurde.

Nutzen Sie Ihre Chance!

Ich ermutige jede Fachkraft, die sich eine wertschätzende Unternehmenskultur wünscht, in der Diversity gelebt wird und die zu einem Arbeitsumfeld mit Wohlfühlfaktor aktiv beitragen möchte, sich Elemente des Feel Good Managements anzuschauen und für sich zu nutzen.

Interessierte sind in einer einzigartigen Position: Sie können Elemente aus dem Feel Good Management sofort in ihrer täglichen Praxis anwenden und zu auf mehr Arbeitsglück basierendem Unternehmenserfolg beitragen.

Wohlbefinden, Sinn, Wertschätzung, Partizipation, Gesundheit und Selbstachtung werden immer aktiver gelebt und nicht nur am Arbeitsplatz eingefordert. Der demografische Wandel bedingt, dass junge, sehr gut ausgebildete Fachkräfte sich erst einmal auf Plattformen wie beispielsweise www.glassdoor.de umschauen, ob der neue Arbeitgeber attraktiv ist.

Das ist eine komfortable Ausgangsposition für die ArbeitnehmerInnen, denn die Nachfrage bestimmt bekanntlich das Angebot. Arbeitgeber sehen gleich zwei Herausforderungen entgegen: Unaufhaltsam kommt die Digitalisierung auf sie zu und dann auch noch junge Talente, die arbeiten, um zu leben und nicht mehr umgekehrt. Die diversitären Herausforderungen sind mannigfaltig.

Hier kommt die Feel Good Managerin mit Diversity-Aufgaben ins Spiel: Sie hat den wunderbaren Job, Mitarbeitende und Führungskräfte zu unterstützen und kann zugleich die verschiedenen Generationen und Nationalitäten einander näherbringen.

Während meiner Weiterbildung lernte ich aussagekräftige Berechnungen darüber kennen, wie viel ein Unternehmen jährlich verliert, wenn seine MitarbeiterInnen unzufrieden sind. Und wie viel mehr Gewinn möglich ist, sobald diese zufrieden sind. Erstmals im Leben machte mir Rechnen Spaß!

Die Feel Good Managerin erlebt ihre Wert-ICH-keit selbst, indem sie Elemente aus dem Feel Good Management anwendet. Sie erhält zusätzliche Kompetenzen, täglich positive Impulse für ein gesundes Miteinander am Arbeitsplatz zu setzen.

Ihre Aufgabe, systematisch eine Wohlfühl-Kultur aufzubauen, die auf den Werten, der Philosophie und der Kultur des Unternehmens basiert, kann für die Feel Good Managerin ein erfüllender Tätigkeitsbereich sein.

Empathisch und sozial kompetent ist die Feel Good Managerin per se. Wieso also nicht diese Möglichkeit nutzen, um die eigene Assistentin-Position für die sozial-strategischen Parameter im Unternehmen zu untermauern?

Die Feel Good Managerin kümmert sich aktiv um die MitarbeiterInnenbindung und trägt durch Kosteneinsparung beim Recruiting und steigenden Umsatz, den die glücklicheren MitarbeiterInnen erwirtschaften, zum Gewinn der Firma bei.

5.3.2 Einbindung in den Joballtag (Anbindung, Anforderungen)

Praktisch arbeitende Feel Good Managerinnen müssen als Bindeglied zwischen der Geschäftsführung und den MitarbeiterInnen unabhängig agieren können, um ihre Aufgaben auch im Diversity Management zu erfüllen.

Im Firmenorganigramm nehmen sie eine Stabstelle direkt unterhalb der Geschäftsführung ein. Dies ist wichtig, damit sie sich neutral für das Wohl der MitarbeiterInnen engagieren können. Die Position kann auch von einer Freiberuflerin ausgefüllt werden.

Das Feel Good Management sorgt für MitarbeiterInnenbindung und verbesserte Kommunikation im Unternehmen. Gerade, wenn ein Unternehmen schnell wächst und viele neue internationale Fachkräfte gesucht werden, nehmen die Herausforderungen an eine

Diversity Managerin im Unternehmen zu (vgl. Tab. 5.1 „Maßnahmenplan für gelungenes Diversity Management durch die Feel Good Managerin"). Hier kann Feel Good Management einen entscheidenden Beitrag dazu leisten, dass der Arbeitgeber attraktiv ist und die Verschiedenartigkeit der MitarbeiterInnen zur Bereicherung am Arbeitsplatz werden.

Mitbewerber aus der Branche, die dafür bekannt sind, keine gute Arbeitskultur zu pflegen, haben das Nachsehen und sind somit weniger wettbewerbsfähig – zum einen auf dem Personal- und zum anderen auf dem Absatzmarkt. Wertschätzung, Sinn, Partizipation, Gesundheit und Flexibilität im Unternehmen sind klare Vorteile im Wettbewerb um hoch qualifizierte Leistungsträger verschiedenster Generationen und Nationalitäten.

Management und MitarbeiterInnen auf Augenhöhe

Damit Feel Good Management im diversitären Unternehmen gelingt, ist es wichtig, dass die Geschäftsführung sich vom strengen Hierarchiedenken löst und offen für Arbeiten auf Augenhöhe mit der Feel Good Managerin und dem Team ist. Das Personalwesen kann durch Feel Good Management Unterstützung erhalten und so die Nähe zu den teils ausländischen MitarbeiterInnen mit einer Person verstärken, die mehrsprachig ist und keine disziplinarische Verantwortung für das Team hat.

Wenn den MitarbeiterInnen dies bewusst ist, öffnen sie sich eher und bauen Vertrauen auf. Somit können offene Kommunikation und eine Kultur entstehen, in der sich die MitarbeiterInnen aller Nationalitäten und Religionen wohlfühlen.

Genauso wichtig ist es, dass sich eine Feel Good Managerin Feedback von ihren KollegInnen holt. Je nach Größe und Art des Unternehmens werden Feel Good Managerinnen in Voll- oder Teilzeit eingestellt. Der Spielehersteller WOOGA in Berlin hat ein mehrköpfiges Team von Feel Good ManagerInnen, die sich strategisch um das Wohl der multinationalen Angestellten kümmern. GOODGAME Studios hatten sehr schlechte Presse und dieses Beispiel würde sich auf die Qualität dieser Veröffentlichung niederschlagen. In diesem Beispiel gibt es eine Teamleitung und mehrere Junior-Positionen, angepasst an die Unternehmensgröße.

Welche Anforderungen muss eine Feel Good Managerin erfüllen?

Die Anforderungen sind vor allem: Systematischer Aufbau von Strukturen und Prozessen für eine Wohlfühlkultur basierend auf den Werten, Leitbildern und Visionen des Unternehmens, persönliche Reife, Selbstachtung, Motivations- und Begeisterungsfähigkeit, Kreativität, Humor, organisatorisches Talent, Eigeninitiative, ausgeprägte soziale Kompetenzen wie: Zuhören können, Mediations- und Moderationsfähigkeiten, auf Menschen jeden Alters, Herkunft und Bildung zugehen können, vertrauensvoller Umgang mit anderen, Konfliktkompetenz.

Feel Good Managerinnen sind Unterstützerinnen für gutes Arbeiten

Gemäß des Mottos „Für eine gute Arbeitsatmosphäre ist jeder in der Verantwortung" ist der Job als Feel Good Managerin keine Einbahnstraße. Sie unterstützt das Unternehmen dabei, eine gute Arbeitskultur zu erreichen. In der Verantwortung dafür sind alle von der Geschäftsführung bis zu den MitarbeiterInnen. Über verschiedene Feedbackkanäle wie

MitarbeiterInnenumfragen mittels Tools wie z. B. Company-Mood (anonym) oder eine wöchentliche Sprechstunde (nicht anonym) weiß die Feel Good Managerin immer, wie die Stimmung im Unternehmen ist.

So ganz nebenbei erfüllen Sie sich selbst in dieser Funktion auch noch Ihren Traum, erinnern Sie sich? („Was wäre ich geworden, wenn…") Erkennen Sie sich darin wieder? Macht es Ihnen Freude, für eine gute, wertschätzende Arbeitsatmosphäre zu sorgen und möchten Sie dies künftig systematisch tun?

Als Expertin, die sich die Werkzeuge des Feel Good Management zunutze macht, steht Ihnen hierfür der Weg offen. Haben Sie sich auch schon einmal gewünscht, in einer unabhängigen Stabstelle beratend für das Team da zu sein? Das Feel Good Management gibt Ihnen Kompetenzen, beiden Seiten guten Wohlfühl-Service zu bieten: Dem Chef, der Chefin und Ihren KollegInnen. Dass Sie dabei zuerst für Ihr eigenes Feel Good sorgen, ist die Grundlage für eine dauerhafte, alle Seiten wertschätzende Arbeit, und höheres Arbeitsglück für alle.

5.3.3 Zahlen und Fakten

Aktuell gibt es ca. 200 Feel Good Managerinnen im deutschsprachigen Raum. Die erste modulare Ausbildung Europas zur zertifizierten Feel Good Managerin endete am 24. Oktober 2015 in Bremen – rund 8 zertifizierte Feel Good Managerinnen gibt es seitdem. Der 2. Ausbildungsgang läuft bereits. Die Weiterbildungsmöglichkeiten für Feel Good Managerinnen bereiten sie auf ihren anspruchsvollen Job vor. Der Berufsverband Feel Good Management (BFGM) e. V. schafft eine Plattform für Feel Good Managerinnen, die sich in ihrem Beruf vernetzen und auf dem Stand der aktuellen Entwicklungen dieses noch jungen Berufsbildes bleiben möchten. In meiner feelgood@office® Academy biete ich das erste Online-Angebot für Interessierte an einer Weiterbildung zur Feel Good Managerin an.

5.3.4 Zielsetzung und Chancen

Das Feel Good Management ist wie die digitale Transformation für die Unternehmen eine Chance
Als Feel Good Managerin können Sie voll an der Spitze der Entwicklung stehen. In Zeiten, in denen die MitarbeiterInnen immer mehr Wohlfühlen im Job einfordern und eine wertschätzende Arbeitskultur einen Wettbewerbsvorteil auf dem hart umkämpften Markt um die sehr gut ausgebildeten internationalen Fachkräfte darstellt, werden Sie als Feel Good Managerin für Ihren Chef bzw. Ihre Chefin und Ihr Unternehmen zum unersetzlichen Geheimtipp.

Sollte Ihr Chef oder Ihre Chefin anfangs noch Zweifel haben, „was dieses neumodische Zeugs denn bringen soll", wird er oder sie sehr schnell hellhörig werden, wenn Sie berichten können, dass die Einführung von Feel Good Management in Ihrer Firma Ihnen jeden Tag hilft, Kosten zu sparen und die Rendite zu steigern.

Sie können mit den Elementen aus dem Feel Good Management recht schnell und einfach Verbesserungen herbeiführen, die eine gute Arbeitskultur nach dem diversity@ office-Faktor nachhaltig stärken.

Vorteile für eine gelebte Diversity durch Feel Good Management

- Das Zusammenarbeiten verschiedener Generationen wird gefördert.
- Starres Hierarchiedenken in „Positionen" wird unterstützend aufgelöst.
- Die Herkunft der MitarbeiterInnen und ihre Mentalitäten werden als Bereicherung gesehen.
- Alleinerziehende Frauen oder Väter werden im Unternehmen in ihrer Doppelfunktion gestärkt.
- MitarbeiterInnen mit einem niedrigeren Ausbildungsniveau können sich weiterbilden.
- Gewaltfreie und respektvolle Kommunikation wird vorausgesetzt und eingefordert.
- Ältere MitarbeiterInnen werden bis zum letzten Arbeitstag sinnhaft einbezogen.
- Das Verständnis für andere Kulturen wird durch Gemeinschaftsaktionen gefördert.
- Die Qualität der Arbeit über Grenzen hinweg wird durch gute Schnittstellen-Kommunikation erzielt.
- Es fällt den MitarbeiterInnen leichter, andere Charaktereigenschaften zu akzeptieren und zu tolerieren.
- Die Feel Good Managerin ist Kulturbotschafterin für die unterschiedlichen MitarbeiterInnen im Unternehmen. Ihre Aufgabe ist es, die Kommunikation der MitarbeiterInnen und Abteilungen untereinander zu verbessern und dafür zu sorgen, dass die Teams möglichst stressfrei arbeiten können. Sie gestaltet die positive Unternehmenskultur systematisch und schafft Strukturen und Bedingungen, in denen sich Menschen bei der Arbeit wohlfühlen und entfalten können.

Motivieren und fördern

Mit ihrem „Tool-Baukasten" kann die Feel Good Managerin ein motivierendes Umfeld schaffen, in dem gesundes und forderndes, aber nicht überforderndes Arbeiten gelingt. Mit einem Blick auf die vorhandene Unternehmenskultur und das Arbeitsumfeld können eventuell notwendige Maßnahmen hierzu abgeleitet werden, die den Bedürfnissen der MitarbeiterInnen entsprechen. Feel Good-Management-Elemente können in jedem Unternehmen vom Start-up bis zum Konzern eingesetzt werden.

Vor allem junge, stark wachsende Unternehmen erleben, dass sich die anfänglichen Unternehmenswerte wie Zusammengehörigkeitsgefühl, Begeisterung etc. aus der Startphase auf Dauer nicht so einfach beibehalten lassen und verloren gehen. Hier kann die

Feel Good Managerin systematisch positiven Einfluss auf ein gutes Betriebsklima nehmen und eine wertschätzende, spürbar gute Arbeitskultur auch in Zeiten starken Wachstums fördern.

Auch das Innovationsmanagement kann ihr Aufgabenbereich sein. Oft kommen wertvolle Verbesserungsvorschläge aus den eigenen Reihen und die MitarbeiterInnen fühlen
sich wertgeschätzt, wenn ihr Engagement wahrgenommen wird.

Der Erfolg von gelebtem Feel Good und Diversity Management misst sich in erster
Linie daran, ob sich die MitarbeiterInnen im Büro wohlfühlen und mit ihren Potenzialen
zu den Unternehmenszielen beitragen können. Hierbei hilft die Definition von Schlüssel-
kennzahlen. Beispielsweise können die Entwicklung des Krankenstandes, die Veränderung der Fluktuationsrate und die Mitarbeiterrekrutierung aus dem Freundeskreis einen
Anhaltspunkt geben, wie erfolgreich das Unternehmen bereits Feel Good Management
lebt.

Die Feel Good Managerin sieht ihren Erfolg jeden Tag, wenn die MitarbeiterInnen
um sie herum lieber zur Arbeit kommen als zuvor. Sie fordert immer wieder Feedback
aus dem Team ein, um zu sehen, was gut läuft und wo sie für ihre Arbeit noch Optimierungspotenzial spürt. Beliebte Feedback-Kanäle sind im Feel Good Management z. B.
das Good Book/Bad Book (ein öffentlich ausliegendes Buch für Feedback, Wünsche
oder Kommentare seitens der MitarbeiterInnen) oder der Optimierer-Kasten (eine Art
Briefkasten für Wünsche, Sorgen und Lob durch das Team). Während im Good Book/
Bad Book ein anonymes Feedback kaum möglich ist, können die KollegInnen in den
Optimierer-Kasten auch Feedback adressieren, das sie sich womöglich nicht direkt aus-
zusprechen trauen.

Generell wird eine wertschätzende Unternehmenskultur immer durch ein Zusammenspiel von gesunder Führung, einem gesunden Umgang mit den Diversitäten im Team und
einem gesunden Selbstwertgefühl jedes einzelnen erreicht.

Oft selbst in Zeiten großen Wachstums überlastet, hat das Management mit der Stabstelle Feel Good Managerin eine spürbare Entlastung und etabliert sich als beliebte
Arbeitgebermarke bei den Fachkräften. Dies heißt jedoch nicht, dass das Management
somit von seiner Führungsverantwortung entbunden ist. Feel Good Management bedarf
immer eines Auftrags, des Mandats der Geschäftsführung. Die beste Feel Good Managerin kann nichts ausrichten, wenn ihre Arbeit durch die Unternehmensspitze nicht unterstützt oder sogar boykottiert wird. War es früher schwer, gutes Personal zu finden, zahlt
sich gute Kultur für das Unternehmen in seiner Reputation heute doppelt aus: Die Firma
ist wirtschaftlich gesünder und wird zum Magnet für Talente.

5.4 Fazit/Ausblick

Die Feel Good Managerin kann einen entscheidenden Beitrag für eine gelungene Diversity-Kultur im Unternehmen leisten und diese nachhaltig implementieren.

Sie trägt durch die Förderung des positiven Umgangs mit kultureller Verschiedenartigkeit zum Arbeitsglück im Unternehmen bei (vgl. Abb. 5.2).

Anhand Sarahs Geschichte konnten Sie anschaulich sehen, wie die Assistentin als Feel Good Managerin zum Geheimtipp für gelungenes Diversity Management wird.

Unternehmen werden erfolgreicher, wenn sie in der Diversität ihrer MitarbeiterInnen Chancen sehen und sie ermutigen sowie befähigen, diese Unterschiedlichkeit zu nutzen.

Die Feel Good Managerin ist in ihrer Stabstelle direkt und unabhängig Vermittlerin im Unternehmen, um das Team zu stärken.

Jedes Unternehmen, das eine Feel Good Managerin beschäftigt, gewinnt zufriedenere MitarbeiterInnen, ein harmonischeres Team und wird wirtschaftlich dauerhaft erfolgreicher.

Besuchen sie mich auf www.feelgood-at-office.com und lesen Sie mehr Informationen zu Feel Good Management und feelgood@office®, der ersten Online-Academy für Feel Good Managerinnen.

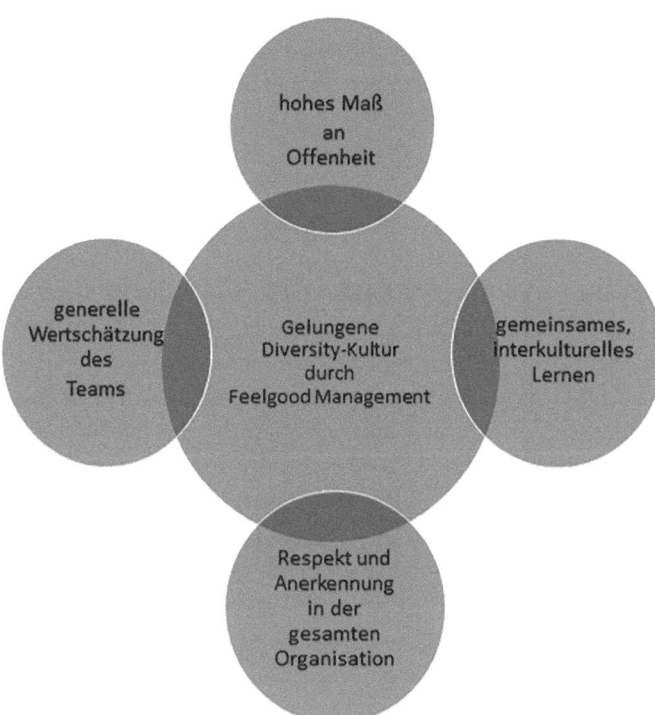

Abb. 5.2 Diversity-Modell

5.5   Über die Autorin

Carmen Fries ist Die erste digitale Feel Good Managerin und Gründerin von feel-good@office®, der ersten Online-Academy und Jobbörse für Feel Good Managerinnen. Sie ist auf das Arbeitsglück von Assistentinnen im Office-Umfeld spezialisiert.

Carmen Fries hat nachgewiesen, dass glücklichere Assistentinnen Unternehmensgewinne fördern. Seit 2015 ist sie zertifizierte Feel Good Managerin und Corporate Happiness® Expertin.

Im Jahr 2000 begann sie, international als Management-Assistentin zu arbeiten und verlegte 2012 gemeinsam mit ihrem Mann ihren Lebensmittelpunkt nach Bern in der Schweiz.

Ihre Expertise aus über 20 Berufsjahren und ihre besondere Gabe, Menschen verschiedenster Kulturen, Altersstufen und Hierarchien glücklich zu machen, zeichnen sie als Expertin für gelungenes Diversity Management im Unternehmen aus.

Unter gelungenem Diversity Management (Vereinbarkeit von Verschiedenheiten) versteht Carmen Fries, dass jeder Mitarbeiter und jede Mitarbeiterin – gleich welchen Geschlechts, Alter, Karrieregrades und Religion – in seiner bzw. ihrer Einzigartigkeit als ein Unternehmenswert angesehen und respektiert wird.

Carmen Fries entdeckte den werteorientierten Führungsstil Feel Good Management für sich, als sie sich selbst die Sinnfrage im Job stellte. Sie überprüfte ihre Weltbilder und dank ihrer positiven inneren Haltung fand sie zu mehr Lebens- und Arbeitsglück, das auf Werten der Positiven Psychologie basiert.

Sie durchlebte selbst die Transformation von der Management-Assistentin zur Feel Good Managerin, wodurch sie als Expertin für wertschätzende Arbeitskultur viele Geheimtipps im Rucksack hat, um zunächst ihre eigene Feel Good Managerin und auch die des gesamten Unternehmens zu sein.

„Seit ich meine Berufung gefunden habe, arbeite ich nicht mehr. Ich lebe ein Leben, von dem ich keinen Urlaub brauche. Ich sehe, wie sich mit mir auch mein Umfeld verändert: Mein Strahlen wird mir von der Welt gespiegelt."

Besuchen Sie mich auf www.feelgood-at-office.com und lesen Sie noch mehr zu Feel Good Management!

Quellen

Die in diesem Artikel verwendeten Informationen entstammen meiner eigenen Praxis als Feel Good Managerin und Expertin für Diversity Management. Zum Teil habe ich die Lehrmaterialien meiner Ausbildungsleiter Frau Ingrid Kadisch (Institut für Wertekultur in der Wirtschaft), Herr Dr. Oliver Haas (Dreamteam Academy GmbH) und Frau Monika Kraus-Wildegger (GOODplace) hinzugezogen. Weiter habe ich das Fraunhofer Jobprofil Feel Good Manager als Referenz verwendet. Ich bedanke mich bei allen für das mir vermittelte Wissen und die Unterstützung.

Diversity by Horses – Was Unternehmen vom Sozialverhalten der Pferde lernen können

6

Franziska Müller

Zusammenfassung

Seit Jahrtausenden faszinieren und begleiten Pferde die Menschen als treue Partner. Viele Menschen verbinden mit Pferden Kraft, Eleganz und Freiheit. Den wenigsten ist das wahre Wesen der Pferde bekannt: Obwohl Pferde über enorme Körperkräfte verfügen, flüchten sie umgehend bei drohender Gefahr und nur das verbundene Miteinander einer Herde sorgt für ihre Sicherheit. Pferde leben uns Menschen Vielfalt in vielerlei Hinsicht erfolgreich vor. Sie weisen uns darauf hin, dass eine Haltung, geprägt von Aufmerksamkeit, Unvoreingenommenheit, Respekt und Akzeptanz einen anerkennenden und wertschätzenden Dialog ermöglicht – die Basis für ein erfolgreiches Miteinander in Unternehmen. Anhand von praxisnahen Beispielen erfahren Sie, welche vier Faktoren sich kritisch auf den Erfolg auswirken. Franziska Müller verdeutlicht sehr anschaulich, nach welchen fünf elementaren Grundsätzen Pferde miteinander leben und wie sich diese Grundsätze gewinnbringend auf die Zusammenarbeit in Unternehmen übertragen lassen.

Inhaltsverzeichnis

F. Müller (✉)
Großbeerenstr. 295, 14480 Potsdam, Deutschland
E-Mail: info@franziska-mueller.com

© Springer Fachmedien Wiesbaden 2016
P. Buchenau (Hrsg.), *Chefsache Diversity Management*,
DOI 10.1007/978-3-658-12656-8_6

6.1   Einleitung

Viele Menschen verbinden mit Pferden Kraft, Eleganz und Freiheit. Obwohl Pferde über enorme Körperkräfte verfügen, flüchten sie bei drohender Gefahr. Mit ihrer Schönheit und Eleganz faszinieren sie seit Jahrtausenden Menschen und begleiten sie als treue Partner. Und wer schon einmal auf einem Pferd galoppiert ist und den Wind auf seiner Haut gespürt hat, weiß, wie Freiheit sich anfühlt.

Den wenigsten Menschen ist jedoch das wahre Wesen der Pferde bekannt:

Das verbundene Miteinander einer Herde, die Bedingungslosigkeit, mit der sie uns Menschen begegnen und mit welch großer Einfühlsamkeit sie auf uns reagieren.

Wir Menschen können so viel von Pferden lernen, wenn wir genauer hinsehen und zuhören.

Auf den folgenden Seiten erhalten Sie einen emotionalen und fundierten Einblick in die Welt der Pferde. Eine faszinierende Welt, die Ihnen wertvolle Ansätze für erfolgreich gelebte Diversity aufzeigt. Die Grundsätze, nach denen Pferde miteinander leben, lassen sich sehr leicht auf die Zusammenarbeit in Unternehmen übertragen.

Lassen Sie sich von der tiefen Verbundenheit dieser faszinierenden Tiere inspirieren und profitieren Sie von den Botschaften, die sie für Sie bereithalten.

Pferde sind Individualisten und unterscheiden sich, wie wir Menschen, in ihrer Persönlichkeit und ihren Fähigkeiten. Ein Rennpferd ist kein Springpferd. Ein Distanzpferd, das große Entfernungen in möglichst kurzer Zeit überwinden muss, benötigt ein anderes Training als ein Dressurpferd. Um die Fähigkeiten der Pferde zu erkennen und um ihre Bedürfnisse zu befriedigen, müssen wir achtsam auf sie eingehen und mit ihnen umgehen.

Egal ob im Unternehmen oder im Pferdestall: Nur wer sich für sein Gegenüber wahrhaftig interessiert, erfährt mehr über seine Wünsche, Fähigkeiten, Gedanken und Gefühle.

6.2   Vielfalt in der Pferdeherde

Pferde verfügen über ein sehr gut ausgeprägtes Sozialverhalten und haben den hohen Wert der Verbundenheit für sich erkannt. Nur ein harmonisches Miteinander ermöglicht ihnen ein stressfreies und sicheres Leben.

Die Herde, in der meine Stute Chessy z. B. lebt, ist bunt gemischt. Diese Vielfalt ermöglicht Ruhe und Entspannung. In dieser Herde leben Pferde unterschiedlichster Rassen miteinander. Großpferde und kleine Ponys stehen wie die Orgelpfeifen nebeneinander am Heu und genießen friedlich ihre Mahlzeit.

Die älteste Stute der Herde ist stolze 25 Jahre alt und wird von allen anderen wertschätzend behandelt. Sie reagiert nicht mehr ganz so schnell wie die Jüngeren, aber das sehen ihr die anderen nach. Die Jüngste im Bunde ist die vierjährige Stute Shila. Ab und zu testet sie ihre Grenzen, wird in genau diese jedoch sehr schnell verwiesen, wenn sie zu aufdringlich wird.

Das einäugige Pony Max wird aus menschlicher Sicht bemitleidet, benötigt diesen Mitleidsbonus unter seinen Artgenossen jedoch nicht. Max sieht zwar am wenigsten von allen, ist jedoch am schnellsten und wendigsten, wenn es um die Ressource Hafer geht.

Die sportlichste Stute hängt meist mit dem Bewegungsmuffel zusammen und beide kraulen sich entspannt das Fell. Sie sorgen für ihre Bedürfnisse.

Die Führungsposition bekleidet eine erfahrene Stute, die sich durch ihre Souveränität und Vertrauen für diesen Job qualifiziert hat.

Eine kunterbunte Herde, in der jeder seinen festen Platz hat und sich wohlfühlt.

6.3 Vier Faktoren, die ein erfolgreiches Miteinander in einer Herde garantiert stören

Es gibt natürlich auch Herden, in denen es nicht ganz so stressfrei zugeht. Meist hat der Mensch dabei seine Finger im Spiel, weil er den Pferden keine artgerechten Lebensbedingungen schafft.

Folgende Faktoren können die Harmonie einer Herde enorm beeinträchtigen:

1. Die Rangordnung einer Herde ist aufgrund einer hohen Fluktuation unstabil, sodass anhaltende Rangkämpfe für Unruhe und Stress sorgen

   – Wie hoch ist die Fluktuationsrate in Ihrem Unternehmen?
   – Wie zufrieden sind die Mitarbeiter in ihren Positionen?
   – Gestalten sich die Spielregeln der Rangordnung fair und stressfrei für die Mitarbeiter?
   – Wie konstruktiv ist der zwischenmenschliche Austausch zwischen den verschiedenen Rängen?
   – Bieten Sie attraktive Perspektiven und Aufstiegschancen an?

2. Das Leittier gibt den anderen Pferden nicht die nötige Sicherheit, sodass das Vertrauen fehlt

   – Wie sehr vertrauen die Mitarbeiter Ihres Unternehmens den Führungskräften?
   – Wie ausgeprägt sind die sozialen Kompetenzen der Führungskräfte?
   – Werden die Mitarbeiter anerkennend gelobt und motiviert?

– Wie entscheidungsfreudig und -sicher sind Sie als Führungskraft?
– Ist ein intensiver und ehrlicher Kontakt gegeben, der die nötige Vertrauensbasis für die Mitarbeiter schafft?

3. Gesundheitliche Probleme der Pferde, die durch eingeschränkte Nahrungsmöglichkeiten oder mangelnde Auslastung entstehen

– Wie hoch sind die Krankheitsausfälle in Ihrem Unternehmen?
– Erkennen Sie erste Frühwarnzeichen unproduktiver Arbeitsabläufe?
– Wie wohl fühlen sich die Mitarbeiter in ihrem Arbeitsumfeld?
– Wie viel investiert das Unternehmen in die Weiterentwicklung der Mitarbeiter?
– Können die Mitarbeiter dem vorgegebenen Leistungsdruck standhalten?

4. Der Stall ist zu klein, um jedem Pferd seinen individuellen Freiraum zu ermöglichen

– Wie viel Flexibilität und Freiraum erlaubt Ihr Unternehmen den Mitarbeitern?
– Haben die Mitarbeiter die Möglichkeit, all ihre Potenziale in das Unternehmen einfließen zu lassen?
– Zählen für Sie starre Regeln oder die Eigenverantwortung der Mitarbeiter?
– Wie attraktiv gehen Sie auf die einzelnen Belange Ihrer Mitarbeiter ein?
– Was tun Sie, um das Miteinander zu aller Zufriedenheit zu gestalten?

6.4 Weshalb das Miteinander in der Pferdeherde so gut funktioniert

Während die Mitarbeiter den Erfolg eines Unternehmens sichern, sichert die Verbundenheit einer Herde das Überleben der Pferde.

In der freien Wildbahn bietet die Herde Schutz vor möglichen Angreifern und erhöht so die Sicherheit der Pferde. Eine klar strukturierte Rangordnung ermöglicht der Herde ein friedliches und entspanntes Miteinander. Die Hierarchie der Rangordnung ist abhängig vom Auftreten und von der Ausstrahlung eines Pferdes. Je souveräner und klarer ein Pferd dem anderen begegnet, desto höher sein Rang. Irgendwann hat jedes Pferd seinen festen Platz in der Herde.

Ein Pferd, das sich nicht einfügt, stört die Harmonie und wird in der Natur aus der Herde ausgeschlossen. Da es somit leichte Beute für die natürlichen Feinde wäre, ist für jedes Pferd klar, dass es seinen Platz in der Herde finden muss, um sein Überleben zu sichern.

Da Pferde von Natur aus nicht alleine leben können, haben sie, wie wir Menschen, ein großes Bedürfnis nach Sozialkontakten. Je größer das Vertrauen zwischen Pferden, desto größer auch die Verbundenheit. Für das Fluchttier Pferd ist Vertrauen überlebenswichtig. Es durchschaut sehr schnell, auf wen es sich verlassen kann und auf wen nicht.

6.5   Fünf elementare Grundsätze, die ein erfolgreiches Miteinander garantieren

In meiner täglichen Arbeit erlebe ich Pferde, deren Zusammenleben geprägt ist von:

1. Aufmerksamkeit
2. Unvoreingenommenheit
3. Respekt
4. Akzeptanz
5. Dialog

6.5.1   Aufmerksamkeit – Pferden entgeht nichts

Pferde leben stets achtsam. Sie nehmen alles, was um sie herum passiert, mit großem Interesse wahr. Bei drohender Gefahr haben sie dadurch sofort die Gelegenheit, zu reagieren. Außerdem sind Pferde sehr neugierig und offen für neue Situationen, Dinge und Menschen. Ganz in Manier eines Fluchttieres nähert sich ein Pferd dem Unbekannten und Neuem natürlich mit einer gewissen Skepsis. Erst wenn es sichergestellt hat, dass keine Gefahr droht, erkundet es das Objekt der Begierde Schritt für Schritt. Das weckt oft auch das Interesse der Herdenmitglieder, die sich dem Neuen dann ebenfalls offen und mutig stellen.

Sehr achtsam nehmen Pferde die emotionale Präsenz ihres Gegenübers wahr. Sie konzentrieren sich mit allen Sinnen auf uns oder ihre Herdenmitglieder. Ihrer achtsamen Wahrnehmung entgeht nichts. Diese sensible Aufmerksamkeit bewahrt Pferde vor Gefahr und ermöglicht ein friedliches und achtsames Miteinander.

Beispiel

Führungskräfte führen keine Mitarbeiter, die funktionieren, sondern Menschen die fühlen. Während des Trainings mit den Pferden wird so manch einer Führungskraft bewusst, dass auch ihr Handeln von Emotionen beeinflusst wird. Die Aufmerksamkeit gegenüber eigenen Bedürfnissen steigt und führt zu mehr Achtsamkeit für ihr Umfeld.

Holger hatte einen ganz konkreten Plan. Er wollte die beiden Minishetland-Ponys Poldi und Corazon auf die große blaue Lkw-Plane führen und mit beiden in der Mitte stehen bleiben. Er befestigte jeweils einen Strick an ihren Halftern und ging entschlossen los. Allerdings kam er nicht sehr weit. Nach wenigen Schritten blieben Poldi und Corazon stehen. Er war ratlos. Eben gerade noch hatte er einen der großen Hengste erfolgreich durch den Parcours geführt und nun das hier. Er würde doch diese zwei kleinen Racker wohl dazu überreden können, ihm zur Plane zu folgen.

Im bisherigen Verlauf des Seminars hatte er die Erfahrung gemacht, dass Pferde auf zielgerichtetes Handeln positiv reagierten. Ja, er tanzte häufig auf vielen Hochzeiten und es fiel ihm schwer sich auf eine Sache zu konzentrieren. Nun aber war sein

Fokus komplett auf die blaue Plane gerichtet und nichts sollte ihn davon abhalten, diese zu erreichen. Dieser Plan wurde jedoch von den zwei Minis durchkreuzt, die wie angewurzelt stehen blieben. Er konnte ihnen jedoch nicht wirklich böse sein. Sie sahen so klein und putzig aus, dass sie ihm sogar ein Lächeln ins Gesicht zauberten. Trotzdem wollte er sein Ziel erreichen.

Was war geschehen? Ja, Holger hatte ein ganz klares Ziel vor Augen und war sich dessen Erreichung sicher. Und ja, Pferde folgen dem, der Sicherheit ausstrahlt und dem sie vertrauen. Allerdings fehlte den beiden Minishetlandponys etwas Gravierendes: Poldi und Corazon wollten beachtet werden. Holger hingegen interessierte sich nicht im Geringsten für die zwei. Im Gegenteil, er nahm sie aufgrund ihrer Größe von knapp 85 cm nicht mal ernst. Er belächelte sie und fand sie einfach nur putzig. Er kommunizierte in keiner Weise Wertschätzung und Respekt. Er übersah die vielen Zeichen, die sie ihm gaben.

Für ihn existierte nur die blaue Plane und dass Erreichen seines Ziels. Dabei ließ er die zwei Lebewesen, auf deren Mitarbeit er angewiesen war, völlig außer Acht. Er wollte sie einfach hinter sich herziehen. Den großen Pferden zuvor schenkte er seine volle Aufmerksamkeit. Sie imponierten ihm und er hatte Achtung vor ihnen.

Die große Herausforderung war nun also, diese ungeteilte Aufmerksamkeit auch den Kleinen entgegenzubringen.

Holger bemühte sich sehr, überzeugte Poldi und Corazon jedoch nicht. Sie spürten, dass sein Interesse vorgespielt war. Prompt erhielt er die Quittung und das Erreichen der Plane entwickelte sich zu einem sehr mühsamen Unterfangen. Je länger die kleinen Ponys ihn forderten, desto ernster schien er sie jedoch zu nehmen. Sie erhielten seinen Respekt. Er nahm sich Zeit und setzte sich intensiver mit ihnen auseinander. Er löste die Stricke, beobachtete ihr Verhalten und suchte respektvoll ihre Nähe, als sie gingen. Geduldig lernte er sie näher kennen.

Er fand durch seine Beobachtungen heraus, dass Corazon der Ranghöhere war und dass Poldi keine schnellen Bewegungen mochte. Die Aufmerksamkeit und Beachtung, die er in beide investierte, machte sich bezahlt. Die blaue Plane, die er zuvor einfach als zu erreichendes Ziel angesehen hatte, wurde nun zum gemeinsamen Projekt. Motiviert folgten ihm seine neuen Partner und ihr gelegentliches Zögern erinnerte Holger daran, seine Aufmerksamkeit in die richtige Richtung zu lenken. Eine Schlüsselszene, die er nicht vergessen würde.

▶   Wahre Aufmerksamkeit ist der Schlüssel, um Menschen, Situationen und Dinge so zu sehen, wie sie wirklich sind.

Welcher Ansatz ergibt sich daraus für ein Unternehmen?

Ein Unternehmen, das sich nicht für die Belange all seiner Mitarbeiter interessiert, wird immer mit angezogener Handbremse am Markt tätig sein.

Die uneingeschränkte Aufmerksamkeit, die Pferde ihrer Umgebung schenken, lässt sie in jeder Situation angemessen reagieren. Führungskräfte, die ihre Wahrnehmung verfeinern, erkennen Störfaktoren früher und vermeiden Verluste.

6.5.2   Unvoreingenommenheit – Pferde bewerten ihr Gegenüber nicht

In der Begegnung mit Menschen verhalten sich Pferde nicht anders als unter Artgenossen. Religion, erworbene Titel, Hierarchien, Bildung, Geschlecht, Alter, körperliche Beeinträchtigungen, Hautfarben etc. beeindrucken sie nicht im Geringsten! Pferde sind völlig unvoreingenommen und bewerten ihr Gegenüber in keiner Sekunde. Für sie zählt nur das, was der Mensch ausstrahlt, welche Gefühle er vermittelt. Es ihnen vollkommen egal, mit welcher Person sie zusammenarbeiten. Für sie zählt nur, ob sie dem Menschen vertrauen können und ob er sie wertschätzend behandelt. Das macht sie zu authentischen und unbestechlichen Partnern, die offen und neugierig auf Menschen zugehen.

> **Beispiel**
>
> Achim steht in der Reithalle und schaut mich mit offenem Mund an! Bis vor wenigen Minuten hatte er gefühlte Stunden versucht, den imposanten schwarzen Wallach Baron zum Mitgehen zu bewegen. Achim hatte aus seiner Sicht wirklich alles gegeben:
>
> Er redete auf den Wallach ein – ohne Erfolg. Der Wallach verstand ihn scheinbar nicht. Auch das Ziehen am Strick imponierte dem schwarzen Großen nicht – im Gegenteil, seine Hufe rammten sich immer tiefer in den Hallensand. Selbst die Freundschafts-Schiene zog nicht – das liebevolle Tätscheln am Hals entspannte Baron eher, als dass er Achim folgte.
>
> Der Wallach stand vor Achim wie eine Eins und dachte nicht im Geringsten daran, auch nur einen Huf zu bewegen. Allwissend schien er auf ihn herabzuschauen und signalisierte ihm mit seiner Körpersprache, dass das nichts werden würde. Achim hatte keine Idee mehr, auf welche Art und Weise er diesem sturen Gaul sein Vorhaben klarmachen sollte. Resigniert löste er den Strick und drückte ihn seinem Lehrling Oliver in die Hand, der ebenfalls am pferdegestützten Seminar teilnahm. „Hier viel Glück, aber mach' Dir keine Hoffnungen, dass er mitgeht. Du hast es ja gesehen. Ich hab' alles versucht. Entweder hat er keine Lust oder er ist müde."
>
> Oliver befestigte den Strick am Halfter des Wallachs und ging los – mit Baron. Achim traute seinen Augen nicht und schaute mich fragend, ja fast vorwurfsvoll an: „Was ist denn jetzt los? Gibt's einen Trick, den ich nicht kenne?" Für ihn stand die Welt gerade Kopf. Schließlich war er doch Chef des Ganzen hier. Er hatte das pferdegestützte Seminar für sich und sein Team gebucht, um das Miteinander, die Kommunikation und die Motivation seiner Mitarbeiter zu fördern. Der Einzige, der nun unmotiviert war, war er selbst.
>
> Was machte sein Lehrling anders als er? Achim war eine selbstbewusste Führungskraft und dementsprechend sicher war er sich, dass er den Wallach mit seiner Präsenz spielend leicht durch die Halle führen würde. Er befürchtete sogar, dass sein introvertierter Lehrling große Schwierigkeiten bei diesem Seminar haben würde. Dieser hingegen drehte gerade eine weitere Runde mit dem majestätischen Wallach. Verkehrte Welt!

Um auf die Frage von Achim zurückzukommen: Nein, es gibt keinen Trick, um ein Pferd dazu zu bringen, einem zu folgen. Pferde folgen dem, dem sie vertrauen. Vertrauen entsteht für Pferde niemals durch den Status eines Menschen.

Es interessierte Baron also nicht im Geringsten, dass Achim Geschäftsführer des Unternehmens war. Genau darauf allerdings hatte sich Achim verlassen. Für ihn war ganz klar, dass das Seminar mit den Pferden ein Durchmarsch für ihn werden würde. Er hatte es eher für seine Mitarbeiter gebucht, deren Potenziale er vertiefen wollte. Schon im Vorfeld raunte er mir zu: „Wenn die Pferde jemandem folgen, dann mir! Ich führe schließlich seit fast 30 Jahren erfolgreich ein Unternehmen und ich weiß, wo es lang geht!"

Unter genau dieser Einstellung litten seine Mitarbeiter. Im übertragenden Sinne zog er sie genauso hinter sich her, wie er es mit Baron geplant hatte. Im Gegensatz zu Baron, konnten die Mitarbeiter sich ein Stehenbleiben jedoch nicht erlauben. Dementsprechend folgten sie ihrem Chef widerwillig und unmotiviert. Achim hatte sich über jeden seiner Mitarbeiter eine klare Meinung gebildet und er hatte nicht vor, sich davon zu lösen. Entwicklungen seiner Angestellten nahm er nicht wahr. Ihre Bedürfnisse und sonstigen Fähigkeiten interessierten ihn nicht.

Mit Baron erging es ihm ähnlich. Er sah vor sich ein Pferd, steckte es in eine seiner Schubladen und das war es. Er schenkte ihm keine Wertschätzung und ging nicht auf seine Bedürfnisse ein. Achim hatte nur das Ziel, sich dem Tier gegenüber durchzusetzen, um seine Aufgabe zu erfüllen. Baron jedoch brauchte diese Wertschätzung und Aufmerksamkeit, um sich Achim vertrauensvoll anzuschließen. Barons Perspektive war ganz klar: Es gab überhaupt keinen Anlass diesem Menschen zu folgen. Wieso sollte er diesem Mann sein kostbares Leben anvertrauen? Ja, das klingt pathetisch, aber Pferde sind Fluchttiere und sie vertrauen dem, dem sie folgen, ihr Leben an. Zur Erklärung: In einer Herde ist diese Führungsposition einem erfahrenen Pferd vorbehalten, dem die anderen Pferde vertrauen. In der freien Wildbahn bekleidet diese Führungsposition meist eine Stute. Sie kennt die besten Wege, sie weiß, wo es zu fressen und zu trinken gibt. Jedes der Pferde vertraut ihr also sein Leben an.

Dem Lehrling Oliver hingegen folgte er ohne zu Zögern. Der Wallach spürte die Verbundenheit und er fühlte sich von dem Lehrling respektiert. Dass Oliver 30 Jahre jünger und erst am Beginn seiner beruflichen Laufbahn stand, war für den Wallach absolute Nebensache. Oliver strahlte Sicherheit aus, die Baron dazu veranlasste, sich ihm vertrauensvoll anzuschließen.

Die Erkenntnis, dass Achims beruflicher Erfolg den Pferden nicht imponierte, war für ihn eine harte Nuss, die es zu knacken galt. Unser kleinster und frechster Co-Trainer Chocolate wurde Achims größter Lehrmeister. Mit seinen knapp 80 cm forderte der kleine Hengst Achims Schubladendenken enorm heraus. Er erkannte jedoch, welche Auswirkungen es auf die Pferde hatte, wenn er sein Verhalten änderte. Er entdeckte Seiten und Fähigkeiten seiner Mitarbeiter, die er ihnen nie zugetraut hätte.

▶ Sich nicht vom Schein blenden zu lassen, befähigt uns, den wahren Kern eines Menschen zu entdecken.

Welcher Ansatz ergibt sich daraus für ein Unternehmen?
In einer Haltung von Offenheit und Vorurteilslosigkeit lassen sich Potenziale leichter erkennen und profitabel einsetzen.

Pferde reagieren nicht auf materiellen Reichtum oder Fachkenntnisse, sondern auf die inneren Werte eines Menschen. Studienabschlüsse, Zertifikate und Zeugnisse sagen viel aus, jedoch nichts über die tatsächlichen Fähigkeiten eines Menschen.

6.5.3 Respekt – Pferde begegnen ihrem Gegenüber freundlich und wertschätzend

Die Leitstute, die die Verantwortung für eine Herde trägt, wird von allen Herdenmitgliedern ausnahmslos respektiert. Die Pferde vertrauen und folgen ihr. Sie respektieren ihre Stellung und wagen es nicht, in den von ihr beanspruchten Bereich einzudringen.

Der Abstand zwischen Pferden ist eine Frage des Respekts. Dringt ein rangniedriges Pferd respektlos in den Bereich eines ranghöheren Pferdes ein, wird es deutlich seines Platzes verwiesen. Ein Pferd, das vom Menschen keine Wertschätzung und Respekt erhält, wird sich diesem nicht freiwillig annähern. Nähe zwischen zwei Pferden kann nur entstehen, wenn die Beziehung auf gegenseitigem Vertrauen beruht. Respekt hat nichts mit Furcht, sondern mit Offenheit und Wertschätzung zu tun.

Beispiel

Als ich Michael kennenlernte, war Respekt nicht der erste Wert, mit dem ich ihn verband. Seine Werteskala wurde angeführt von Macht und Erfolg. Michael respektierte sich, seine Leistungen im Unternehmen und sein Auto. Mitmenschen jedoch leider nicht. Er erwartete selbstverständlich, dass seine Familie und Mitarbeiter ihm den größten Respekt entgegenbrachten. Schließlich finanzierte er großzügig ihren Lebensunterhalt. Er selbst wäre nie auf die Idee gekommen, dass er sich anderen Menschen gegenüber respektlos verhält. Die hohe Mitarbeiterfluktuation nervte ihn zwar und seine Frau verlangte auch mehr Beachtung, aber davon abgesehen, war er sehr zufrieden mit sich.

Weniger zufrieden war allerdings besagte Ehefrau, die ihm eindringlich eine Änderung seines Verhaltens nahelegte. Sie pries mich als exklusiven Coach an, der mit außergewöhnlichen Methoden arbeitete, um Menschen noch erfolgreicher zu machen. Das zog. Am selben Tag vereinbarte er einen Termin mit mir. Pferde hatten ihn bisher nicht interessiert. Er verband mit ihnen nur Assoziationen wie Erfolg, Reichtum und Macht. Aussichten, auf die er sich gerne einlassen wollte.

Die Arbeit mit meiner Stute Chessy öffnete ihm allerdings schon recht früh die Augen. Sie forderte ihn schon ab der ersten Begegnung. Beim Kennenlernen klopfte er ihr kräftig mit der flachen Hand an den Hals. Wenn man bedenkt, dass Pferde so sensibel in der körperlichen Wahrnehmung sind, dass sie selbst eine kleine Mücke erspüren können, lässt sich leicht erraten, welche Wirkung diese Begrüßung auf Chessy hatte. Aus ihrer Sicht drang er ohne Vorwarnung in ihren Bereich ein und bedrängte sie. Sie zuckte mit dem Kopf, wich zurück und machte ihr Unbehagen sichtbar. Michael hielt das nicht davon ab, sie noch „inniger" auf seine Art zu begrüßen.

Während der nächsten Stunde verlangte die dunkle große Stute seine volle Aufmerksamkeit und spiegelte ihm sein Verhalten unverblümt und direkt wider. Sehr schnell machte sie ihm klar, dass die zwei noch weit entfernt von einer gleichberechtigten Partnerschaft waren. Aus Chessys Perspektive sollte sie mit einem Mann zusammenarbeiten, der ihre Bedürfnisse missachtete und der sich „unehrlich" verhielt (Er versteckte sich hinter seinem Status und unterdrückte seine wahren Emotionen.). Ihre Antwort war recht deutlich: Sie drehte sich um, ließ ihn stehen und galoppierte davon.

Während der nächsten Termine spiegelte die Stute Michaels Verhalten immer wieder sehr deutlich: Sie beachtete ihn nicht, machte das Gegenteil von dem, was er verlangte, bewegte sich teilweise gar nicht vom Fleck oder tänzelte aufgeregt um ihn herum. Manchmal suchte sie auch demotiviert das Weite. Genau das hatte Michael während einem der Coachings auch getan. Mit einem „Scheiß Gaul!" verließ er wutentbrannt die Reithalle.

Tags drauf kam er mit einem Blumenstrauß für mich und Möhren für Chessy und entschuldigte sich. Gemeinsam mit Chessy hatte ich ihn aus seiner Komfortzone geholt und an seine Grenze gebracht. Diese Selbsterfahrungen ließen den Knoten platzen.

Vor jedem Coaching ging Michael zur Weide, um Chessy zum Coaching in die Reithalle zu führen. Bisher hatte er jedes Mal das falsche Pferd geholt. Er verwechselte sie mit Pferden, die ihr nicht mal im Ansatz ähnelten. Chessy war groß und dunkel und hatte eine große weiße Blesse im Gesicht. Mal holte er die kleine hellbraune Stute, mal die größere schwarze Artgenossin und einmal behauptete er sogar, Chessy sei nicht da. Obwohl er so oft mit ihr gearbeitet hatte, hatte er sie nie wirklich wahrgenommen. Für ihn war sie immer nur ein Objekt gewesen. Ein Tier, das er domestizieren und für seine Zwecke gebrauchen wollte.

Er hatte jedoch viel dazugelernt, der Knoten war geplatzt und er war nun bereit, sein Verhalten zu verändern.

Es gelang ihm während der nächsten Begegnungen, eine Partnerschaft zu Chessy aufzubauen, die getragen wurde von Wertschätzung und Vertrauen. Seine ursprüngliche emotionale Distanz gegenüber seinen Mitarbeitern und seiner Familie entwickelte sich zu Respekt und Verantwortung. Michael erkannte sein Gegenüber endlich als Individuum mit eigenen Grenzen und Bedürfnissen an. Seine Mitarbeiter waren motivierter und in seiner Familie spürte er tiefe Verbundenheit und die bedingungslose Liebe.

Michael entschied sich nie wieder für ein falsches Pferd.

▶   Jeder Mensch bietet uns die Möglichkeit, unsere Wahrnehmung so zu steigern
    und auszurichten, dass wir seinen Wert erkennen und schätzen.

Welcher Ansatz ergibt sich daraus für ein Unternehmen?
Einer Führungskraft, die Respekt mit Durchsetzen verwechselt, fehlt es an sozialer Kompetenz, Menschen vertrauensvoll zu führen. Ein respektloser Umgang mit Mitarbeitern
erntet Demotivation und mangelnde Leistungen.

Ein Pferd, das nur als Sportgerät „benutzt" wird und auf Knopfdruck funktionieren
soll, wird auf Dauer keine guten Leistungen erbringen. Auch Mitarbeiter funktionieren
nicht auf Knopfdruck. Erhöhten Leistungsdruck frühzeitig zu erkennen, ermöglicht kreative Leistungen und gesunde Mitarbeiter.

6.5.4 Akzeptanz – Pferde akzeptieren den, dem sie glauben

Die Struktur einer Herde ist für die Pferde elementar, weil sie ihnen Sicherheit bietet. Ist
die Rangordnung der Herde erst einmal festgelegt, erkennen die Pferde diese an und respektieren sich gegenseitig. Das ermöglicht ein harmonisches Miteinander.

Die Verantwortung für die Herde trägt das Leittier, das die Herde führt. Das Leittier trifft
oft lebenswichtige Entscheidungen. Bei Gefahr bestimmt es das Tempo und die Richtung.
Ein Pferd, das sich bei der Flucht den Anordnungen des Leittiers widersetzt, muss in der
freien Wildbahn damit rechnen, einem Raubtier zum Opfer zu fallen. Das Leittier genießt
dementsprechend die größte Akzeptanz und Anerkennung der Herdenmitglieder.

Nur wenn Pferde ihren eigenen Rang und den des Artgenossen akzeptieren, entsteht
ein friedvolles Miteinander. Je höher der Rang in einer Herde, desto größer die Privile-
gien: Die Pferde, die einen höheren Rang genießen, werden z. B. die besten Plätze am
Heu ergattern. Ein Pferd, das seine Position in der Herde nicht akzeptiert, versucht sich
nach oben zu kämpfen. Die Leiter zu erklimmen, setzt gewisse Qualitäten wie beispielsweise Erfahrung und Souveränität voraus. Verfügt das besagte Pferd nicht darüber, wird
es so oft in seine Schranken verwiesen, bis es seine eigentliche Stellung im Rang akzeptiert. Erst dann kehrt Ruhe für die Herde ein.

In der Zusammenarbeit mit dem Menschen ist dem Pferd nur eines wichtig: Wie
authentisch ist der Mensch? Es akzeptiert kein Rollenspiel und kein Verstellen. Es akzeptiert den Menschen in der Führungsposition nur, wenn dieser authentisch handelt.

Deshalb sind Pferde der perfekte Spiegel für die eigene Wirkung – ein Verstellen ist
unmöglich!

Menschen in Unternehmen verhalten sich oft wie Pferde, die ihre Position in der
Herde nicht akzeptieren. Hierarchien werden nicht respektiert, weil der Vorgesetzte nicht
ernst genommen und anerkannt wird. Kollegen, die anders denken und leben, werden
nicht ernst genommen und übergangen. Oft spielen Menschen in einem Unternehmen
eine Rolle, um in ihrer Position anerkannt zu werden. Das raubt allerdings Kraft und
geht auf Dauer zu Lasten des Unternehmens.

Menschen, die sich so verhalten, handeln nicht absichtlich so. Sie haben aus ihrer Sicht keine andere Wahl, als sich zu verstellen. Die größte Angst, die sie haben, ist davor, nicht akzeptiert zu werden. Ihre Anstrengungen, sich anders darzustellen, beeinflussen nicht nur ihre Lebensqualität, sondern auch ihren Erfolg im Unternehmen.

Beispiel

Markus besuchte eines meiner offenen pferdegestützten Seminare. An dem Seminar nahmen ausschließlich Privatpersonen teil, die sich vorher noch nie begegnet waren. Die Pferde erkannten die Schauspielkünste von Markus schon sehr früh. Sie nahmen ihn nicht ernst. Sie beachteten ihn nicht. Für sie war er einfach nicht da. Kam er näher, entzogen sie sich ihm. Keines der Pferde fühlt sich in seiner Gegenwart wohl.

Auch er fühlte sich nicht wohl mit sich und seinem Handeln. Nicht nur hier, sondern auch in der Firma, in der er angestellt war. Ständig stand er unter dem Druck, sich verstellen zu müssen. Aus seiner Sicht ermöglichte nur das die Anerkennung, die er sich von seinen Kollegen und Kunden wünschte.

Ich bat Markus den schwarzen Hengst Maxim durch einen Parcours zu führen und zwar ohne ihn an den Strick zu nehmen. Markus näherte sich dem Hengst, der sich in seiner ganzen Männlichkeit vor ihm aufbaute. Er wurde beim Anblick des imposanten Hengstes immer unsicherer, weil er die freundliche Erwartungshaltung des Pferdes mit Bedrohung verwechselte.

Ich wusste, dass der Hengst sich einem Menschen nur freiwillig anschloss, wenn dieser Mensch ihn akzeptierte. Maxim benötigte mehr Zeit als andere Pferde, um einem Menschen zu vertrauen. Maxim verlangte die volle Aufmerksamkeit eines Menschen. Er folgte nur dem, dessen Verhalten absolut kongruent und ehrlich war.

Ich teilte Markus Maxims Bedürfnisse mit. Markus Gesicht veränderte sich schlagartig. Ihm wurde klar, dass er seine Maske fallen lassen musste. Er konnte nicht weiter vorgeben jemand zu sein, der er nicht war. Irgendwie war er es auch leid und froh, die Karten hier auf den Tisch legen zu können. Er war fast erleichtert, als er mir von seiner Homosexualität berichtete. Nur seine Freunde wussten davon. In der Firma durfte niemand davon erfahren. Er fürchtete den Spott der hauptsächlich männlichen Kollegen. Diese ständige Heimlichtuerei kostete ihn allerdings enorm viel Kraft und eigentlich hatte er es satt, sich zu verstellen. Bei dieser Aussage ging Maxim einen Schritt auf Markus zu und senkte den Kopf zu ihm herab. Markus, der diese neue Verbindung spürte, strahlte und entspannte sich. Er hatte soeben eine Entscheidung getroffen, die sein Leben verändern würde. Er wollte sich nicht mehr verstellen.

Sein Entschluss übertrug sich direkt auf seinen Körper. Diese Präsenz beeindruckte auch Maxim. Wie durch ein unsichtbares Band verbunden, bewegten sie sich kreuz und quer durch die Reithalle. Einer der anderen Seminar-Teilnehmer beschrieb es später als tanzen. Für Markus war es das Gefühl der Freiheit.

Kurz darauf outete er sich vor seinen Kollegen und eine unerwartete Welle von Respekt und Akzeptanz überrollte ihn.

▶ Ein bewusstes Akzeptieren anderer Menschen und sich selbst die Erlaubnis zu geben, so sein zu dürfen wie man ist, verhindert Kämpfe und spart wertvolle Energie.

Welcher Ansatz ergibt sich daraus für ein Unternehmen?
Mitarbeiter, deren Handeln von mangelnder Akzeptanz beeinflusst wird, sind nicht in der Lage, ihr volles Potenzial auszuschöpfen.

„So zu tun als ob…" funktioniert bei Pferden nicht. Pferde können sich weiterentwickeln und sich verändern, verstellen jedoch können sie sich nicht. Bei Menschen kann die „Tu so als ob-Haltung" funktionieren, jedoch nicht auf Dauer und meist zu Lasten der Gesundheit und des Erfolgs.

6.5.5 Dialog – Pferde kommunizieren ehrlich und direkt miteinander

Obwohl wir laut wissenschaftlichen Untersuchungen über 80 % nonverbal kommunizieren (Blick, Geste, Körperhaltung, Mimik), konzentrieren wir uns meist nur auf das Gesagte. Im Alltag und im Geschäftsleben sagen wir oft Dinge, die mit unseren innersten Gedanken und Gefühlen nicht übereinstimmen. Mal bewusst und mal unbewusst. Da wir die nonverbale Kommunikation im Laufe unseres Lebens vernachlässigt haben, übersehen wir die kleinen widersprüchlichen Details, die unser Gegenüber uns nonverbal zeigt.

Pferde hingegen kommunizieren fast ausschließlich nonverbal. Als Fluchttiere verfügen sie über eine äußerst sensible Wahrnehmung, die ihnen das Überleben sichert. Ihre Kommunikation ist eindeutig. Sie kommunizieren mit ihrem ganzen Körper. Ein eindringlicher Blick reicht oft schon aus, um ein Herdenmitglied in die Flucht zu schlagen. Bei angelegten Ohren weiß das Gegenüber, dass Distanz nun passend wäre und die Bewegung des Schweifes sagt einiges über den momentanen Gemütszustand des Pferdes aus.

Die innerbetriebliche Kommunikation funktioniert in einer Pferdeherde hervorragend. Pferde befinden sich im ständigen Dialog miteinander. Genauso feinfühlig reagieren sie auch auf die Körpersprache des Menschen. Sie beobachten uns genau. Ihnen entgeht nichts. Die Fähigkeit des Pferdes, unsere Handlungen zu beobachten und gleichzeitig unsere Gefühle wahrzunehmen, entlarvt Widersprüche sofort.

Da sie von Natur aus sehr neugierig sind, interessieren sie sich für uns Menschen, obwohl wir eine ganz andere Kultur darstellen. Sie gehen offen auf uns zu und bieten uns den Dialog an. Die Herausforderung für uns Menschen dabei ist, sich auf diesen Austausch einzulassen. Die Botschaften der Pferde erreichen uns also nur, wenn wir uns mit der gleichen Neugier und Offenheit auf sie einlassen, wie sie auf uns.

Beispiel

Zum Thema Dialog erinnere ich mich sehr gut an einen pferdegestützten Teambildungs-Workshop: Das Team bestand aus fünf Männern und einer Frau namens Anna.

Zielstellung des Workshops war, die Kommunikation und die Zusammenarbeit des Teams zu verbessern.

Sehr auffällig war, dass Anna sich scheinbar dem Team nicht zugehörig fühlte. In der Begrüßungsrunde stand sie abseits, mit Wortmeldungen hielt sie sich zurück, schaute unsicher und fühlte sich insgesamt sichtlich unwohl.

Auf meine Frage, ob denn jemand der Teilnehmer Erfahrung im Umgang mit Pferden habe, antwortete sie wie aus der Pistole geschossen: „Ja, ich! Ich bin jahrelang geritten und hatte bis vor ein paar Jahren ein eigenes Pferd!" Die Tatsache, dass sie den männlichen Kollegen etwas voraus hatte, schien ihr Auftrieb zu geben. Sie strahlte und wirkte plötzlich sehr viel selbstbewusster!

Der Vorteil, den sie sich durch ihre Vorkenntnisse erhoffte, verpuffte jedoch recht schnell. Während der ersten Interventionen merkte sie, dass ihr bisheriger Umgang mit Pferden ihr hier nicht weiterhelfen würde. Sie verzweifelte zunehmend. In ihren Augen klappte rein gar nichts. Sie setzte sich zunehmend mehr unter Druck. Sie wollte den Kollegen etwas beweisen.

In einer der Interventionen sollte sie die Stute Holly über eine auf dem Boden liegende Hindernisstange führen. Nachdem der Wallach Aramis schon während einer vorherigen Begegnung seine eigenen Wege ging, war Anna nun fest entschlossen. So eine Schmach wollte sie sich vor den Kollegen nicht mehr geben. Siegessicher stapfte sie los und zog Holly stramm hinter sich her. Anna ging freudestrahlend über die Stange und dann geschah etwas, womit sie nicht gerechnet hatte: Holly blieb wie angewurzelt vor der Stange stehen! Das brachte Anna völlig aus der Fassung. Gerade lief doch noch alles so gut! Warum blieb sie nun so kurz vor dem Ziel stehen? Die Stange lag auf dem Boden und es wäre für Holly ein Leichtes gewesen, sie zu überschreiten. Anna zog und zog am Strick, jedoch ohne Erfolg. Die Stute spürte, dass Anna nicht mit ihrer kompletten Aufmerksamkeit bei ihr war. Für sie Grund genug, ihr nicht zu folgen.

Ich sah Anna an, worüber sie nachdachte und was ihr gerade Kummer bereitete. Leise sagte sie mir: „Die Kollegen lachen sich bestimmt gerade ins Fäustchen. Da haben sie ja wieder genug Gesprächsstoff für die nächsten Tage."

Die Angst vor der Bewertung der männlichen Kollegen war ihr Thema. Bei allem was sie in ihrem beruflichen Alltag tat, fühlte sie sich von den Kollegen beobachtet und nicht wertgeschätzt. Während der Übungen mit den Pferden erfuhr ich, dass sie der festen Überzeugung war, dass ihre männlichen Kollegen sie nicht komplett als Teammitglied akzeptierten. Schließlich war sie die einzige Frau und ihrer Meinung nach war doch ganz klar, dass die Männer ihr eigenes Ding machen würden. Ihre komplette Wahrnehmung richtete sich darauf aus, dass die Kollegen angeblich gegen sie waren.

Was sie während des gesamten Trainings bisher nicht wahrnahm: Die Kollegen waren ihr in Wirklichkeit sehr wohlgesonnen. Sie gaben ihr stärkendes Feedback und waren mit ihrer Aufmerksamkeit stets komplett bei ihr. Anna thematisierte ihre Glaubenssätze nun offen vor den Kollegen. Ihre Teammitglieder waren bestürzt, als sie erfuhren, wie unwohl ihre Kollegin sich in der gemeinsamen Arbeit fühlte. Ein Zustand, der Anna unglücklich machte und sie davon abhielt, ihre kompletten Fähigkeiten in das Unternehmen einzubringen.

Bisher hatte sie das Wohlwollen ihrer Kollegen nie erkannt. Sie befand sich so sehr in ihrem selbst auferlegten Außenseiter-Modus, dass ihr ganzer Fokus darauf ausgerichtet war, Missachtung zu empfinden. Sie sprach jedoch nie über ihre Wahrnehmung. Im Gegenteil, sie zog sich immer mehr in sich zurück und gab sich den negativen Emotionen hin.

Der Moment, als Holly wie angewurzelt vor der Stange stehen blieb, sollte der Beginn eines gut funktionierenden Dialogs zwischen ihr und den männlichen Kollegen sein.

Körperlich war Holly Anna eindeutig überlegen. Um die 500 kg Handbremse zu lösen, blieb Anna also nur eine Möglichkeit: Sie musste ihre Einstellung ändern.

Es ging nun also nicht mehr nur darum, Holly schnurstracks über eine Stange zu führen, um eine Aufgabe zu erfüllen. Nein, es ging darum, endlich einen Dialog zu führen. Erst mit dem Pferd und hinterher mit den Kollegen. Auf meine Frage, was ihr helfen könnte, Holly zu bewegen, antwortete sie leise: „Ich brauche Unterstützung. Ich schaffe das alleine nicht." Kaum hatte sie die Worte über die Lippen gebracht, standen die Kollegen schon hinter ihr. Dieser Moment war für alle sehr berührend und veränderte alles.

Zum ersten Mal fand ein Dialog auf Augenhöhe statt. Alle Beteiligten fühlten sich gesehen und akzeptiert. Auch ihre männlichen Mitstreiter kommunizierten nun offen mit Anna. Aus ihrer Perspektive hatten sie bisher nämlich alles getan, um Anna ein Teamgefühl zu vermitteln. Je öfter sie allerdings von ihr abgewiesen wurden, desto mehr zogen auch sie sich zurück und ließen Anna in Ruhe. Dieser Dialog hatte eine sehr wertschätzende und ehrliche Qualität. Er war frei von Schuldzuweisungen und jedem der Beteiligten war bewusst, wie bereichernd er für die zukünftige Zusammenarbeit als Team war.

Während des Austausches senkte Holly ihren Kopf immer weiter. Sie entspannte sich sichtlich. Es entstand eine Atmosphäre, in der sich alle Teammitglieder sicher und wohl fühlten. Sie beschlossen, gemeinsam als Team mit Holly über die Stange zu gehen. Holly folgte ihrer Aufforderung ohne zu zögern.

Dieses neu entdeckte Zusammengehörigkeitsgefühl begleitete die Kollegen durch den ganzen Tag und hinterließ auch im beruflichen Alltag Spuren: Wochen später berichtete mir der Teamleiter, dass sein Team seit den gemeinsamen Erfahrungen mit den Pferden wie ausgewechselt sei.

▶   Ein ehrlicher Dialog auf der Basis von gegenseitigem Respekt schafft mehr Verständnis füreinander.

Welcher Ansatz ergibt sich daraus für ein Unternehmen?

Ein Team, das nicht in den Dialog miteinander tritt, wird niemals Bestleistungen erzielen.

Die Intensität, mit der Pferde miteinander kommunizieren, schafft Klarheit und erfolgreiches Handeln. Ein Unternehmen, das mit seinen Mitarbeitern ehrlich und konkret kommuniziert, vermittelt Sicherheit und erhält Vertrauen.

6.6   Fazit

Pferde erinnern uns daran, dass eine Haltung, geprägt von Aufmerksamkeit, Unvoreingenommenheit, Respekt und Akzeptanz einen anerkennenden und wertschätzenden Dialog ermöglicht.

Pferde leben uns Vielfalt in vielerlei Hinsicht erfolgreich vor.

Nun liegt es in unserer Verantwortung, unsere soziale Kompetenz ebenfalls zu verfeinern und sie dauerhaft einzusetzen.

Es liegt in unserer Verantwortung, die Besonderheiten der Menschen, denen wir begegnen, zu erkennen und zu respektieren.

Es liegt in unserer Verantwortung, unsere Haltung zu verändern und mit dieser neu auf Menschen zuzugehen.

Es liegt allein in Ihrer und meiner Verantwortung, uns bewusst eine Haltung anzueignen, in der wir nicht mehr über Andersartigkeit nachdenken.

Pferde behandeln jeden Menschen gleich. Wann gelingt uns dies?

▶   Menschen wie Menschen zu behandeln – der Schlüssel zu einem bereichernden und erfolgreichen Miteinander!

6.7   Über die Autorin

Franziska Müller bewegt Menschen. Als gefragter Speaker setzt sie lebendig und humorvoll Impulse, die das Leben ihrer Zuhörer bereichern. Als Trainer, Berater und Coach unterstützt sie Unternehmen und Privatpersonen, ihre Ziele zu erreichen.

Ihr vielschichtiges Know-how verdankt sie ihrer 25jährigen vielfältigen beruflichen Laufbahn. Der Ausbildung zur Masseurin folgten diverse Auslandsaufenthalte als Moderatorin. 1995 folgte der Wechsel als TV-Produktionsleiterin zur Talkshow „Boulevard Bio" mit Alfred Biolek. Begegnungen mit dem Dalai Lama, Karl Lagerfeld und Vladimir Putin – für Franziska Müller ganz alltäglich. Ab 2003 ergänzte sie die Redaktion von „Menschen bei Maischberger" und arbeitete fünf Jahre lang eng mit Sandra Maischberger zusammen. 2007 zwang sie ein langer Klinikaufenthalt umzudenken und neue Wege einzuschlagen. Ihr Schlüssel zur Gesundheit waren die Pferde. Mit Gründung ihrer Akademie für pferdegestütztes Coaching gelang ihr der erfolgreiche Start in die Selbstständigkeit. Seitdem begleitet Franziska Müller die Teilnehmer ihrer Ausbildungen, Coachings und Trainings bei der gewinnbringenden und nachhaltigen Veränderung ihres persönlichen und beruflichen Handelns.

Weitere Infos unter: www.franziska-mueller.com.

Lehrlingsausbildung: Jugendkultur im Unternehmen

Vom „Clash of Culture" zur „Culture of Cooperation"

Verena Olsacher

Zusammenfassung

Die Autorin dieses Kapitels setzt sich mit Diversity-Maßnahmen bei der Eingliederung Jugendlicher in den Betrieb und den dabei entstehenden Herausforderungen auseinander. Die Übergangskrise vom Schulalltag in den Berufsalltag findet hier ebenso Berücksichtigung, wie eine notwendige Anpassung des Recruitingprozesses an die jugendlichen BewerberInnen und die neuen Anforderungen, die an die Führungskräfte und LehrlingsausbilderInnen gestellt werden. In Folge wird die Entstehung gefühlter Benachteiligung ebenso wie die Erwartungen der Jugendlichen an die Organisation beleuchtet. Abschließend werden Maßnahmen zu gelebtem Diversity erörtert, um einem „Clash of Culture" vorzubeugen und eine „Culture of Cooperation" im Unternehmen zu generieren.

Inhaltsverzeichnis

V. Olsacher (✉)
Alleegasse 16, 2120 Wolkersdorf im Weinviertel, Weinviertel, Österreich
E-Mail: verena@olsacher.com

© Springer Fachmedien Wiesbaden 2016
P. Buchenau (Hrsg.), *Chefsache Diversity Management*,
DOI 10.1007/978-3-658-12656-8_7

Das vorliegende Kapitel soll Sie mit Anregungen zum Thema Diversity in der Lehrlingsausbildung versorgen:

Sie werden mit den Herausforderungen und Erwartungen, die ein jugendlicher Auszubildender in Ihren Betrieb einbringen kann, konfrontiert. Die Übergangsproblematik
von Schule zu Beruf ist ebenso Thema wie die Entstehung von gefühlter Benachteiligung
und das umfassende Anforderungsprofil des Lehrlingsausbilders. Der Blick auf unterschiedliche Diversity-Maßnahmen regt Ihre Kreativität zur Einbindung der Jugendkultur
für ein angenehmes Ausbildungsklima in Ihrem Unternehmen an.

Zu Beginn werfen wir einen Blick auf die unterschiedlichen Diversity-Maßnahmen,
die im Bereich vieler Unternehmen bereits umgesetzt werden.

Tatsache ist: „Die Auseinandersetzung mit Vielfalt ist Teil der Führungsaufgaben
einer Organisation" (vgl. Amstutz und Müller 2013, S. 360). Daher interessieren Sie sich
ja für das Thema.

Um diese Führungsaufgabe im speziellen Bereich der Ausbildung von jungen Menschen wahrzunehmen, bedarf es einiger Überlegungen, die Sie als Führungskraft wenn
möglich vor der Aufnahme Ihres Auszubildenden anstellen.

Bei der Befragung der DAX 30-Unternehmen ergaben sich sieben Diversity-Dimensi-
onen, in denen die Unternehmen Maßnahmen setzen und Bedarf sehen. Weitgehend werden Diversity-Maßnahmen individuell und im Anlassfall gesetzt. Der Fokus liegt dabei
klar beim Thema Frauen, gefolgt vom Bereich Alter, wobei hier meistens ältere Arbeitnehmer im Diversity-Konzept aufscheinen. An dritter Stelle liegen Aktionen im Bereich
der Kulturzugehörigkeit. Eher geringe Beachtung finden die Bereiche der behinderten
Arbeitnehmer sowie die sexuelle Orientierungen (vgl. Köppel 2010, S. 12).

Eine explizite Diversity-Strategie für Berufseinsteiger ist hier nicht zu finden.

Es liegt auf der Hand, dass Lehrlinge wahlweise Frauen sind, aus anderen Kulturkreisen kommen, vielleicht eine Behinderung oder spezielle sexuelle Orientierung aufweisen und somit auch in die bereits stattfindenden Diversity-Konzepte ihres Unternehmens
hineinfallen. Zahlreiche Programme befassen sich auch, wie bereits erwähnt, mit der
Eingliederung von älteren Arbeitnehmern, wenige jedoch mit dem Umgang mit jüngeren
Arbeitnehmern.

Besonders innerhalb der Berufsausbildung scheinen zahlreiche Bereiche auf, wo
Diversity und Vielfalt zum Thema werden, entsprechende vorbereitende Überlegungen
für alle MitarbeiterInnen selbstverständlich sein sollten und ausbildungsbegleitende
Diversity-Maßnahmen Ihres Betriebes zum besseren Miteinander verhelfen können.

Der Bedarf, sich mit Diversity auseinander zu setzen entsteht immer dann, wenn
„Neues und Unbekanntes" auf Ihr Unternehmen zukommt. Das ist in Ihrem Unternehmen also Thema. Sie möchten einen oder mehrere Lehrlinge und damit ein Stück
Jugendkultur in Ihren Betrieb eingliedern oder den Ausbildungsverlauf für Ihre bereits
vorhandenen Auszubildenden noch besser gestalten.

Mädchen in technischen Berufen auszubilden zählt hier ebenso zum Diversity
Management, wie die Auseinandersetzung mit MitarbeiterInnen aus anderen Herkunftskulturen. Diese beiden Bereiche sind Ihnen sicher bekannt. Es sind auch die Bereiche, in

denen es bereits einige Beispiele für Diversity-Strategien, wie zum Beispiel den „Girls Day" gibt.

Doch Diversity Management in Bezug auf Auszubildende ist viel mehr. Sie sind mitten im relativ wenig berücksichtigten Diversity-Thema „jugendliche Mitarbeiter" gelandet. Natürlich darf bei all diesen Überlegungen der wirtschaftliche Aspekt nicht fehlen.

So geht es bei Diversity-Maßnahmen nicht nur darum, ein besseres Miteinander und gegenseitiges Verständnis zu generieren, sondern auch um den Nutzen, der für Ihr Unternehmen aus der neu entstehenden Vielfalt entsteht.

Klar ist: Jeder Mensch unterscheidet sich vom anderen und Jugendliche „ticken" sowieso noch einmal anders als Erwachsene. Jugendliche mit Migrationshintergrund stellen für die meisten Betriebe eine besondere Herausforderung dar.

Fremde Herkunftskulturen, andere soziale Umgangsformen und dazu noch die Pubertät machen aus dem jungen Menschen aus Sicht vieler Betriebe ein unbekanntes Wesen. Und Unbekanntes macht Angst. Doch ist diese Angst gerechtfertigt? Gibt es andere oder mehr Probleme mit Jugendlichen anderer Kulturkreise im Gegensatz zu Jugendlichen ohne Migrationshintergrund?

Wenn Sie beschlossen haben, den Schritt zu wagen, einen Auszubildenden in Ihrem Betrieb aufzunehmen, werden früher oder später zwei Kulturen aufeinandertreffen: Erwachsene vs. Jugendliche. Statt dem „Clash of Clans", einem Onlinegame, kommt es also in Ihrer Firma zum „Clash of Culture", der jedoch nicht zwangsläufig in einer Schlacht enden muss, sondern durch die neu entstehende Vielfalt frischen und bereichernden Wind in Ihr Unternehmen bringt.

Selbstverständlich haben Sie sich bereits über alle Pflichten informiert, die auf Ihr Unternehmen als Ausbildungsbetrieb zukommen. Ihre Firma erfüllt alle gesetzlichen Anforderungen, die an einen Lehrbetrieb gestellt werden. Sie haben ein Anforderungsprofil erstellt, sich mit dem Ausbildungsplan des jeweiligen Lehrberufes auseinandergesetzt und haben eine konkrete Vorstellung, wie Ihr neuer Auszubildender seine schulische Laufbahn absolviert hat und sich in Ihre Firma einbringt. So weit, so gut.

Die klassischen Erwartungen der Betriebe an einen Lehrling, wie gute Noten, höfliche Umgangsformen, ein nettes Auftreten, Interesse am Lehrberuf und Ihrem Unternehmen werden vermutlich auch auf Ihren Betrieb zutreffen und sind klarerweise von hoher Wichtigkeit.

7.1 Von der Schule in den Beruf

Im Gegensatz zu anderen, erwachsenen Mitarbeitern sollten Sie sich allerdings im Klaren sein, dass sich Jugendliche, die in Ihrem Unternehmen eine Ausbildung beginnen, wesentlich von anderen Mitarbeitern unterscheiden.

Abgesehen von einem eventuell vorhandenen Migrationshintergrund handelt es sich bei Ihrem neuen Auszubildenden nämlich um einen Jugendlichen, der gerade den Übergang vom Schulalltag in den Berufsalltag erfolgreich meistern muss. Schon allein diese Veränderung im Leben eines jungen Menschen stellt ihn vor eine enorme Herausforderung.

Schon allein die Pausenkultur sei hier kurz erwähnt. Während Ihr jugendlicher Berufsanfänger in der Schule gewohnt war, die Schulstunden mehr oder weniger passiv über sich ergehen zu lassen und nach jeder Unterrichtseinheit eine Pause zu machen, ticken die Uhren im Betrieb anders. Je nach Unternehmensgegenstand beginnt der Arbeitstag früher und auch die Pausenaufteilung ist anders gestaltet. Der betriebliche Alltag fordert mehr Eigeninitiative, selbstständiges Arbeiten und Flexibilität von Ihrem jungen Mitarbeiter.

Die Probleme Jugendlicher beim Übergang von der Schule in den Beruf nehmen zu. Die Jugendlichen müssen eigene Entscheidungen treffen, einen Lebensstil entwickeln und den Anforderungen der Wirtschaft entsprechen (vgl. Pätzold 2008, S. 593).

Ihr Auszubildender hat bereits vor dem Beginn seiner Ausbildung vermutlich die eine oder andere Maßnahme zur Berufsorientierung durchlaufen und sich mehr oder weniger gut über seinen zukünftigen Lehrberuf informiert. Diese Programme dienen dazu, den Jugendlichen den Übergang von der Schule in den Beruf zu erleichtern oder überhaupt zu ermöglichen (vgl. Bertelsmann Stiftung 2015, S. 10).

Der Nachteil des umfassenden Angebotes: Viele Jugendliche sind bereits durch die Unmenge an Informationen und die zahlreichen Möglichkeiten überfordert. Die einen sind sich im Klaren, was sie wo und auf welche Weise lernen möchten, die anderen jedoch wählen den Weg des geringsten Widerstandes und ergreifen die erste Möglichkeit eines Ausbildungsplatzes und versuchen auch so, sich möglichst lange nicht festzulegen und zahlreiche Bildungs- und Berufsoptionen offen zu halten (vgl. Pätzold 2008, S. 594). Abzuklären, in welche Kategorie Ihr Auszubildender fällt, liegt in Ihrem Zuständigkeitsbereich und sollte fixer Bestandteil in Ihrem Recruitingprozess sein.

7.2   Jugendliche im Bewerbungsprozess

Spätestens beim ersten Vorstellungsgespräch mit einem Lehrstellenbewerber wird Ihnen klar, dass Sie Ihre Maßstäbe aus bisherigen Gesprächen mit erwachsenen Bewerbern nicht auf die Berufsanwärter übertragen können.

Ihr Gesprächspartner wird erfahrungsgemäß nervös sein. Entweder reden wie ein Wasserfall oder auch nur mit Nicken und Ja-nein-Antworten kontern. Obwohl Ihr Bewerber im Vorfeld an Berufsorientierungsmaßnahmen teilgenommen hat und auch in der Schule oder anderen Einrichtungen an einem Bewerbungstraining teilgenommen hat, wird er vermutlich wenig reflektiert über seine Stärken, Schwächen und Erwartungen an den künftigen Beruf sprechen. Ausnahmen, wie in jedem Bereich, gibt es natürlich auch hier.

Trotz sorgfältiger Befragungen, der Durchführung von Aufnahmetests, Lehrlingscastings und anderer individueller Recruitingmaßnahmen können Sie jedoch nicht alle Probleme, die Jugendliche mitbringen, im Vorfeld voraussehen.

Sollten Sie sich beim Auswahlverfahren für einen Jugendlichen mit Migrationshintergrund entschieden haben, gilt es hervorzuheben, dass konkrete Erfahrungen zeigen, dass die Ausbildung vielfältiger und interessanter wird, wenn Jugendliche mit verschiedenen Herkunftskulturen miteinander ausgebildet werden (vgl. Deutsches Jugendinstitut e. V. 2008, S. 42). Doch dazu später mehr.

Im Unterschied zu einem bereits ausgebildeten Mitarbeiter, der in Ihr Unternehmen eintritt, steigt der jugendliche Berufsanfänger in das duale Ausbildungssystem ein.

Zum jetzigen Zeitpunkt, unter Berücksichtigung des demografischen Wandels muss sich die jüngere Bevölkerungsschicht im Vergleich zu vergangenen Generationen auf eine veränderte oder längere Arbeitsbiografie einstellen. Im Bereich der Bildung und Ausbildung bedeutet dies, dass die Jugendlichen verstärktes Augenmerk auf lebenslanges Lernen und stetige Weiterbildung legen sollten.

Das jedoch sollten Sie ihrem jungen Bewerber nicht gleich unverblümt mitteilen, wenn das Gespräch auf Weiterbildung kommt. Für den jungen Menschen, der endlich die Schule verlassen hat und für den die Berufsschule ein notwendiges Übel darstellt, ist lebenslanges Lernen vergleichbar mit lebenslangem Facebook- oder Computerspiel-Verbot.

Trotz zahlreicher unterstützender Maßnahmen und dem vorherrschenden Interesse junger Menschen mit Migrationshintergrund an der dualen Berufsausbildung ist diese Gruppe bei den Ausbildungsanfängern stark unterrepräsentiert. Dies ist vor allem auf Schwierigkeiten bei der Ausbildungsplatzsuche, die Selektionsprozesse der Betriebe bei der Bewerberauswahl und den geringeren Einmündungserfolg aufgrund niedriger Schulabschlüsse zurückzuführen.

Ein interessantes Detail am Rande: Ist es Jugendlichen mit Migrationshintergrund erst gelungen, einen Ausbildungsplatz zu erhalten, ist ihre Chance, die Ausbildung erfolgreich abzuschließen gleich hoch, wie bei den Berufsanfängern mit ähnlichen schulischen Voraussetzungen ohne Migrationshintergrund. Die Ausbildungsbetriebe tendieren nach aktuellen Analysen sogar dazu, diese jungen Menschen mit erfolgreichem Ausbildungsabschluss häufiger in ein fixes Beschäftigungsverhältnis zu übernehmen (vgl. Bundesministerium für Bildung und Forschung 2015, S. 54).

Aus diesem Grund bekommen die Nutzung der vorhandenen Arbeitskräftepotenziale und das Potenzial qualifizierter Zuwanderer einen höheren Stellenwert. Das duale Ausbildungssystem muss gezielt für Jugendliche und junge Erwachsene mit Migrationshintergrund angepasst und abgestimmt werden (vgl. Bundesministerium für Bildung und Forschung 2015, S. 4).

Die Vorteile der dualen Ausbildung liegen für Betriebe und Jugendliche auf der Hand: Praktische Fähigkeiten und berufsspezifische Kenntnisse werden im Betrieb erworben und zusätzliche theoretische Inputs und Fachwissen in der Berufsschule vermittelt.

Durch diese Form der Ausbildung fällt es jedoch vielen Jugendlichen gleich welcher Herkunft schwer, eine exakte Trennung zwischen Schul- und Berufsalltag vollziehen und sich auf die unterschiedlichen Rahmenbedingungen einstellen zu können. Um diese Anfangsschwierigkeiten aufzufangen, haben Sie als Führungskraft bereits eine Person auserkoren, die als Lehrlingsbeauftragter den Ausbildungsverlauf Ihres neuen Auszubildenden lenken und leiten wird und auch Ansprechpartner für den Auszubildenden ist.

7.3   Der Lehrlingsausbilder – eine Schlüsselperson im Unternehmen

Der Lehrlingsausbilder hat nicht nur die Funktion, Wissen zu vermitteln, Arbeitsaufträge zu erteilen und den Jugendlichen in seiner Berufsausbildung zu unterstützen und zu fördern. Es ist selbstverständlich, dass der Ausbildungsberechtigte den Azubi in den benötigten Kenntnissen und Fertigkeiten des Berufes unterweisen soll. Das Anforderungsspektrum ist dazu ungemein größer. Und genau in diesem Bereich gilt es, besonderes Augenmerk hin zu legen.

Ihr Lehrlingsausbilder benötigt in erster Linie Zeit. Das selbige im Unternehmensalltag mit Geld gleichgesetzt wird und daher meist Mangelware ist, ist leider ein allgemeines Phänomen unserer Zeit. Häufig kann beobachtet werden, dass die Ausbilder neben ihrer Vollzeit-Tätigkeit und den Anforderungen an Ihre Stelle zusätzlich die Ausbildungsverantwortung der Jugendlichen übertragen bekommen. Aus eigenem Zeitdruck und aufgrund der Zusatzanforderungen werden die Jugendlichen oft im Betrieb geparkt oder unter dem Vorwand der Abwechslung im Ausbildungsbereich von einer Stelle zur nächsten weitergereicht. Die Möglichkeit zum persönlichen Gespräch, zum besseren Kennenlernen und zum Eingehen auf die Bedürfnisse der jungen Mitarbeiter geht somit im Arbeitsalltag unter. Genau hier müssen Sie aber ansetzen, um Konflikte und Benachteiligungen zu vermeiden.

Die Rollen der mit der Ausbildung beauftragten Person sind vielfältig: Ihre Ausbildungsperson ist während der Dauer der Berufsausbildung Ansprechpartner in beruflichen wie privaten Dingen, Führungskraft, Vorbild, Elternersatz, Freund, Kritiker, Förderer, Konfliktlöser, Mediator, Coach, Trainer, Erzieher und vieles anderes mehr.

Zur Berufsausbildung eines Jugendlichen und damit zur Aufgabe des Lehrberechtigten zählt ebenso die Unterweisung im richtigen Verhalten am Arbeitsplatz und im Umgang mit KollegInnen und Führungskräften. Die Sensibilität des Ausbilders ist in diesem Bereich ebenso wichtig wie im Umgang mit dem Jugendlichen selbst. Als Ansprechpartner muss Ihr Lehrberechtigter auch das Vertrauen des Auszubildenden gewinnen und erhalten.

Dieses erweiterte Anforderungsprofil sollte bereits vor Aufnahme eines Auszubildenden abgeklärt werden, um bereits im Vorfeld Missverständnisse ausräumen zu können. Durch entsprechende Diversity-Trainings oder dem Erwerb entsprechender Zusatzqualifikationen und der Auseinandersetzung mit der zusätzlichen Aufgabe kann ein Großteil der möglicherweise auftretenden Probleme im Vorfeld bereits geklärt oder die Ausbildungsperson dafür sensibilisiert werden.

Welche speziellen Herausforderungen – und selbstverständlich auch positive Effekte – Ihr zukünftiger Lehrling an Sie und Ihr Unternehmen heranträgt, kann vorab nicht exakt vorhergesagt werden. Nicht alle Jugendlichen können über einen Kamm geschert werden und Verallgemeinerungen führen oft in eine falsche Richtung.

Dies fordert von Ihnen und Ihrem Lehrlingsausbilder Flexibilität und auch ein gewisses Maß an Kreativität, um mit der neuen Vielfalt im Unternehmen umzugehen.

Dennoch ist ein Faktor, der an dieser Stelle nicht zu vernachlässigen ist und der jeden ihrer jugendlichen Berufsanfänger betrifft, der Generationenkonflikt. Ihr neuer Mitarbeiter befindet sich mitten in der Pubertät, die maßgebliche Auswirkungen auf das Sozialverhalten junger Menschen hat.

7.4 Höhen und Tiefen: Der betriebliche Alltag mit Jugendlichen

Aufmüpfigkeit, Starrsinn und Konflikte zu provozieren ist für dieses Alter eine typische Verhaltensweise und hat nicht ursächlich mit den Arbeitsbedingungen oder den KollegInnen zu tun.

Vielleicht denken Sie einmal zurück, wie Sie als Jugendlicher waren? Sollten Sie zu dem geringen Anteil Jugendlicher gehört haben, die stets strebsam und zielorientiert waren, ist das natürlich absolut positiv und hat Ihren Eltern das Leben ein wenig leichter gemacht. Der Großteil der Jugendlichen sieht jedoch seine Zukunft weniger klar und zielstrebig. Freizeitorientierung, Treffen mit Freunden und das aktuelle „Chillen" gehören eher zu den favorisierten Tätigkeiten als Arbeiten und Lernen.

Im betrieblichen Alltag ist kaum Platz und Zeit für persönliche Probleme und Krisen und schon gar nicht für die Freizeitplanung. Hier zählt die Arbeitsleistung, um den wirtschaftlichen Erfolg des Unternehmens sicher zu stellen.

Während erwachsene Mitarbeiter mehr oder weniger erfolgreich versuchen, ihre alltäglichen Sorgen zu Hause zu lassen, sind Jugendliche jedoch oft nicht in der Lage, persönliche Probleme in den Familien oder in der Schule an der Eingangstür ihres Unternehmens abzugeben. Selbstverständlich müssen die Auszubildenden lernen, ihre persönlichen Herausforderungen nicht ungefiltert mit in den Betrieb zu nehmen und eigene Probleme zu lösen. Bieten Sie den Jugendlichen einen toleranten Ansprechpartner, der ein offenes Ohr für die Schwierigkeiten und Sorgen der Auszubildenden hat. Dadurch wird eine Atmosphäre des Vertrauens und der Toleranz gebildet, die dem Jugendlichen das Gefühl gibt, anerkannt und verstanden zu werden.

Konflikte, Missverständnisse und gefühlte Benachteiligung, die entstehen, wenn die Erwartungen der Auszubildenden nicht mit denen des Unternehmens oder der Ausbildungsperson übereinstimmen, können so bereits gemildert werden. Es muss jedoch nicht immer gleich zu einer handfesten Auseinandersetzung und offenen Konflikten im Betrieb kommen.

Oft reichen kleinere Begebenheiten in der alltäglichen Interaktion, um das Gefühl der Benachteiligung aufkeimen zu lassen. In den seltensten Fällen handelt es sich um Konflikte, deren Ursache die Herkunftskultur ist.

Empirische Erhebungen haben ergeben, dass die Interaktionen zwischen Ausbilder und Jugendlichen meist konfliktfrei abläuft und gut zu funktionieren scheint.

Die XENOS Online-Befragung (2007) ergab, dass sich Jugendliche hauptsächlich durch undiszipliniertes Verhalten von Mitazubis, mangelnde Informationsweitergabe durch ihre Ausbildungskollegen und Unterhaltungen in der Herkunftssprache anderer Auszubildender gestört fühlen (vgl. Deutsches Jugendinstitut e. V. 2008, S. 53).

Festzuhalten gilt, dass sich Jugendliche mit Migrationshintergrund deutlich häufiger mit Mitauszubildenden anderer Herkunftskulturen verstehen, als diese ohne entsprechenden Hintergrund (vgl. Deutsches Jugendinstitut e. V. 2008, S. 36).

Trotz der Reibungspunkte und kleinerer Konflikte im Ausbildungsalltag ist der überwiegende Teil der Auszubildenden mit dem Ausbildungsverlauf zufrieden. Vergleicht man hier Jugendliche mit und ohne Migrationshintergrund, so zeigt sich, dass der Personenkreis ohne Migrationshintergrund die Ausbildung scheinbar kritischer betrachtet und mit fortschreitendem Ausbildungsverlauf weniger zufrieden mit der Berufsausbildung ist (vgl. Deutsches Jugendinstitut e .V. 2008, S. 55).

Ein häufiger Auslöser für Konflikte oder Missverständnisse ist meist eine ungerecht empfundene Leistungsbewertung durch die Ausbilder (vgl. Deutsches Jugendinstitut e .V. 2008, S. 52). Ursachen dafür können unklare Anweisungen, nicht getroffene Vereinbarungen oder zu wenig erklärte Zusammenhänge und ein Mangel an Information sein. Abgesehen von Verständnisschwierigkeiten, die durch unterschiedliche Muttersprachen entstehen, können natürlich auch Aussagen einfach missverstanden werden. An dieser Stelle sei Ihnen das beliebte und bekannte Vier-Ohren-Modell von Friedemann Schulz von Thun kurz in Erinnerung gerufen.

Botschaften die ausgesandt werden, können natürlich ganz anders vom Empfänger aufgenommen werden und enthalten Mitteilungen, die nicht ausgesprochen werden und vom Gesprächspartner eventuell nicht in Ihrem Sinne interpretiert werden.

Im Bereich der Kommunikation mit Ihrem Auszubildenden mischen sich unterschiedliche Grundhaltungen in der Kommunikation. Anweisungen werden erteilt, Lob und Tadel ausgesprochen und damit die unterschiedliche hierarchische Ebene zwischen Führungskraft und Lehrling demonstriert. Ein wichtiger Fokus liegt jedoch auf der partnerschaftlichen Ebene. Erklärungen, Vereinbarungen, Aufmunterungen und Hinweise erzeugen weniger Widerstand und fördern ein positives Arbeitsklima, von dem beide Seiten profitieren können.

Probleme mit der falschen Wortwahl oder einem weniger gelungenen Tonfall betreffen natürlich die Kommunikation mit allen Mitarbeitern. Der Unterschied ist, dass Jugendliche meist heftiger auf vermeintliche Rügen und ungerechte Aussagen reagieren, als dies ihre erwachsenen Berufskollegen tun. Während der erfahrene Mitarbeiter bereits gelernt hat, vieles einzustecken und sich die eine oder andere direkte Antwort zu verkneifen, wird der Jugendliche möglicherweise auf eine ziemlich unverblümte Art und Weise antworten. Oder, je nach Persönlichkeitsstruktur, einfach frustriert alles stehen und liegen lassen und demotiviert den Kopf hängen lassen.

Ein weiteres und vermutlich eher fremdes Problemfeld, das möglicherweise in Ihr Unternehmen getragen werden kann, ist die Suchtproblematik. Frustrierte Jugendliche, die mit ihren Problemen allein gelassen werden, kommen leicht in den Kontakt mit Drogen und Alkohol, um ihre Sorgen so verschwinden zu lassen. Dies wird oft in den Betrieben sehr spät erkannt und stößt bei der Entdeckung meist auf Hilflosigkeit, da mit diesen Problemen noch keine oder wenig Erfahrung vorliegt. Müdigkeit, Antriebslosigkeit oder aggressives Verhalten führen hier meist dazu, dass die Auszubildenden angetrieben oder abgemahnt werden. Dadurch drängt man sie weiter in den Teufelskreis, in dem sie sich bereits befinden. Die Abmahnung erzeugt Frust, der wiederum mit diversen Suchtmitteln bekämpft wird.

Natürlich ist es nicht Ihre Aufgabe oder die Ihres Lehrlingsausbilders, all diese Verhaltensweisen und Probleme zu tolerieren, sich damit zu befassen oder sie gar zu lösen. Es ist jedoch wichtig, sich im Vorfeld der Unterschiede zwischen Erwachsenen und Jugendlichen im Berufsalltag bewusst zu werden, um dann nicht fassungslos und handlungsunfähig da zu stehen. Im besten Fall, von dem wir hier ausgehen wollen, möchten Sie Ihren Auszubildenden jedoch für die gesamte Dauer der Lehrzeit behalten und nach erfolgreichem Lehrabschluss als gut qualifizierte Fachkraft in Ihr Unternehmen eingliedern.

7.5   Erwartungen der Jugendlichen an den Betrieb

Abgesehen von den Problemen und neuen Herausforderungen werden Sie auch mit den Erwartungen der Jugendlichen an Ihren Betrieb und an die Führungskräfte konfrontiert. Ebenso, wie sich Firmen gut qualifizierte Berufseinsteiger wünschen, die im optimalen Fall stets lernwillig und motiviert mit Freude in den Beruf starten, ihre Ausbildung mit guten Noten durchlaufen und selbstverständlich eine gewinnende Persönlichkeit mit höflichem Auftreten und guten Manieren ihr eigen nennen, so haben die Jugendlichen oftmals konkrete Vorstellungen, wie ihre Bezugspersonen agieren sollen.

Im Idealfall konnten Sie einige dieser Erwartungen bereits im Zuge des Bewerbungsgespräches hören. Da aber, wie bereits erwähnt, die Nervosität den Einfallsreichtum massiv einschränkt, ist es wahrscheinlicher, dass diese Erwartungen erst im laufenden Betrieb zu Tage treten. Meistens natürlich dann, wenn sie nicht erfüllt werden.

Lehrlingsbefragungen haben gezeigt, dass die jungen Berufsstarter viel Wert auf ein empathisches und offenes Miteinander im Gespräch legen und korrespondieren damit mit Erhebungen zum Erfolg von Beratungsprozessen, die der Gestaltung von Gesprächsprozessen einen 30 %-igen Anteil am Erfolg zuschreiben (vgl. Schlippe und Schweitzer 2013, S. 212). Besonderer Fokus liegt aus Sicht der Lehrlinge auf Gesprächen, die, auch wenn ernste Themen besprochen werden, in einem guten Einvernehmen enden und das Gefühl entsteht, vom Gesprächspartner ernst genommen zu werden. Interesse an der Lebenswelt und den nicht nur beruflichen Problemen führt zu einer Vertrauensbasis und mehr Motivation im Ausbildungsalltag. Doch entgegen der Erwartungen, dass die Jugendlichen ausschließlich Spaß, Pausen und lockeren Umgang bevorzugen, findet sich hier auch der Wunsch nach konkreten Anweisungen, Vorgabe von Regeln und hoher Fachkompetenz ihrer Ausbildungsbeauftragten (vgl. Olsacher 2015).

Als Diversity-interessierte Führungskraft haben Sie all das zuvor genannte bereits bedacht und Maßnahmen zur Integration für Ihre Auszubildenden und gelebtes Diversity bereits in Planung.

Ist das in Ihrem Unternehmen noch nicht der Fall, stehen einige Überlegungen schon im Vorfeld des Ausbildungsbeginns an. Sie haben einen Azubi ausgewählt, den Ausbildungsvertrag abgeschlossen und die organisatorischen Angelegenheiten geregelt. Jetzt geht es um einen optimalen Start, der ein gelungenes Miteinander sichern soll und als feste Basis am Ausbildungsbeginn steht. Diversity Management im Echtbetrieb also.

7.6   Geringe Kosten – hoher Nutzen: Ideen für den Berufsalltag

Die folgenden Überlegungen werden im Alltagstrubel oft vergessen oder schlichtweg nicht bedacht, obwohl sie kaum Kosten verursachen.

Heißen Sie Ihren neuen Mitarbeiter an seinem ersten Arbeitstag willkommen oder sorgen Sie dafür, dass Ihr Ausbilder ausreichend Zeit dafür hat. Ein freundlicher Empfang, ein paar nette Worte nehmen dem Jugendlichen die erste Nervosität vor seinem Start ins Berufsleben. Empathie ist in diesem Fall angesagt und der erste Eindruck zählt.

Überlegen Sie, welche Unterstützung Sie gerne an Ihrem ersten Arbeitstag hätten. Wie sollen Ihnen die MitarbeiterInnen begegnen? Was würde Ihre Aufregung lindern?

In Coachingprozessen hat sich gezeigt, dass Information, sofern sie nicht zu allumfassend ist, Menschen Sicherheit gibt. Das gilt auch für Ihren Auszubildenden. Lassen Sie ihn nicht allein da stehen. Stellen Sie ihm die wichtigsten Ansprechpersonen vor, zeigen Sie ihm seinen Arbeitsplatz und – Schmunzeln erlaubt! – zeigen Sie ihm den Weg zur Toilette.

Es ist kein seltenes Phänomen, wie Lehrlinge berichten, dass sie im neuen Unternehmen an ihren Arbeitsplatz geführt werden, dort einen ersten Arbeitsauftrag erhalten und für den weiteren Tag auf sich allein gestellt sind. Je nach Betriebsgröße kann der Weg zur Kantine oder Toilette dann zu einem längerfristigen Projekt ausarten und in einem „Wo warst Du so lange?" des Ausbilders münden.

Alle anderen wichtigen Informationen haben sich in Form einer Lehrlingsmappe als nützlich erwiesen. Diese können sowohl die Azubis, als auch ihre Eltern oder Erziehungsberechtigten abseits vom Stress des ersten Tages durchlesen. Um Verständigungsproblemen vorzubeugen oder einfach nur als besonderer Service könnte diese Mappe oder eine kurze Zusammenfassung der wichtigsten Punkte auch in der Muttersprache des neuen Auszubildenden vorbereitet sein.

Während das soeben genannte vermutlich in die Rubrik „Ist-ja-klar" einzuordnen ist, sind die in weiterer Folge genannten Techniken und Maßnahmen zwar meistens bekannt, aber noch nicht selbstverständlicher Bestandteil der Unternehmenskultur.

Um Gefühle der Benachteiligung von Auszubildenden mit Migrationshintergrund sowie Vorurteile von Personen ohne solchen abzubauen werden in vielen Betrieben Diversity Trainings angeboten. Im Wesentlichen kann man diese Trainings in zwei Arten teilen. Einerseits werden Maßnahmen zur Sensibilisierung für die Herkunftskulturen der anderen ergriffen. Diese „Awareness-Trainings" (Dippel 2007, S. 5) oder interkulturellen Trainings sorgen hier für besseres Verständnis und ein gelungenes Miteinander im Arbeitsalltag (vgl. Deutsches Jugendinstitut e .V. 2008, S. 52).

In diesen Workshops lernen die Teilnehmer die Lebensumstände ihrer Kollegen kennen, erfahren etwas über die Werte ihrer Kulturen und können so neue Erkenntnisse gewinnen. Gemeinsamkeiten und Unterschiede zu erarbeiten ermöglicht besseres gegenseitiges Verstehen der Lebenswelt des Gegenübers. In offenen Gesprächen können so Missverständnisse ausgeräumt werden und gefühlte Benachteiligung angesprochen werden. Das Miteinander wird gestärkt. So kann der tägliche Arbeitsalltag in vielen Bereichen erleichtert werden.

Der zweite Bereich umfasst „Skill-Building-Maßnahmen" (Dippel 2007, S. 6). Diese beinhalten den Erwerb konkreter Fähigkeiten, wie zum Beispiel der Verbesserung der interkulturellen Kommunikation oder Konfliktbewältigung.

Weitere betriebliche Maßnahmen, die die Ausbildung unterstützen und die Akzeptanz der Vielfalt im Unternehmen fördern, sind Besprechungen der Arbeitsergebnisse, innerbetrieblicher Unterricht für alle Auszubildenden, Prüfungsvorbereitung und die Möglichkeit des Erwerbs von Zusatzqualifikationen.

Sollten Sie derartige Seminare in Ihrem Unternehmen für Ihre Auszubildenden durchführen, bedenken Sie bitte auch, dass in der Planung und Durchführung auf die jugendliche Zielgruppe Rücksicht genommen wird. Ein Seminarkonzept für Erwachsene kann wunderbar geplant, durchdacht und angewendet werden. Von ihren Lehrlingen kann es aber als furchtbar mühsam und langweilig beurteilt werden. Gerade im Bereich der Lehrlingsausbildung gibt es bereits spezielle Angebote von Bildungseinrichtungen, die auf diese Zielgruppe zugeschnitten sind.

Nehmen Sie externe Angebote wahr, sollten Sie im Vorfeld ein paar Minuten aufwenden und mit ihrem Auszubildenden darüber sprechen. Eventuelle Unlust kann auch einfach nur Nervosität und Angst vor der unbekannten Situation überspielen. Lehrlinge haben meistens zu Beginn der Ausbildung keine oder nur wenig Seminarerfahrung.

Viele Betriebe haben dazu die bedarfsorientierte Förderung von Grundfertigkeiten wie Lesen, Schreiben und Rechnen sowie Deutschkurse im Portfolio (vgl. Deutsches Jugendinstitut e .V. 2008, S. 56).

Am häufigsten führen Betriebe Besprechungen von Arbeitsergebnissen und Prüfungen mit ihren Lehrlingen durch. Auch Maßnahmen zur Förderung der Teamarbeit gehören in vielen Unternehmen bereits zum Alltag (vgl. BIBB Report 2013, S. 9).

„Grundsätzlich werden häufiger Maßnahmen durchgeführt, wenn unter den neuen Auszubildenden ausschließlich Jugendliche mit Hauptschulabschluss sind. Dies gilt bis auf die unternehmensnahen Dienstleistungen und die Großbetriebe für alle Branchen und Betriebsgrößenklassen" (BIBB Report 2013, S. 10).

Mentoring-Programme für Lehrlinge unterstützen die Eingliederung in den Betrieb und das Kennenlernen der formellen und informellen Unternehmensstrukturen. Inhaltliche Themen sind unter anderem, den Berufsanfänger in bestehende Netzwerke einzuführen und praktische Tipps für das Erreichen beruflicher Ziele zu geben, um so die Mentees an die jeweilige Unternehmung zu binden (vgl. Dippel 2007, S. 5).

Besondere Aufmerksamkeit verdienen spezielle Motivationsprogramme für Auszubildende. Während Herzbergs klassische Hygienefaktoren (vgl. Herzberg et al. 1959) wie Entlohnung, Arbeitssicherheit, das Arbeitsklima und die Sicherheit des Arbeitsplatzes sowie die Arbeitsbedingungen für den Auszubildenden eher selbstverständlich scheinen, so gilt es, den speziellen Motivatoren mehr Aufmerksamkeit zu schenken. Ein abwechslungsreicher Arbeitsinhalt, die Anerkennung von (auch kleinen) Erfolgen und die Übertragung von Verantwortung führen zu einem Wachstum der Persönlichkeit und erhöhen die Leistungsbereitschaft.

Die Möglichkeit zur Teilnahme an internen, regionalen, nationalen oder gar internationalen Lehrlingswettbewerben steigern ebenso die Motivation und die Arbeitszufriedenheit wie die Teilnahme an Projekten, in denen Lehrlinge ihre Berufsausbildung und ihren Ausbildungsbetrieb vorstellen und repräsentieren dürfen.

Die Auszubildenden werden dabei zu Multiplikatoren und erhöhen die Attraktivität Ihres Unternehmens, das sie bei diesen Veranstaltungen vertreten dürfen.

Doch auch, wenn Ihr Auszubildender nicht an derartigen Veranstaltungen teilnimmt, so kann das einfache Übertragen von Verantwortung das Selbstbewusstsein des jungen Mitarbeiters erheblich stärken.

Hier ein Beispiel aus der Praxis

Ein Lehrlingsausbilder hat seinen Azubi zum „Werkzeugverantwortlichen" ernannt. Seine Aufgabe bestand darin, jeweils kurz vor Arbeitsende, alle Werkzeuge einzusammeln, auf Funktionalität und Vollständigkeit zu überprüfen und in die Werkzeugschränke einzuräumen. Diese Maßnahme führte dazu, dass der Jugendliche mit Sorgfalt und Begeisterung seiner Verantwortung nachkam. Er war einfach stolz darauf, diese Verantwortung übertragen bekommen zu haben.

Ihrer Kreativität sind dabei keine Grenzen gesetzt. Alle Maßnahmen, die ein besseres gegenseitiges Verständnis und ein gutes Miteinander fördern und erhalten, sind erlaubt und wirken sich positiv auf Ihre Auszubildenden und auf Ihr Unternehmen aus:

Die Implementierung einer oder mehrerer Diversity-Maßnahmen fördert eine Kultur der Wertschätzung und des gegenseitigen Verständnisses im Unternehmen. Dieses positive Arbeitsklima steigert die Motivation und generiert zufriedene MitarbeiterInnen, deren Leistung direkt Ihrem Unternehmen zugutekommt.

Ein motivierter Lehrling, der Anerkennung und Wertschätzung seiner Person erfährt, wird mit Freude die Bereitschaft zeigen, Neues zu lernen, sich mit Ihrer Firma identifizieren und als künftige Fachkraft für den wirtschaftlichen Erfolg Ihres Betriebes seinen Beitrag leisten.

Der zu Beginn stehende „Clash of Culture" erfährt damit eine Umwandlung zur „Culture of Cooperation".

7.7   Über die Autorin

Verena Olsacher MSc ist selbstständige akademische psychosoziale Beraterin mit den Schwerpunkten Jobcoaching, Burn-out-Prävention und Krisenintervention.

Ihre Expertise baut auf ein Masterstudium der Beratungswissenschaften und des Managements sozialer Systeme, mit dem Schwerpunkt psychosoziale Beratung, und einer vielfältigen beruflichen Laufbahn im Human-Resources-Bereich auf. Zusätzlich kann sie auf 15 Jahre Erfahrung als Trainerin und Energetikerin zurückgreifen, mit den Kernbereichen Betriebliche Gesundheitsförderung, Stressmanagement und Burn-out-Prävention.

In ihrer Tätigkeit als Trainerin, Coach und Lehrlingsausbilderin des Wirtschaftsförderungsinstitutes der Wirtschaftskammer Österreich, wo sie in Kooperation mit dem Arbeitsmarktservice Lehrlinge/Auszubildende im Rahmen der Überbetrieblichen Ausbildung bei der Lehrstellensuche und im Bewerbungsprozess begleitet, ist sie mit den Herausforderungen der stetig wachsenden Bedeutung von Diversity kontinuierlich in Kontakt.

Sowohl im Kontext mit den Auszubildenden als auch im unternehmerischen Alltag sind ihr praxisorientiertes Handeln und humorvolle Wissensvermittlung ein großes Anliegen, um so ihre KundInnen und KlientInnen optimal in der jeweiligen Situation zu unterstützen.

Mehr über Verena Olsacher finden Sie unter www.olsacher.com.

Literatur

Amstutz, N., & Müller, C. (2013). Diversity management. In T. M. Steiger & E. Lippmann (Hrsg.), *Handbuch Angewandte Psychologie für Führungskräfte* (S. 775–796). Berlin: Springer.

Bertelsmann Stiftung. (Hrsg.). (2015). *Übergänge mit System. Rahmenkonzept für eine Neuordnung des Übergangs von der Schule in den Beruf.* Gütersloh: Verlag Bertelsmann Stiftung.

BIBB Report. (2013). *Jugendliche mit Hauptschulabschluss in der betrieblichen Berufsausbildung: Wer bildet sie (noch) aus, welche Erfahrungen gibt es und wie können ihre Chancen verbessert werden?* (Issue Brief No. 22). Bonn: Bertelsmann.

Bundesministerium für Bildung und Forschung. (2015). *Berufsbildungsbericht 2015.* Berlin: BMBF.

Deutsches Jugendinstitut e. V. (2008). *Online-Befragung von Ausbildungsbetrieben zum Thema: Interkulturelle Zusammenarbeit von Auszubildenden. Ergebnisse einer empirischen Untersuchung.* München.

Dippel, A. von (2007). Diversity Management Good Practice Maßnahmen in der Wirtschaft. http://www.idm-diversity.org/files/infothek_vdippel_massnahmen.pdf.

Herzberg, F., Mausner, B., & Snyderman, B. B. (1959). *The motivation to work* (2. Aufl.). New York: Wiley.

Köppel, P. (2010). *Diversity Management in Deutschland 2011: Ein Benchmark unter den DAX 30-Unternehmen.* Parsdorf: Synergy Consult.

Olsacher, V. (2015*). Erfolgsfaktoren des Betreuungssystems in der überbetrieblichen Ausbildung. „Die ideale Mischung", Masterthesis, Sigmund Freud Privatuniversität.* Wien.

Pätzold, G. (2008). Übergang Schule – Berufsausbildung. In W. Helsper & J. Böhme (Hrsg.), *Handbuch der Schulforschung* (S. 593–610). Wiesbaden: VS Verlag.

Schlippe, A., & Schweitzer, J. (2013). *Lehrbuch der systemischen Therapie und Beratung I: Das Grundlagenwissen.* Göttingen: Vandenhoeck & Ruprecht GmbH & Co.KG.

Familie und Beruf unter einen Hut – ein Kernthema für gelebte Diversity

Eva-Maria Popp

Zusammenfassung

Die Vereinbarkeit von Familie und Beruf ist ein wichtiger Punkt in Sachen Diversity, ein wesentlicher Erfolgsfaktor für Unternehmen und gewinnt zunehmend an Bedeutung. Allerdings wird dieses Thema immer noch sehr vielschichtig diskutiert und ist mit vielen Vorurteilen besetzt, die sich bei objektiver Betrachtungsweise nicht halten lassen. Der vorliegende Beitrag gibt Denkimpulse und zeigt Voraussetzungen auf, die beachtet werden müssen, damit eine Vereinbarkeit von Familie und Beruf sowohl im Unternehmen als auch in den betroffenen Familien funktionieren kann.

Inhaltsverzeichnis

E.-M. Popp (✉)
basic erfolgsmanagement, Ringstraße 26, 84347 Pfarrkirchen, Deutschland
E-Mail: popp@basic-erfolgsmanagement.de

© Springer Fachmedien Wiesbaden 2016
P. Buchenau (Hrsg.), *Chefsache Diversity Management*,
DOI 10.1007/978-3-658-12656-8_8

8.1   Präambel

Wir schreiben das Jahr 2016 und immer noch ist die Vereinbarkeit von Familie und Beruf ein Thema, an dem sich die Gemüter spalten.

Ein Thema, das…

…heiß diskutiert wird,

…die Gesellschaft in Befürworter und Gegner trennt.

Dabei steht schon lange fest: Bei einem Nichtgelingen der Vereinbarkeit von Familie und Beruf wird das wirtschaftliche Wachstum beschränkt bzw. sogar in Gefahr gebracht, da der Fachkräftemangel dramatisch ansteigen wird.

Für die Kinder bedeutet eine vereitelte Vereinbarkeit von Familie und Beruf, dass ihre frühe Sozialisation in eine großfamilienähnliche Struktur, die ihnen genügend Entwicklungsimpulse für ein frühes ganzheitliches soziales Lernen schenkt, verhindert wird.

Für die Mütter und Väter bedeutet ein Nichtgelingen der Vereinbarkeit von Familie und Beruf verzögerte oder verhinderte Karrierechancen, was wiederum einer selbstbestimmten Lebensplanung im Weg steht.

Immer noch gibt es Bundesländer, wie den Freistaat Bayern, die eine sogenannte Herdprämie zahlen. Das bedeutet, dass Familien mit einem Betrag von 100 € pro Monat belohnt werden, wenn sie die Kleinen zu Hause betreuen und diese keine Kinderkrippe besuchen.

Noch schlimmer finde ich, dass sogar die Erzieherinnen in den Kinderkrippen selbst, teilweise ihre Auftraggeberinnen, die Mütter ihrer Schützlinge als Rabenmütter bezeichnen und mit Unverständnis auf deren Lebensentwurf Kind *und* Karriere reagieren. Diese diskreditierenden Aussagen höre ich bei meinen Fortbildungen für Erzieherinnen immer wieder und finde sie besonders tragisch. Sie zeigen auf tragische Art und Weise, dass die Vereinbarkeit von Familie und Beruf noch weit entfernt ist vom Normalitätsprinzip.

Und das alles 90 Jahre, nachdem die legendäre österreichische Architektin Margarete Schütte-Lihotzky Geschichte geschrieben hat mit ihrem Entwurf der berühmten Frankfurter Küche, die noch heute als Vorzeigemodell gilt, wenn es um Gesellschaft und Design geht und als wichtiges Zeitzeugnis für den frühen Anspruch auf Vereinbarkeit von Familie und Beruf im Museum für Architektur und Design in Frankfurt steht. Was hat eine Architektin der Weimarer Republik mit der Vereinbarkeit von Familie und Beruf zu tun?

Sehr viel: Margarete Schütte-Lihotzky hat ihn erlebt, den 1. Weltkrieg und vor allem danach die Weimarer Republik. Sie war dabei, als die Frauen ihr Korsett abgelegt, die alten Zöpfe abgeschnitten und sich mit einem modernen Bubikopf zu den neuen Zeiten bekannt haben. Sie hat die Folgen des Krieges erlebt und hat das große Heer der Frauen gesehen, die als Kriegerwitwen in einer männerarmen Gesellschaft versucht haben, Kind und Karriere unter einen Hut zu bringen, weil sie es mussten! Arbeitende Frauen, auch in der oberen Gesellschaftsschicht, waren bis zum Ausbruch des 1. Weltkriegs mehr als undenkbar. Erst nach dem Zusammenbruch der alten Gesellschaftsordnung rückte das Undenkbare in den Fokus.

Diese Ereignisse hat die junge Margarete gesehen und die Zeichen der Zeit erkannt. Als Ergebnis und Antwort auf die Anforderungen ihrer Zeit, aber auch in weiser Vorausschau, hat sie 1926 ihre Frankfurter Küche entworfen, die erste Einbauküche mit kurzen Wegen und ideal für die schnelle und praktische Abwicklung des Kochens und Aufräumens.

Diese gescheite Frau, die in die Annalen der Architekturgeschichte, aber auch der Soziologie und des gesellschaftspolitischen Wandels eingegangen ist, hat es schon in den goldenen Zwanzigern des vergangenen Jahrhunderts vorausgesehen, dass die Hausfrau und Mutter, die den ganzen Tag zu Hause bleibt und sich um Kinder und Küche kümmert, ein Auslaufmodell darstellt.

Ihre Frankfurter Küche war ihre Antwort auf die neue Rolle der modernen, arbeitenden Frau im 20. Jahrhundert. Wie beschämend, dass wir nun, 90 Jahre später, immer noch über dieses Thema diskutieren und uns die Köpfe heißreden.

Zugegeben, das Thema Vereinbarkeit von Familie und Beruf ist in den Medien angekommen. Allerdings ist es noch weit entfernt vom Normalitätsprinzip und neuen, vor allem gelebten Werten.

Deshalb ist es *jetzt* an der Zeit, dass sich die Einstellung der deutschen Gesellschaft zum Thema Vereinbarkeit von Familie und Beruf ändert. Dazu müssen allerdings Begriffe wie „Rabenmutter" oder „Abschieben" aus dem Wortschatz der deutschen Sprache weichen.

Berufstätige Mütter und Väter brauchen…

…die Sicherheit, dass es in Ordnung ist, wenn sie Kind und Karriere unter einen Hut bringen,

…die Unterstützung der Gesellschaft in Form von Akzeptanz von berufstätigen Eltern,

…die Unterstützung der Politik in Form von akzeptablen und innovativen Familien ergänzenden Einrichtungen und Betreuungsmodellen,

…die Unterstützung der Arbeitgeber durch innovative Arbeitszeitmodelle und Arbeitsplatzregelungen und zugleich innovative innerbetriebliche Betreuungsangebote.

Teilweise finden diese Unterstützungsangebote durchaus statt. Allerdings verhindert das schlechte Gewissen der Mütter und Väter auf Seiten der Eltern und oftmals die Uneinsichtigkeit dem Thema gegenüber auf Seiten des mittleren Managements bei den Arbeitgebern die Wirksamkeit dieser Angebote.

8.2 Vereinbarkeit von Familie und Beruf im Kontext von wirtschaftlichen Faktoren

Es muss zu einem Umdenken in breiten Teilen der Gesellschaft und Wirtschaft kommen, sonst ist ein Kollaps der deutschen Wirtschaft nicht mehr abzuwenden, wenn man sich die aktuellen Arbeitsmarktzahlen betrachtet:

Diverse Fachleute sprechen von einem hohen Verlust durch den aktuellen Fachkräftemangel als Folge einer misslungenen Vereinbarkeit von Familie und Beruf, der in die

Milliarden geht und weit und breit ist keine Hilfe in Sicht. Außer der durchaus erkennbaren Bemühungen um die Vereinbarkeit von Familie und Beruf, die sich als Königsweg aus der hausgemachten Krise durch den akuten Fachkräftemangel ergibt.

Mit anderen Worten, es lohnt sich für die Unternehmen in eine familienfreundliche Unternehmenspolitik zu investieren. Allerdings müssen die Methoden und Maßnahmen strategisch durchdacht sein, damit sie ihre volle Wirkung zeigen können.

Neben den Hard Facts, wie die Schaffung neuer Arbeitszeitmodelle, ist vor allem die Investition in begleitende und unterstützende Maßnahmen der Eltern ein wichtiger Schritt. Denn „gelernte Eltern" fallen nicht vom Himmel. Je besser die Situation zu Hause klappt, umso früher nach der Geburt des Kindes sind Eltern bereit, ihre wertvolle Arbeitskraft wieder in den Dienst der Firma zu stellen. Vor allem müssen die Eltern stressfrei arbeiten können. Wer den Kopf nicht frei hat an seinem Arbeitsplatz, ist keine vollwertige Arbeitskraft.

Das rechtfertigt allemal, dass die Schulung von Eltern durch das Unternehmen eine sinnvolle Investition darstellt. Somit gehört das Stichwort Parents Coaching zu den aktuellsten und zugleich wirkungsvollsten Formen der Förderung von Vereinbarkeit von Familie und Beruf. Ein pragmatischer Ansatz, der einen hohen Return of Investment garantiert.

8.3   So gelingt die Vereinbarkeit von Familie und Beruf

8.3.1   Parents Coaching – eine wirkungsvolle unternehmerische Maßnahme

Deutschland, deine Rabenmütter – das große Missverständnis
Wird der Begriff Rabenmutter in einem etymologischen Wörterbuch (16./17. Jahrhundert) auf seine Herkunft hin gecheckt, erkennt man, dass er sich auf die früher verbreitete Ansicht stützt, dass der Rabe sich wenig um seine Jungen kümmere. Wenn er sie nicht mehr füttern will, stoße er sie aus dem Nest.

Ein ornithologischer Trugschluss mit Folgen, der durch die Übersetzung des Alten Testaments und die entsprechende Interpretation von Luther in unserer Sprache und in unseren Köpfen fest verankert wurde!

Der Begriff Rabenmutter ist ein Wort, welches es bezeichnenderweise nur in der deutschen Sprache gibt. Viel benutzt, viel diskutiert, sehr umstritten und vor allem sehr wertend, um nicht zu sagen abwertend.

Diese Wertung ist in negativer Weise dafür verantwortlich, dass in unserer Gesellschaft die Geburtenzahlen schon seit vielen Jahren rückläufig sind. So ist Deutschland laut der aktuellsten Zahlen des statistischen Bundesamts zum kinderärmsten Land in ganz Europa geworden!

Rabenmutter – eine Beleidigung für die arbeitende Mutter, eine Schmach und eine überaus große Demütigung. Im Umkehrschluss werden daraus eine Schmeicheleinheit und ein Lob für die Mutter, die zu Hause bleibt. Sie macht alles richtig…oder?

Ist denn aber das Gegenteil einer „Rabenmutter" – die „Gluckenmutter" – wirklich besser für die Entwicklung eines Kindes – für die Gesellschaft? Legt die übertriebene Fürsorge nicht sogar die Grundlagen für Probleme in der pubertären Identitätsfindung?

▶ Mit dem Begriff Rabenmutter würdigt unsere Gesellschaft ein sehr wichtiges Thema – die Vereinbarkeit von Familie und Beruf – zu einer Verurteilung herab, die nur in der Polarität diskutiert wird. Richtig oder falsch, schwarz oder weiß, gut oder böse, schädlich für das Kind oder gut, schädlich für die Gesellschaft oder lobenswert.

Und vor allem: Es ist nur eine Sache der Frauen, den Begriff des Rabenvaters hört man so gut wie nie und wenn, dann in einem anderen Zusammenhang! Schließlich wird von Vätern – im Gegensatz zu den Müttern – noch immer nicht in gleicher Weise erwartet, dass sie sich unmittelbar um ihre Kinder kümmern!

Und es wissen immer die anderen vermeintlich besser, was gut ist. Die Beteiligten, die Protagonisten, die Mütter und Väter werden nicht wirklich nach ihrer Meinung gefragt und so steht die alles entscheidende Frage im Raum:

8.3.2 Können sich Frauen und Männer wirklich frei entscheiden, wie sie ihre Familien- und Karriereplanung gestalten wollen?

Die freie Entscheidung jedoch ist die wichtigste Voraussetzung für eine störungsfreie Erziehungs- und Lebensarbeit.

Sowohl das schlechte Gewissen der arbeitenden Mutter, als auch die Unzufriedenheit der Mama, die sich in den eigenen vier Wänden um die Kinder kümmert, ausgelöst durch die unsensible Bemerkung einer Nachbarin, sie sei ja *nur* Hausfrau, verhindern eine freie Entscheidung auf der ganzen Linie. Ganz zu schweigen vom Papa, der im Job mit Volldampf und unter Dauerstress Karriere macht und sich im neunmalklugen Journal einer renommierten Elternzeitschrift vorhalten lassen muss, wie wichtig die anwesenden Väter in der Erziehung der Kinder seien. So steigt auch bei ihm der Frustpegel. Er will ja gerne früher nach Hause kommen, er will sich so gerne um seine/n Kleinen kümmern, aber der Chef spielt da nicht immer mit. Kommt er dann endlich nach Hause, sieht er schon am vorwurfsvollen Blick seiner Ehefrau, dass er wieder einmal einen Fehler gemacht hat.

Nun hat er eine Stinkwut auf den Chef, ein schlechtes Gewissen gegenüber dem Kleinen und Ärger und ein schlechtes Gewissen gegenüber seiner Frau.

Diese Kette an ähnlich gelagerten Beispielen lässt sich endlos fortsetzen. Das ist traurig, aber wahr. Fatal ist, dass die Gefühle, die dadurch entstehen, der unheilvolle Nährboden für viele Erziehungsfehler im Verhältnis zu unseren Kindern, Kommunikationsstörungen im Verhältnis zwischen den Eltern und Ehepaaren und nicht zuletzt in der Arbeit sind.

8.3.3 Fazit

Wie der Begriff Rabenmutter auf einem Missverständnis der Ornithologie beruht, bezieht sich auch die Erziehungswissenschaft auf uralte Vorurteile, die historisch und soziologisch bedingt sind, wenn sie die permanente Anwesenheit der Mutter in Bezug auf die Erziehung der Kinder fordert.

Diese Missverständnisse müssen aufgeklärt werden.

Familien- und Karriereplanung *muss entmystifiziert* werden.

Familien- und Karriereplanung *muss wertfrei diskutiert* werden.

Familien- und Karriereplanung *muss* eine Sache der *freien Entscheidung* aller Beteiligten sein.

Erst dann kann die Vereinbarkeit von Familie und Beruf gelingen.

Außerdem bedarf es zahlreicher Veränderungen, sowohl in der Arbeitswelt als auch der Organisation der Familien ergänzenden Einrichtungen, um Karriere und Familie möglich zu machen.

Zu guter Letzt sind es Hilfestellungen in Erziehungsfragen, die die jungen Eltern unterstützen und in ihrem Tun selbstsicher machen. Diese Selbstsicherheit verhilft den Eltern zu einem souveränen Umgang in Sachen Karriere und Familie.

8.4   Wissenswertes für berufstätige Eltern

Die ständige Anwesenheit der Mutter für Kleinkinder ist nicht notwendig, wenn liebevolle Erziehungspersonen zeitweise die Betreuung übernehmen. Da der Mensch zur Gattung der „Rudeltiere" gehört ist es „artgerecht" in einer Gruppe aufzuwachsen, statt in einer Zweierbeziehung Mutter oder Vater/Kind.

Durch den Aufenthalt eines Säuglings und Kleinkinds in einer Gruppe werden wichtige Weichen in der frühkindlichen Entwicklung gestellt.

Diese Einsicht nimmt den arbeitenden Eltern das schlechte Gewissen, was wiederum die absolute *Voraussetzung* für eine freie Entscheidung und eine gute Eltern-Kind-Beziehung ist.

Nur wenn Mütter diese These verstehen und für sich adaptieren, kann die Vereinbarkeit von Familie und Beruf wirklich gelingen.

Arbeitende Mütter und Väter müssen erst lernen, sich zu organisieren und optimal zu kommunizieren, damit die Vereinbarkeit von Familie und Beruf gelingen kann.

Ähnlich wie das Projektmanagement in modernen Unternehmen der Schulung bedarf, damit sowohl das Zeitmanagement als auch der Kommunikationsaustausch funktioniert, bedürfen die Partner eines „kleinen Unternehmens" namens Familie einer speziellen Schulung:

- Kommunikation für Eltern
- Zeitmanagement für Eltern
- Vom richtigen Umgang mit Erziehungspersonal – Au Pair, Tagesmutter, Ersatzoma, das Grannymodell

- Agenturen für Erziehungspersonal
- Ausnahmen bestätigen die Regel – das kranke Kind
- Schwierige Erziehungssituationen meistern
- Trotz, Trödeln, Klammern, Eifersucht
- Abschiedsrituale
- Vorbereitung für den ersten Gang zur Krippe und Kindergarten

Diese Inhalte und Themen sollten vom Unternehmen innerhalb eines *Parents-Coaching-Programms* in verschiedenen Formen angeboten werden:

- Seminare und Praxisworkshops
- Coachingeinheiten
- Hotline

Eine weitere Forderung an die Arbeitgeber ist die flexible Gestaltung der Arbeitszeiten:

Vereinbarkeit von Familie und Beruf kann nur gelingen, wenn sich die Arbeitswelt den aktuellen Gegebenheiten anpasst. Der klassische 8-Stunden-Arbeitstag ist ein Auslaufmodell und ein Relikt aus dem industriellen Produktionszeitalter.

Mit neuen und flexiblen Modellen gelingt Vereinbarkeit von Familie und Beruf hervorragend und Arbeitnehmer und Arbeitgeber gewinnen auf beiden Seiten:

- Familienfreundliche Arbeitsformen
- Familienfreundliche Arbeitszeitmodelle
- Familienfreundliche Kommunikationsformen
- Familienfreundliche Unternehmenspolitik.

8.5   Forderung an die Politik

Die Politik muss mit der Schaffung innovativer Formen von Familien ergänzenden Einrichtungen dazu beitragen, damit die Vereinbarkeit von Familie und Beruf gelingen kann:

- Anzahl der Familien ergänzenden Einrichtungen erhöhen
- Nähe zum Wohnort schaffen
- Übertragene Öffnungszeiten
- Übernachtungsgelegenheiten für die Kinder
- Altersgemischte Gruppen, damit Geschwisterkinder zusammen bleiben
- Verbesserte Ausbildungssituation der ErzieherInnen
- Mehr männliche Erzieher.

Gesellschaft und Politik haben die Pflicht berufstätigen Eltern „Normalität" zu bescheinigen. Berufstätige Eltern müssen die Norm werden.

Das ist die Voraussetzung dafür, dass sie sich auch normal fühlen und mit einem guten Gefühl alle Herausforderungen, die die Vereinbarkeit von Familie und Beruf mitbringt, gut meistern zu können.

- Signalwirkung von Gesetzesentwürfen und Gesetzen! (negative Beispiele sind Herdprämie und Elterngeld),
- Signalwirkung von oft verwendeten Redewendungen in Bezug auf die Vereinbarkeit von Familie und Beruf.

8.6   Exkurs

Erfolg mal anders betrachtet!

Gerade beim Thema *Vereinbarkeit von Familie und Beruf* ist der messbare Erfolg noch sehr indifferent. Deshalb wird dieses Thema in der Gesellschaft und einigen Führungsetagen teilweise immer noch nicht ernst genommen.

Aus diesem Grund ist eine andere, philosophische Betrachtungsweise zum Thema Erfolg von Maßnahmen zur Vereinbarkeit von Familie und Beruf durchaus angebracht:

Ist es Erfolg, wenn möglichst viele Mütter und Väter nach der Babypause wieder arbeiten?

Ist es Erfolg, wenn das Zusammenleben in der Familie reibungslos klappt?

Ist er Erfolg, wenn die Anzahl der Kinderbetreuungseinrichtungen steigt?

In diesem Zusammenhang ist es interessant, sich die Gedanken des heiligen Jacobus zum Thema Erfolg zu betrachten: Wussten Sie, dass sich bereits Jacobus mit dem Thema Erfolg auseinandergesetzt hat?

Sie werden sich wundern, welche modernen Gedanken diesen altehrwürdigen Vertreter der Kirche bewegen. Erfolg ist für Jakobus in 3 Kategorien eingeteilt:

Die Eigenverantwortung

Wenn ein Vorhaben nicht vom erwünschten Erfolg gekrönt wird, ist es unverzichtbar, offen und ehrlich zu reflektieren. Wer ist schuld? Immer der andere? Nein! Suchen Sie die Gründe für ein Scheitern immer bei sich! Hüten Sie sich davor, die Verantwortung an andere abzugeben. So bringen Sie sich um wichtige Gedanken und wichtige Hinweise und Informationen.

In die Tat umsetzen

Gedanken und Ideen sind nur so gut wie ihre Umsetzung.

Dazu ist es notwendig, die Arbeitsweise zu differenzieren. Wenn Sie nach Strategien für Ihre erfolgreiche Unternehmungen suchen, dann bedarf das kreativer Techniken, die allerdings auf Hard Facts beruhen.

Wenn es um die Umsetzung geht, sollten die Genauigkeit und vor allem die strenge Projektverfolgung im Vordergrund stehen.

Der Lohn des Erfolgs

Die Gedanken von Jacobus dazu sind sehr interessant. Jacobus formuliert sie im übertragenen Sinne folgendermaßen: „Erwarten Sie nicht den Lohn, den Sie verdient haben. Sie erhalten immer den Lohn, an den Sie glauben!"

Übertragen auf das Thema *Vereinbarkeit von Familie und Beruf* sollten diese Gedanken des heiligen Jacobus dazu beitragen, im Alltag Ihren Erfolg differenziert zu betrachten.

Wenn es noch nicht klappt mit der *Vereinbarkeit,* sei es im Unternehmen, sei es in der eigenen Familie, dann liegt es *an uns* und nicht an der großen Politik, an der Gesellschaft, am Chef, am Ehemann/-frau oder an den Kindern!

Mein Fazit

Auch die Vereinbarkeit von Familie ist eine Sache des eigenen Glaubens, der eigenen Einstellung.

Wenn jeder an seiner Funktionsstelle beginnt, seine Einstellung zu verändern und umzusetzen, wird der Weg für die schrittweise *Vereinbarkeit für Familie und Beruf* nach dem Prinzip der kleinsten Schritte von Erfolg gekrönt sein!

> **Zusammenfassung**
>
> - Die Vereinbarkeit von Familie und Beruf ist ein wichtiger Baustein einer funktionierenden Wirtschaft und Gesellschaft.
> - Sie geht alle an.
> - Es ist die Pflicht von uns allen, uns um dieses Thema zu kümmern.

8.7   Über die Autorin

Eva-Maria Popp
Jahrgang 1958, 3 erwachsene Kinder.

Diplom-Pädagogin Univ., zusätzlich Studium der Psychologie, Kommunikation, Theologie.

Seit 30 Jahren als Unternehmensberaterin und Coach für eine internationale Klientel tätig.

Keynote Speakerin.

Autorin zahlreicher Bücher.

Eigene wöchentliche Kolumne zum Themenkomplex Lebensglück in der Zeitschrift Neue Post mit monatlich 2,6 Mio. Leserinnen.

Chefredakteurin der Zeitschrift „WIA – Wohlfühlen im Alter".

Als Expertin für psychologisch und gesellschaftlich relevante Themen in großen Printmedien, wie Neue Post, Closer, People, bunte.de, aber auch im Hörfunk und Fernsehen sehr präsent.

Mehr Infos unter www.basic-erfolgsmanagement.de/.

Diversity Marketing

9

Notwendigkeit, Chancen und Risiken bei der Einbindung von Diversity Management in Marketing und Kommunikation eines Unternehmens

Tamara Schuster-Zulechner

Zusammenfassung

Das Thema Diversity Management stellt einen wichtigen Erfolgsfaktor für jedes zeitgemäße Unternehmen dar, ist jedoch noch immer vorrangig eine Angelegenheit der Human-Ressources-Abteilungen. Die Hauptgründe dafür sind ein besserer Zugang zu potenziellen Talenten und eine erhöhte MitarbeiterInnenbindung. Die für den Mitarbeiterbereich gültigen Vorteile der Einbindung von Diversity Management in die Organisationsstruktur sind entsprechend auch für das Marketing und die Unternehmenskommunikation, sowie das Erreichen von Zielgruppen gültig. Demografischer Wandel, differenzierte Lebensstile, ethnisch-kulturelle Vielfalt, veränderte Geschlechterrollen und Werte führen zu einer neuartigen Diversität im Gesamtmarkt und erfordern optimierte Strategien in der Marketingkommunikation. Stereotypisierung im Massenmarketing kann mit steigender Tendenz zur Individualisierung der Bevölkerung rückläufige Entwicklungen der Verkaufszahlen und Markenwerte und schwerwiegende defizitäre Folgen haben. Neue Zielgruppendefinitionen, eine adäquate Ansprache dieser und die adaptierte Umsetzung der Kommunikationsmaßnahmen sind heutzutage unumgänglich. Chefsache Diversity Marketing liefert, unter Berücksichtigung des aktuellen, sozialwissenschaftlichen Forschungsstandes, Einblicke in Handlungsempfehlungen für die Implementierung von erfolgreichem Diversity Marketing, welche Risiken zu beachten sind und welche außergewöhnlichen Unternehmenschancen dieser Ansatz in Kommunikation und Werbung schafft.

T. Schuster-Zulechner (✉)
vollkommunikativ, Primelweg 1, 2384 Breitenfurt bei Wien, Österreich
E-Mail: tamara@vollkommunikativ.at

© Springer Fachmedien Wiesbaden 2016
P. Buchenau (Hrsg.), *Chefsache Diversity Management*,
DOI 10.1007/978-3-658-12656-8_9

Inhaltsverzeichnis

Beispiel

Szene 1: Oh mein Gott, die Schwiegereltern kommen überraschend auf einen Sonntagsnachmittagskaffee vorbei. Die groß gewachsene, schlanke, junge, hübsche und erfolgreiche Frau legt ihr Smartphone zur Seite und blickt erstaunt ihren charismatischen, attraktiven und durchtrainierten Mann an, der gerade am kuscheligen Sofa sitzt und die Tageszeitung liest. Er versteht ihren Blick sofort. Der Golden Retriever muss noch schnell gebürstet werden und das Altpapier im dafür vorgesehenen Container neben dem Einfamilienhaus entsorgt werden.

Szene 2: Das kleine blonde Mädchen und ihr ca. zwei Jahre älterer Bruder räumen rasch die Spielsachen in die bunten Boxen und streichen die Bettdecken wieder glatt. Die Dinosaurier, mit denen sie zuvor am Bett eine Vorzeitszene nachgespielt haben, finden auch noch Platz im Schrank.

Szene 3: Noch bevor es an der Tür klingelt, sieht der Mitte dreißig jährige Familienvater und Ehemann die silberne Limousine seiner Eltern vorfahren und öffnet ihnen sogleich die Haustür. Der fesche Mittsechziger und seine gleichaltrige, aber junggebliebene Ehefrau, die der Dame des Hauses einen bunten Frühlingsstrauß und eine Schachtel Pralinen mitgebracht haben, steigen aus dem Wagen aus und betreten, nachdem sie den hübschen Vorgarten bestaunt haben, den durchgestylten, geräumigen Flur des schönen Eigenheims. Natürlich entgeht ihnen nicht der köstliche Duft des frischgebackenen Kuchens, der sich bereits auf feinstem Porzellan am stilvoll gedeckten Esstisch für 12 Personen befindet.

Abbinder, Claim und Logo.

Kuchenwerbung? Fernsehspot für einen Wohnfinanzierungsanbieter? Möbelgroßhandelswerbespot? Imagespot für Premiumfahrzeugmarke? Markenkampagne für einen Versicherungsanbieter?

Bei dem oben angeführten Text handelt es sich um ein frei erfundenes Storyboard für einen Fernsehspot. Der Abbinder und das Logo sind in dem genannten Beispiel, bei allem gebührenden Respekt den werbetreibenden Unternehmen gegenüber, austauschbar – die Schauspieler und die heile Welt, die dargestellt wird, in vielen Fällen (noch) nicht.

So oder so ähnlich arbeiten immer noch viele Unternehmen über die Kanäle der Massenkommunikation, wenn sie ihre Marke oder ihre Produkte ihrer Zielgruppe gefällig machen wollen. Allzu oft sind die gezeigten Szenen und Protagonisten fernab der Realität und somit auch fernab der Masse.

Natürlich darf Werbung überspitzen und polarisieren. Die alles entscheidenden Fragen sind jedoch: Wie groß ist der Anteil an der Zielgruppe jenes Unternehmens, die sich im 21. Jahrhundert noch von diesem 25-Sekunden-Filmchen angesprochen fühlt? Strebt die Zielgruppe das geschilderte Familienbild an? Spiegelt die Zielgruppe diese soziale und finanzielle Konstellation? Oder verfehlt die Botschaft in Wort und Bild gar vollkommen das Ziel und die Zielgruppe distanziert sich verärgert von den Produkten dieses Unternehmens oder gar der kompletten Marke?

Der verantwortungsvolle Umgang mit dem Thema Diversity im Marketing und in der externen Unternehmenskommunikation sollte heutzutage obligatorisch sein und wird modernen Unternehmen ein imposantes Potenzial in der Stärkung der Marke und an wirtschaftlichem Erfolg bringen.

9.1   Diversity und Diversity Management

Die unterschiedlichen Verwendungen der Begrifflichkeiten Diversity und Diversity Management im nahezu täglichen Gebrauch der verschiedenen Medien und Institutionen machen zunächst eine Definition und Eingrenzung der Begriffe notwendig.

Diversity (aus dem Englischen für Vielfältigkeit, Diversität) wird in der Soziologie zur Differenzierung und Anerkennung von Gruppen und deren individuellen Merkmalen benutzt. Im deutschsprachigen Raum werden oftmals synonym die Begriffe Vielfalt und Diversität verwendet. Folgende Dimensionen werden zur Betrachtung herangezogen: Kultur (Ethnie), Alter, Geschlecht, sexuelle Orientierung, Behinderung und Religion (Weltanschauung) (vgl. Weißbach und Kipp 2004).

Im Bereich des Mitarbeitermanagements wird außerdem zwischen primären und sekundären Dimensionen unterschieden. Unter den primären Dimensionen werden sichtbare Merkmale verstanden, auch „surface level" genannt. Die sekundären Dimensionen beziehen sich auf unsichtbare Merkmale oder den „deep-level", welche Wertehaltungen, Einstellungen und Erfahrungen beinhalten (vgl. Caspar et al. 2013).

Während also der Begriff Diversity die Unterscheidung und Anerkennung von Gruppen bezeichnet, wird der Begriff Diversity Management als die Einbindung des Verständnisses von Vielfalt und den Diversitätsdimensionen in das Unternehmensverhalten bezeichnet. Bereits in den 1990er-Jahren zitiert Cox, dass die Planung und Implementierung von organisationellen Systemen und Praktiken rund um das Thema Diverstity Management wichtig sind, um Mitarbeiter optimal zu führen und deren potenzielle Vorteile von Diversity für das Unternehmen zu nutzen. Zeitgleich, so Cox, können mögliche Nachteile minimiert werden. Er beschreibt, dass durch Diversity Management oder „managing diversity" die Fähigkeiten aller Mitarbeiter maximiert werden können, dass diese ihr volles Potenzial entfalten können und so einen wertvollen Beitrag leisten, die Unternehmensziele zu erreichen (vgl. Cox 1993).

Unumstritten stellt Diversity Management eine Notwendigkeit und einen klaren Erfolgsfaktor für jedes zeitgemäße Unternehmen dar. Bei einem genaueren Blick auf Firmen und Organisationen ist jedoch bemerkbar, dass das Thema Vielfalt oder Diversity Management heutzutage noch immer überwiegend ein Thema der Abteilung Human Ressources (HR)/Mitarbeitermanagement/Personalabteilung ist.

Die Hauptgründe für gelebtes Diversity Management, kurz DiM, sind ein besserer Zugang zu potenziellen Talenten und eine erhöhte MitarbeiterInnenbindung, wie die jüngste Studie von factor-D Diversity Consulting in Kooperation mit der Erste Group über den Status quo der Institutionalisierung der beiden Konzepte Diversity Management und Corporate Social Responsibility (CSR) in den ATX-Unternehmen zeigt. Die wichtigsten Zielgruppen sind die Dimensionen: „Geschlechter" und „Alter" (Wondrak 2015).

„Bei den Zielgruppen von DiM präferieren die Befragten die Dimension Gender (83 %). Auch bei den Dimensionen ‚Alter' (67 %), ‚Behinderung' (50 %) und ‚Ethnie' (33 %) ist eine zunehmende Sensibilisierung feststellbar. Die Diversität religiöser oder sexueller Orientierungen findet bei den Befragten (je 0 % nach eigenen Angaben) weiterhin kaum Beachtung. Letzteres ist im Einklang mit europäischen Vergleichsstudien (vgl. Wondrak 2014) und zeigt deutlich die noch immer vorherrschende Tabuisierung der beiden Themen – insbesondere am Arbeitsplatz. [...]

Die Mehrheit der Befragten beobachtet das Phänomen ‚Unconscious Bias' in ihren Unternehmen. Jedoch nur 11 % setzen entsprechende Maßnahmen zur Reduzierung von unbewussten Vorurteilen. Unconscious Bias sind kognitive Wahrnehmungsverzerrungen, wie unbewusste Vorurteile oder stereotypes Denken. Bias können zur mangelnden Einsicht für den Nutzen von Diversität führen und gelten als eine der größten Hürden für die strategische Umsetzung von DiM. 70 % der Befragten beobachten Unconscious Bias in ihren Unternehmen in unterschiedlicher Ausprägung. Nur 13 % setzen Maßnahmen zur Reduzierung bzw. Vorbeugung von Unconscious Bias.

Diversity Management wird aufgrund der kommenden EU-Richtline in den nächsten Monaten einen deutlichen Aufschwung erhalten. Doch um die kritische Masse zu überzeugen, braucht es zusätzliche betriebswirtschaftliche Argumente und einen erweiterten Fokus auf kognitive Diversität. Mit der neuen EU-Richtlinie wird der normative Druck auf die Großunternehmen erhöht, die Vielfalt in den Leitungsorganen zu erweitern. DiM wird in den nächsten Monaten deutlich an Bedeutung gewinnen. Doch es ist ungewiss, ob zusätzliche Regelungen die bestehenden Vorbehalte gegenüber dem Thema gänzlich auflösen werden. Viele ManagerInnen betrachten DiM weitgehend als ethisch-moralisch motiviert. Es braucht zudem betriebswirtschaftliche Argumente und einen – über die Kerndimensionen hinaus – erweiterten Fokus auf damit verbundene oder erlernte kognitive Diversität. Denn der Ansatz von kognitiver Diversität führt letztlich zu mehr Innovationen, höherer Flexibilität und zum Aufbrechen des kritisierten ‚Gruppendenkens'", so die Studie (Wondrak 2015).

Demografischer Wandel, differenzierte Lebensstile, Wertewandel, ethnisch-kulturelle Vielfalt, veränderte Geschlechterrollen und Individualisierung, die zu einer neuartigen Vielfalt im Gesamtmarkt führen, erfordern dementsprechend auch optimierte Strategien für die Markt- und Marketingkommunikation.

9.2   Diversity Marketing

Die Vorteile der Implementierung von Diversity Management in die Organisationsstruktur von Unternehmen, die für den gesamten Human-Ressources-Bereich gültig sind, können dementsprechend auch für den Managementbereich des Marketings bzw. der Unternehmenskommunikation und Werbung abgeleitet werden.

Kommunikation und Werbung, die die Gesellschaft und deren Vielfalt authentisch ansprechen und widerspiegeln, werden somit – durch Realitätsnähe – größtmögliche Erfolge für das Unternehmen erzielen können. Stereotypisierungen, klischeehafte Darstellungen oder Unconscious Bias jedoch bergen immense Image- und Umsatzverluste für das Unternehmen.

In der Betrachtung des amerikanischen Marktes war es vor fünfzig Jahren noch ausreichend, um erfolgreiches Marketing zu machen, die WASPs anzusprechen – also die „White-Anglo-Saxon Protestants" (weiße protestantische Amerikaner angelsächsischer Herkunft). Diese repräsentieren zu jenem Zeitpunkt die Mehrheit des Konsumentenmarktes. Einige Unternehmen stellen daraufhin fest, dass eine neue, weitere Zielgruppe ein Potenzial für Umsatzzuwächse darstellt und beginnen mit der Zielgruppenansprache der afroamerikanischen Gesellschaft.

Heutzutage wird der Markt noch differenzierter bestimmt. Die amerikanische Bevölkerung wächst zunehmend vielfältig und wenn dieser Trend so anhält, dann werden heutige Minderheitengruppen um das Jahr 2040 die vielfältige Mehrheit ausmachen. So ist also eine allgemeine mainstream-orientierte Marketingstrategie nicht länger effektiv und gültig (vgl. Marketing-Schools.org 2015).

Die vielfältigen Konsumenten haben unterschiedliche Werte, Erwartungen, Erfahrungen und Handlungsweisen. Selbst in einer Gruppe, die demselben Kulturkreis zugehörig ist, kann es innerhalb dieser mehrere, verschiedene Subgruppierungen geben. Nicht nur die Herkunft, sondern auch das Alter, das Geschlecht, der Beruf, die Religionszugehörigkeit oder Spiritualität, die Familiengröße, das physische Umfeld und vieles mehr.

Mittels Diversity Marketing wird darauf Rücksicht genommen, dass jegliche Art von Unternehmenskommunikation darauf Bezug nimmt, wie die diversen Gruppen angesprochen werden, aber auch über welche Kanäle. Ein neuer Marketing-Mix aus verschiedenen Kommunikationsmethoden muss etabliert werden, um die Zielgruppe richtig und adäquat abzuholen.

Diese Hinführung an das Thema Diversity Marketing anhand des Beispiels der Besonderheiten des amerikanischen Marktes, der diesbezüglich aufgrund historischer Entwicklungen schon seit längerer Zeit eine Vorreiterrolle einnimmt, kann dementsprechend auch auf den europäischen Markt umgelegt werden.

Einige große internationale Unternehmen, die auch im deutschsprachigen Raum erfolgreich tätig sind, berücksichtigen in ihrer Kommunikation und Werbung bereits den Diversity-Aspekt – diese Firmen stellen aber zum aktuellen Zeitpunkt offensichtlich noch eine Minderheit dar.

Die Recherche der unterschiedlichen Marketingmaßnahmen und Kommunikationsprodukte diverser Unternehmen aus dem D-A-CH Raum zeigt, dass klassische

Rollenverteilungen des letzten Jahrtausends, traditionelle Familienmuster, durchschnittliche mitteleuropäische Charaktere und Lebenseinstellungen die breite Zielgruppe widerspiegeln sollen.

Jegliche Variabilität scheint sich noch nicht durchgesetzt zu haben, hat in den Marketingplanungen und Zielgruppendefinitionen der Marken möglicherweise noch keine Relevanz gefunden.

Den statistischen Auswertungen der letzten Jahre zufolge, steigen jedoch beispielsweise Scheidungszahlen weiterhin an, ebenso nicht eheliche Lebensgemeinschaften und Verpartnerungen, sowohl im homosexuellen als auch im heterosexuellen Bereich. Alleinerziehende Väter bilden ebenso eine Zielgruppe wie auch alleinerziehende Mütter. Kinderlose Singles oder Paare gehören genauso dem Spiegel der Gesellschaft an wie klassische Ein-Kind-Familien oder Familien mit mehreren Kindern, sowohl in gemischtgeschlechtlichen, als auch in gleichgeschlechtlichen Elternkonstellationen. Unkonventionelle Rollenverteilungen unter Partnern stellen heutzutage ebenso keine Seltenheit mehr dar.

Die Themen Behinderung, Religiosität/Spiritualität oder Migrationshintergründe sind im Bereich von Unternehmenskommunikation, respektive Werbung, zwar sichtbar, beschränken sich jedoch meistens auf Unternehmen, die sich zielgerichtet in diesem Teilgebiet positioniert haben. Klassische Unternehmen zeigen in ihrer Kommunikation kaum Testimonials der oben genannten Themen.

Im Bereich des Alters bzw. der Generationen erkennen Unternehmer inzwischen zusätzliche wichtige Zielgruppen, die vor einigen Jahren noch nicht adressiert wurden. Hierzu zählt zum Beispiel die Generation der über Fünfzig- bzw. über Sechzigjährigen oder älter.

Dennoch, überkritisch und spitz formuliert, lässt sich folgendes Resümee aus der Betrachtung eines einzigen TV-Werbeblocks im Vorabendprogramm ziehen: Die meisten ProtagonistInnen der Werbekampagnen vieler Unternehmen scheinen ihre ethnische Herkunft seit Generationen im mitteleuropäischen Raum nachverfolgen zu können und weisen keinen auffälligen Migrationshintergrund auf. Sie strotzen vor Gesundheit, haben keinerlei physische oder psychische Handicaps, können sich die Freuden des Lebens gut leisten und verfolgen eine romantische, kritiklose Weltanschauung in einem heilen und ausbalancierten, sozialen Umfeld. Auch ihre Eltern, Kinder und Freunde genießen den zuvor genannten Status und verbringen ein glückliches, ausgeglichenes Leben.

Diese Stereotypisierung im Massenmarketing kann mit der steigenden Tendenz zur Individualisierung der Bevölkerung in Zukunft jedoch rückläufige Entwicklungen in den Verkaufszahlen und Markensympathiewerten und schwerwiegende defizitäre Folgen haben. Eine erfolgreiche Implementierung einer diversen und individuellen Zielgruppendefinition und -ansprache im Marketing und die dementsprechenden Umsetzungen der Kommunikationsmaßnahmen sind heutzutage unumgänglich.

9.3   Risiken beim Einsatz von Diversity Marketing

Beginnt ein Unternehmen mit dem Einsatz von Diversity Marketing, lauern auch viele Gefahren in der Ausführung der Maßnahmen. Durch das unterschiedliche Verständnis von Vielfalt derer Personen, die an den Kommunikationsmaßnahmen arbeiten, entstehen dementsprechend genauso vielfältige Meinungen zu diesem Thema. Jede Mitarbeiterin und jeder Mitarbeiter im Marketing, in der Werbeabteilung oder auf Seiten der Werbeagentur bringt ihre/seine eigene Lebensgeschichte und ihre/seine Erfahrungen mit. Ganz individuelle Persönlichkeiten treffen aufeinander und diese haben unterschiedliche Meinungen und Einstellungen zu diversen Themen.

Wie bereits erwähnt, ist es nach Fertigstellung von Kommunikations- und Werbemitteln sehr ratsam, diese durch ein Marktforschungsinstitut abtesten zu lassen. Hierbei kann bis zu einem gewissen Grad ausgeschlossen werden, dass in den Werbemitteln mit so genannten *Unconscious Bias* gearbeitet wird. *Unconscious* bedeutet aus dem Englischen übersetzt unbewusst und *Bias* ist das englische Wort für Voreingenommenheit und Einseitigkeit. So kann es passieren, dass unbewusste Vorurteile und Diskriminierungen zwar nicht mutwillig in die Umsetzung der Kommunikation oder Werbung einfließen, aber „passiert" sind: Durch Unwissenheit in der jeweiligen Thematik, Prägung durch die eigene Lebensgeschichte oder weil gewisse Situationen von Menschen einseitig wahrgenommen wurden. Chimananda Ngozi Adichie prägte dazu den Begriff „single stories" für einseitige Bilder und dominante Diskurse in ihrer TED-Rede „The danger of a single story" über die Reproduktion von Vorurteilen in Fortbildungen und Materialien des Globalen Lernens (vgl. Adichie 2009).

Eine weitere Gefahr, wenn man vielfältige Zielgruppen nach dem Diversitätsaspekt ansprechen möchte, besteht in der irrtümlichen Abbildung von Stereotypisierungen. „Stereotype sind meistens Übergeneralisationen, d. h. allen Angehörigen einer Außengruppe werden aufgrund der Kategoriezugehörigkeit mehr oder weniger dieselben Merkmale zugeschrieben. Außerdem werden Unterschiede zwischen der eigenen Gruppe und Außengruppen überbetont. Vorurteile und Stereotype sind sehr stabil und schwer änderbar" (Herkner 2001, S. 493). Dies bedeutet, dass in der eingesetzten Kommunikation individuelle Unterschiede innerhalb einer Gruppe nicht mehr berücksichtigt werden, die Individualität eines Menschen nicht wertgeschätzt wird, weil er übergeordnet einem bestimmten Segment oder einer vordefinierten Zielgruppe zugeordnet wird. Der adäquate Umgang mit individuellen Differenzen geht verloren, dem Menschen wird ein stereotypes Verhalten zugewiesen, ProtagonistInnen der jeweiligen Gruppe werden mit einer bestimmten Art und Weise in ihrem Verhalten pauschalisiert.

Passieren in der Unternehmenskommunikation und -werbung Unconscious Bias oder Stereotypisierungen, so kann dies durchaus dazu führen, dass der gute Wille eines vielfältigen Auftritts des Unternehmens oder der Marke genau den gegenteiligen Effekt erzielt. Es kann zu schwerwiegenden Imageeinbußen und zu Verlusten in der Sympathie dem Unternehmen und der Marke gegenüber kommen.

Ein weiterer Punkt, der an dieser Stelle nicht unerwähnt bleiben sollte, ist das Faktum, dass noch nicht die gesamte Bevölkerung, alle aus der breiten Masse, dem Thema Diversität in vollster Aufgeschlossenheit gegenüber stehen. Verändert sich ein Unternehmen stark revolutionär und sehr schnell, erschließt es völlig neue Kundengruppen, so kann es auch vorkommen, dass sich gewisse Menschen oder Zielgruppen nicht mehr mit der Marke identifizieren. Die Gefahr des Verlustes von Kunden ist durchaus gegeben.

Imageeinbußen, Verlust von Sympathiewerten und Verlust von Kunden kann in weiterer Folge zur Reduzierung in den Verkaufszahlen und zu Umsatzeinbrüchen führen. Gerade deshalb sollte im Speziellen eine koordinierte Marketing- und Kommunikationsplanung mit klar ausgerichteter Zielsetzung und Strategie erfolgen und alle mitwirkenden MitarbeiterInnen bestens auf das Thema Diversity Marketing und managing diversity geschult sein.

> **Risiken beim Einsatz von Diversity Marketing**
>
> - Verwendung von Unconscious Bias
> - Stereotypisierung
> - Imageeinbußen
> - Verlust von Kunden durch neue Ausrichtung des Unternehmens
> - Umsatzverluste

9.4 Unternehmenschancen beim Einsatz von Diversity Marketing

Wie bereits im Vorfeld erwähnt, ist es für zeitgemäße Unternehmen nicht nur obligatorisch auf die sich verändernden Entwicklungen des Marktes Rücksicht zu nehmen, darauf zu reagieren und dementsprechend einzugehen, der Einsatz von Diversity Marketing wird auch langfristige und nachhaltige Vorteile für diese Unternehmen bringen.

Durch die immer stärkere Individualisierung der Bevölkerung kann mittels Einsatz von Diversity Marketing der Markt besser erschlossen werden und Kunden angesprochen werden, die ursprünglich in keinem Marketingplan vorgesehen waren. Dadurch ergeben sich neue Kundensegmente und Zielgruppen können erweitert oder präzisiert werden. Durch diese Optimierung und Verfeinerung der Kundenkreise besteht so die Möglichkeit neue Marktfelder zu erschließen.

Mit diesem Effekt steigt das Potenzial für ein neues Produktportfolio, respektive neue oder andere Produkte oder Dienstleistungen in das Unternehmensangebot aufnehmen zu können. Um nur einige Beispiele zu nennen, so könnte dies für den Lebensmittelhändler beispielsweise bedeuten, dass er speziell verarbeitete Fleischwaren führt, der Möbelhändler könnte Betten in sein Sortiment aufnehmen, welche eine spezielle Höhe haben, sodass Menschen mit körperlichen Beeinträchtigungen leichter in das Bett und aus dem Bett gelangen. Im Bereich der Dienstleistungen bzw. Serviceleistungen eines Unternehmens werden zum Beispiel Zustellungen, Lieferungen und Montagen immer wichtiger.

Flexible Zeitfenster, in denen diese Leistungen angeboten werden, beeinflussen die positive Annahme dieser.

Durch neue, individuelle und segmentierte Zielgruppen und ein eventuell verändertes oder vergrößertes Produkt- oder Dienstleistungsportfolio besteht die Möglichkeit diese über neue Kommunikationskanäle anzusprechen und abzuholen. Gerade im Bereich der Social Media findet im Moment ein schneller Wandel und Wachstum statt. Nicht mehr nur die klassischen Massenmedien informieren über das Unternehmen und deren Produkte und Serviceleistungen, stärken das Image der Marke und binden die Zielgruppen an das Unternehmen. Über Facebook, Instagram, Youtube, Pinterest und Twitter bilden sich neue Communities, welche ein imposantes Potenzial bergen, seine Kunden und potenziellen Kunden zu erreichen. Auch im Bereich des Direkt-Marketings und der Kundenclubs pflegen Unternehmen den Kontakt zu ihren treuesten Kunden, die deren Marken unterstützen, ihnen – bis zu einem gewissen Grad – treu sind und wiederkehren.

In allen Bereichen der Kommunikation nach außen ist Word of Mouth – also alles, was man klassisch als Mundpropaganda bezeichnen kann – die stärkste (oder schlechteste) Werbung für ein Unternehmen. Dazu zählen auch Ratings und Reviews auf beispielsweise Onlineportalen und Onlineshops. Eine positiv weitererzählte Empfehlung für ein Unternehmen oder Produkt weckt die Aufmerksamkeit und das Interesse von neuen, potenziellen Kunden, steigert den Bekanntheitsgrad, das Image und letztlich die Verkaufszahlen. Ein wichtiger Multiplikatoreffekt, der nicht unterschätzt werden sollte.

Durch einen positiven Einsatz von Diversity Marketing werden also eine Reihe von Vorteilen für Unternehmen sichtbar, die wesentlich für den Erfolg des Unternehmens ausschlaggebend sind.

Positive Effekte für Unternehmen durch den Einsatz von Diversity Marketing

- Zielgruppenausweitung
- Neue Marktfelder erschließen
- Potenzial für neue Produkte und/oder Dienstleistungen
- Neue Kommunikationskanäle
- Stärkung von positivem Image und Bekanntheitsgrad
- Umsatzsteigerung

9.5 Implementierung und Umsetzung von Diversity Marketing

Effizientes Diversity Marketing bedeutet, dass die Kommunikation an die Zielgruppe, aber auch die Zielgruppe selbst adaptiert und genauer untersucht werden müssen.

Nicht der Markt soll an die Botschaft angepasst werden, sondern die Botschaft an den Markt. Für vorhandene Kommunikationsmaterialien eine neue Zielgruppe zu suchen, um so ein vielfältiges Bild des Unternehmens zu präsentieren, wird nicht zu den gewünschten Erfolgen führen. Bereits bestehende Konzepte und Kampagnen mit neuen Protagonisten, die dem Diversity-Aspekt entsprechen, neu zu besetzen, wird weder den Kampagnen, noch den Unternehmen eine positive Erinnerung mit Diversitätsaspekten verleihen.

Eine effektive Diversity-Kampagne beginnt bereits einige Prozess-Schritte zuvor. Der Start sollte bei einer grundlegenden Einstellungsänderung des Unternehmens und Sensibilisierung seiner MitarbeiterInnen starten. Diversity ist Chefsache! HR rekrutiert möglicherweise schon nach dem Diversity-Prinzip, doch sowohl die Positionierung des Unternehmens, der Marke, als auch die strategische Ausrichtung und die Werte, die in der Kommunikation nach außen verbreitet werden, werden am Anfang der Umstellung genau untersucht.

Zu wissen, was die Zielgruppe über das Unternehmen und seine Werbung denkt, erleichtert die Präzisierung in der Ausrichtung. Diese neuen Erkenntnisse führen dazu, dass ungenutzte Märkte erschlossen werden können und die Werte des Unternehmens und der Marke stärker emotional und individualisiert aufgeladen werden können.

Eine Bestandsaufnahme der Ist-Situation der Marketingausrichtung führt im nächsten Schritt zur Optimierung des Verständnisses über die anzusprechenden KundInnen. Mittels Marktforschung kann die Zielgruppe in neue, verschiedene Segmente aufgeteilt werden. Nicht nur das Einkaufsverhalten der KundInnen ist für diese adaptierte Form des Marketings wichtig, zu den klassischen soziodemografischen Studien und Sinus-Milieus kommen auch ihre Werte, Ideale, Vorstellungen und Lebenssituationen hinzu.

Abhängig von der Unternehmensgröße und dem zu Verfügung stehenden Budget verhält sich die Höhe der Investition in Marktforschung und dementsprechend in welchem Zeitrahmen sich die Prozessplanung vollzieht. Je nach Größe des Unternehmens und Breite der Zielgruppe werden zu diesem Prozesszeitpunkt nach den Ergebnissen der Marktforschung Einschränkungen, Fokussierungen und Hauptthemen, die nach dem Diversitätskonzept angesprochen werden und Marketingziele geplant und festgelegt.

Wenn es an die Umsetzung dieser Erkenntnisse und Ziele geht, werden die entsprechenden Aufgabenstellungen für die umsetzenden Kreativen oder die Werbe-/Kommunikationsagentur in einem Briefing zusammengefasst. Ein Diversitätsverständnis auf Seiten der betreuenden Agentur bzw. Kreativen ist hierbei obligatorisch.

Das exakte Kennen der Zielgruppe, die Art, wie Kunden und potenzielle Kunden angesprochen und abgeholt werden können und die genaue Planung der richtigen Medien und Kanäle, um diese zu erreichen, führen letztlich zur erfolgreichen Umsetzung von Kommunikationskampagnen, die dem Diversity-Aspekt gerecht werden.

Je nach Bugdetverfügbarkeit ist es empfehlenswert, die neuen Kommunikationsinhalte und -umsetzungen mittels eines Vorabtests (Pretest) abzuprüfen, um Unsicherheiten klar zu stellen und wegen fehlender Erfahrungswerte aufschlussreiche Erkenntnisse zu erhalten. Dazu werden die Werbemittel, bevor sie in den unterschiedlichen Medien geschalten werden, durch Testpersonen, die die Zielgruppe repräsentieren, überprüft und bewertet. Das Risiko eines potenziellen Misserfolges der Kommunikation kann so reduziert werden.

Die Ergebnisse dieser Vorabstudie führen gegebenenfalls zu Adaptionen der Kommunikationsinhalte, Werbemittel oder Kanäle, über die die Botschaften verbreitet werden. Ist der Pretest zufriedenstellend ausgefallen, kann die neue Kommunikationslinie umgesetzt werden.

In der letzten Phase des Implementierungsprozesses von Diversity Marketing, respektive Werbung und Kommunikation nach dem Diversity-Prinzip, werden die Ergebnisse der Umsetzung kontrolliert. Auch zu diesem Zeitpunkt ist es empfehlenswert, sich wieder der Marktforschung zu bedienen und die Werbewirkung, aber auch die Markenstärke und das Image des Unternehmens abzutesten.

Der Bericht über die durchgeführten Aktivitäten (Reporting), die Mehrwerte der durchgeführten Maßnahmen (Return on Invest – ROI), die Ermittlung der erzielten Veränderungen (Fortschritt) und die Bestimmung des Zielerreichungsgrades (Steuerung) sollen in einem konstanten Monitoring die komplexen Veränderungen und die Beiträge zum Unternehmenserfolg durch die Implementierung des Diversity Marketings transparent machen (vgl. Stuber 2014).

Prozess-Schritte bei der Implementierung und Umsetzung von Diversity Marketing

- Analyse der Ist-Situation
- Identifizierung der Zielgruppen
- Festlegung der Marketing- und Kommunikationsziele
- Definition und Kategorisierung der Kommunikationsinstrumente
- Umsetzung der Kommunikation
- Erfolgskontrolle

9.6 Über die Autorin

Tamara Schuster-Zulechner, MSc ist Expertin für Marketing und Counseling. Seit mehr als 20 Jahren ist die diplomierte Touristikkauffrau und diplomierte Kommunikationsfachfrau in internationalen Werbeagenturen und Unternehmen für Werbung, Kommunikation und Marketing verantwortlich.

Als Unternehmerin verbindet sie ihr Expertenwissen und ihre Leidenschaft für die Kommunikation mit der auf wissenschaftlichem Fundament basierenden Spezialdisziplin des Counsellings und gibt als Autorin, Mentorin, Coach und Keynote Speaker ihre Expertise an Top Entrepreneurs, Führungskräfte und Unternehmen weiter.

Unter Berücksichtigung des demografischen Wandels, differenzierter Lebensstile, des Wertewandels, ethnisch-kultureller Vielfalt, veränderter Geschlechterrollen und Individualisierung, die zu einer neuartigen Vielfalt im Gesamtmarkt führen, erarbeitet sie optimierte Strategien für die Markt- und Marketingkommunikation.

Mit dem Leitsatz „Marketing ist Kommunikation und Kommunikation ist Psychologie" sind ihre Projekte internationale Best Practices. Zur persönlichen Erfolgsformel der kreativen und energiegeladenen Powerfrau und Mutter zählen ständige Weiterentwicklung, Passion, Fokus, Inspiration, Intuition und Hausverstand.

Weitere Infos unter www.vollkommunikativ.at.

Literatur

Adichie, C. N. (2009). The danger of a single story. http://www.ted.com/talks/chimamanda_adichie_the_danger_of_a_single_story. Zugegriffen: 08. Nov. 2015.

Caspar, W. J., Wayne, H. J., & Manegold, J. G. (2013). Who will we recruit? Targeting deep- and surface level diversity with human resource policy advertising. *Human Resource Management, 52*(3), 311–332.

Cox, T. (1993). *Cultural diversity in organizations: Theory, research and practice.* San Francisco: Verso.

Herkner, W. (2001). *Lehrbuch Sozialpsychologie.* Bern: Huber.

Marketing-Schools.org. (2015). Diversity marketing. Explore the strategy of diversity marketing. http://www.marketing-schools.org/types-of-marketing/diversity-marketing.html. Zugegriffen: 07. Nov. 2015.

Stuber, M. (2014). *Diversity & Inclusion. Das Potenzialprinzip.* Aachen: Shaker.

Weißbach, B., & Kipp, A. (2004). *Managing Diversity. Konzepte – Fälle – Tools. Ein Trainingshandbuch* (2. erweiterte und überarb Aufl.). Dortmund: IUK Institut GmbH.

Wondrak, M. (2014). *Overview of diversity management implementation and impact amongst diversity charters signatories in the European Union.* Brussels: European Commission – Directorate-General for Justice.

Wondrak, M. (2015). *Diversity Management (DiM) & Corporate Social Responsibility (CSR) in ATX-Unternehmen.* Wien: factor-D in Kooperation mit Erste Group Bank.

Diversity bei Trainern und Speakern?

Warum ist ein Mehrtrainerkonzept für den Trainee und Kunden so viel besser als die One-Man(Woman)-Show?

Dirk Schöttelndreier

Zusammenfassung

Trainer und Trainingsunternehmen treten in der Regel als One-Man(Woman)-Shows auf. Weshalb ist das so? Mag es vielleicht daran liegen, dass die meisten ihren Einstieg in die Branche aus egozentrischen – netter ausgedrückt – aus persönlichen Gründen haben? Dieses soll nicht verurteilt, jedoch kritisch hinterfragt werden. Oftmals verhindert dies nämlich die Entwicklung des Unternehmens und die Entwicklungsmöglichkeiten der Coachees, Trainees und Kunden dieser Trainer und Speaker. Ein diversifizierter aufgestelltes System bietet für beide Seiten viel mehr Möglichkeiten und sorgt letztendlich dafür, dass dem Kunden die Möglichkeit einer echten Weiterentwicklung gegeben wird. Er kann in einem System, einer Helix entsprechend lernen und ist nicht auf die persönliche Weiterentwicklung seines Trainers angewiesen. Allerdings erfordert ein solches System, dass Trainer und Speaker andere auf der Bühne neben sich „dulden" und akzeptieren. Aus eigener Erfahrung kann ich sagen, dass das nicht immer leicht ist. Daher erfordert es etwas Mut und Selbsterkenntnis. „Be the one you've been waiting for!"

D. Schöttelndreier (✉)
Praxis für Zahn-, Mund- und Kieferheilkunde, Graf-von-Stauffenberg-Str. 9,
33615 Bielefeld, Deutschland
E-Mail: ds@zahnarzt-bielefeld.de

© Springer Fachmedien Wiesbaden 2016
P. Buchenau (Hrsg.), *Chefsache Diversity Management*,
DOI 10.1007/978-3-658-12656-8_10

Inhaltsverzeichnis

10.1 Einleitung

Diversity und Diversity Management haben ihren Beginn darin gehabt, dass die primär ethnische Vielfalt in Unternehmen integriert werden sollte und musste. Wie in vielen Herausforderungen haben einige Unternehmenslenker und Wissenschaftler hierin einen möglichen Vorteil gesehen und entsprechende Konzepte für Unternehmen entwickelt und eingeführt.

Diese Vielfalt soll nachfolgend, nicht von der ethnischen Seite aus, sondern lediglich aus der Summe eines möglichen „geordneten Vielfaltkonzeptes" heraus betrachtet werden, um so dem Kunden, aber auch den Trainern und Speakern aufzuzeigen, dass Gesamtkonzepte sinnvoller sind und das in Zukunft weitere entsprechende Modelle dafür entwickelt werden.

10.2 Warum Diversity?

10.2.1 Dazu eine kleine Geschichte über mich selbst!

Lieber Leser,
    lieber Trainer und Speaker(-kollegen),
    liebe Trainees, Webinar- und Seminarbesucher,

liebes Publikum,

bereits vor langer Zeit ist für mich die Entscheidung gefallen, dass ich neben meiner Tätigkeit als Zahnarzt und Unternehmer – ja, für alle die hier fragen, ich bin noch direkt als Zahnarzt tätig – gerne aktiv sprechen, Trainings geben und coachen möchte. Daher weiß ich, wie es ist, jeden Tag ein Team in der Praxis zu führen, dieses oftmals bei Laune zu halten und die Potenziale jedes Einzelnen zu entdecken, aufzudecken und zu fördern.

Doch welche Trainings will ich geben, worüber will ich sprechen? Ich will über die Dinge sprechen, die ich mache und nicht eine Theorie vermitteln, die ich selbst letztmals vor zwanzig Jahren selbst umgesetzt habe. Meine Erfahrung im Umgang mit Kunden, Patienten – ja, das sind auch Kunden – und Mitarbeitern in Praxis und anderen Unternehmen weitergeben. Und das Lernen, das Selbst-Lernen ist mir mindestens genauso wichtig wie die Weitergabe meines Wissens zum Wohle meiner Kunden und Klienten und Patienten und Mitarbeiter und vielen mehr.

Bereits damals ist die Entscheidung gefallen, dass ich diesen Weg nicht alleine gehen will. Mir war zur damaligen Zeit überhaupt nicht bewusst, warum.

Wie viele von Ihnen wusste ich bereits sehr viel, hätte Bücher über Bücher schreiben können, Reden über Reden halten, Trainings über Trainings geben können und mit einem gezielten Tunnelblick viele Trainees trainieren und coachen können. Vielleicht hätte ich dann auch die Tätigkeit als Zahnarzt und in den anderen Unternehmungen aufgegeben und mich ausschließlich dem Trainerdasein gewidmet.

Doch ich wollte das nicht, irgendetwas hat mich daran gehindert, sodass ich begann danach zu suchen, nach eben einem Konzept zu suchen, einem System, das gekennzeichnet ist durch eine Vielfalt an Wissen und Input. Vielleicht noch mit einem zentralen Leitfaden, der es möglich macht, zusammen mit Gleichgesinnten unterschiedliche Inhalte weiterzugeben. Und dabei auch die Individualität zu erhalten oder gar zu fördern.

10.2.2 Die Trainer- und Speakerwelt aus persönlicher Sicht

Zu seiner Zeit hatte ich noch keinen Einblick in die Trainer- und Speakerwelten. Welche Welt eigentlich? Dass es dort eine eigene Welt gibt, wusste ich damals auch noch nicht wirklich. Aber der Bedarf, dass ein Bedarf für Trainer und Speaker da war oder besser da ist, das war klar. Warum? Ich selbst hatte die Jahre vorher auch einen gebraucht, mir einen herausgesucht und konnte dann viel von ihm lernen. Dann kam der nächste, und der nächste und der[1] …

---

[1]Die Story, weshalb der Autor den ersten Trainer und Coach benötigte, erfahren Sie im Programm von BE THE CHAMPION in LIFE oder im Werk „THE RULES".

An dieser Stelle möchte ich allen Trainern, Speaker und Coaches[2], deren Trainings, Vorträge oder Coachings ich jemals genießen durfte, danken. Durch jeden Einzelnen von ihnen habe ich tatsächlich etwas lernen dürfen.

Doch was passierte dann? Ich entdeckte, dass viele Trainer nicht das leben, was sie andere lehren. Ich entdeckte, dass immer wieder etwas Wissen, was ich haben wollte, fehlte und ich deshalb einen ganzen Kurs bei einem weiteren Trainer buchen musste, um meinen persönlichen Wissensdurst zu stillen. Es kam auch vor, dass ich trotz der guten Inhalte mit einem Trainer persönlich nicht klar kam, aber trotzdem gerne weiter diese Inhalte erfahren und gelernt hätte.

Doch das war einfach nicht möglich, denn alle, ausnahmslos alle waren eine One-Man-Show[3].

Was konnte ich tun, wenn ich merkte, dass ein Trainer sich eben nicht so verhielt, wie er es lehrte? Hierzu kann ich leider ein Paradebeispiel bringen.

Praxisbeispiel

Ich hatte ein Training bei einem Marketing- und Businesstrainer in den USA gebucht. Es war auch nicht das erste Training, welches ich – besser wir – bei ihm gebucht hatten und wir hatten ein Upgrade für einen VIP-Status. Während dieses Trainings stellten sich einige Dinge heraus, die nicht so waren wie versprochen und ich fing an, meine eigene Trainingsteilnahme zu boykottieren, machte nicht richtig mit und – noch schlimmer – ich versuchte mein Umfeld ebenfalls zum Boykott auf-zurufen. Haben Sie, liebe Leserinnen und Leser, so etwas vielleicht im Ansatz auch schon einmal bei sich selbst beobachtet?

Der Trainer bemerkte das sehr wohl, reagierte jedoch auf meinen sich zunehmends verstärkenden Ärger überhaupt nicht. Nach drei Tagen nahm mich ein Gastsprecher an die Seite, sprach mit mir 20 min und – ohne auf den Inhalt an dieser Stelle einge-hen zu wollen – ließ mich erkennen, dass es mein Verhalten war, mit dem ich mir und meinem direkten Umfeld schadete.

Im Rahmen möglicher Folgekursbuchungen kam es wieder zu Unstimmigkeiten aufgrund von Diskrepanzen zwischen Schulungsinhalt und dem Verhalten des Trai-ners, sodass ich von sämtlichen weiteren Buchungen Abstand genommen habe.

Gerne hätte ich den Inhalt weiterer Trainings mitgenommen, aber das Vertrauen zu dieser Person entwickelte sich immer weiter zurück. Stellen Sie sich einmal vor, was passiert wäre, wenn aufgrund einer anderen Konzeption diese Inhalte auch von einem anderen Trainer hätten vermittelt werden können.

---

[2]Da sich die Herausforderung in diesem Buchbeitrag um Trainer, Speaker und Coaches dreht und eine exakte Abgrenzung nicht vorliegt, werden einzelne Bezeichnungen immer als Synonym für die ganze Gruppe verwendet.

[3]Auch im Rahmen der Correctness mögen mir die Damen verzeihen, wenn ich bei einer monoge-schlechtlichen Ausdrucksweise bleibe. Dieses sei der Einfachheit geschuldet. Meinen Respekt vor den Damen entnehmen Sie bitte dem Werk „Chefsache Frauen" aus der Chefsache-Reihe.

Weitere Kurse wären gebucht worden, weiteres Wissen vermittelt und ein Vertrauen zur Organisation – vielleicht später auch wieder zu diesem speziellen Trainer – wäre erhalten und wieder neu aufgebaut worden.

Aufgrund fehlender Diversity ist hier ein Schaden auf beiden Seiten entstanden.

10.2.3 Weiter kritische Punkte singulärer Trainerauftritte

Es gibt sicherlich noch viele weitere kleine Punkte, die sich allein aus der Sicht des Kunden als Manko einer Trainerkultur mit einzelnen Personen zu einer Summe von Nachteilen addieren können.

Ansatzweise seien hier noch genannt:

Sie sind mit Ihrem Trainer, Coach und Speaker sehr zufrieden und haben einen großen Mehrwert erhalten. Dennoch fehlen Ihnen zum Schluss Ihrer „Wissenslücke" noch ein paar Kleinigkeiten an Inhalt, seien es nur 5 oder 10 %. Diese kleinen Ergänzungen kann Ihnen jedoch diese einzelne Person nicht liefern oder findet einfach nicht den Dreh, es für Sie verständlich zu erklären. In einem großen Umfeld ist das keine Herausforderung, denn hier kann der Trainer kurz gewechselt werden, ein zum Umfeld des Trainingsunternehmens gehörender Spezialist hinzugezogen oder einfach jemand gefragt werden, der es aufgrund seiner Persönlichkeit anders – für Sie verständlich – erklären kann.

Anderenfalls müssen Sie für dieses bisschen zusätzliche Wissen, einen ganzen zusätzlichen Kurs bei einem anderen Anbieter buchen und sich – was ich persönlich viel negativer empfinde – die anderen 90 oder 95 % Inhalt nochmals anhören, weiteres Geld und vor allen Dingen zusätzliche kostbare Zeit einsetzen.

Was wäre, wenn eben dieses Mehr ab Wissen bei einem Anbieter, der ein Diversity-Konzept hat, als Add-on mit einem zwei- oder dreistündigen Aufwand hätte eingeholt werden können?

Ebenso sind neben den Inhalten eine ganz Menge an „Soft Facts" bei einer One-Man-Show wie die Qualität der Veranstaltung, die Organisation, aber auch die Nachbearbeitung ausschließlich von der einzelnen Person abhängig sind.

Was passiert, wenn ein Trainer ausfällt, nicht kommt, nicht kommen kann oder will oder gar verstirbt?

10.3 Der Markt

10.3.1 Bestimmung der Qualifikation und daraus resultierende Schwierigkeiten

Wie sieht der Markt bei Trainern, bei Coaches oder wie auch immer sie, nein, wie auch immer wir uns auch nennen, aus. Ganz zu Beginn fällt auf, dass es keine geschützten

Begriffe, keine geschützte Berufsbezeichnung oder irgendwelche Ausbildungsstandards gibt. Somit ist der Kunde völlig auf sich gestellt, herauszufinden, ob eine Qualifikation überhaupt vorhanden ist, wie weit diese geht und ob sie für ihn das Richtige ist. Daraus ergeben sich mehrere Fragen.

Was mache ich, um die Anfangsqualifikation eines zukünftigen Trainers herauszufinden? Oftmals werden Startveranstaltungen, Probetrainings oder Bücher, die jemand geschrieben hat, als Entscheidungsbasis auf Kunden- oder Traineeseite neben persönlichen Empfehlungen verwendet, wenn ein Trainer, ein hochpreisiges Seminar oder ein Einzelcoaching gebucht wird. Zu diesem Zeitpunkt besteht in den meisten Fällen keinerlei oder ein nur geringer Informationsstand über eine objektive Qualifikation der zu buchenden Person.

Das gegenseitige Sympathie oder besser gesagt die „Chemie" spielt ebenfalls eine große Rolle, ob Trainer und Trainee einen weiten und auch für beide Seiten erfolgreichen Weg miteinander gehen.

Ob jedoch das Wissen eines einzelnen Trainers ausreicht, mich über einen langen Zeitraum zu begleiten und zu fördern, kann zu Beginn einer solchen Partnerschaft oder Geschäftsverhältnisses nicht im geringsten herausgefunden oder gar abgestimmt werden.

10.3.2 Trainer und Speaker im heutigen Markt

Und wie sind die meisten Trainer und Speaker heute aufgestellt?

In der Regel sind es – besser, ist es – ein Einzelkämpfer, der sich aus welchen Gründen auch immer dazu in der Lage sieht, anderen etwas beizubringen, seine Thesen und Meinungen weiterzugeben, da diese sicherlich die Welt, zumindest jedoch seine Zuhörer retten werden. So negativ das Ganze jetzt auch erst einmal klingen mag, so gut ist es auch!

Wieso? Weshalb?

Ganz einfach: Die Dinge, die ich anderen beibringen möchte, die ich lehre, lerne ich selbst dabei viel besser, als wenn ich sie nur höre, lese oder versuche selbst anzuwenden. Schaffe ich es jedoch, diese selbst anzuwenden und das Angewandte zu lehren, dann vervielfacht sich die Lerngeschwindigkeit und die eigene Fähigkeit zur Veränderung und Weiterentwicklung macht wahre Entwicklungssprünge. Wenn sie also etwas zu sagen haben, wenn Sie die Welt verändern oder retten wollen, tun Sie es. Durch die Weitergabe dieser Dinge verändern Sie somit die Welt tatsächlich mehr, als wenn Sie die Dinge nur tun würden.

Doch zurück zum Markt der Trainer, Redner und Keynote Speaker. Dieser Markt ist vollkommen heterogen und Sie können jede Art von Thema buchen, zu diesem Thema Kurse machen und sich selbst dadurch weiterentwickeln. Sie finden Trainer und Speaker in den Kategorien[4]:

- Persönlichkeit und Erfolg

---

[4]Übersicht z. T. aus den Speaker's Excellence Katalogen 2015.

- Kommunikation und Motivation
- Marketing und Verkauf
- Gesundheit und Fitness
- Management und Führung
- sowie aus allen Bereichen des großen und kleinen Managements und Unternehmertum

Aber finden Sie Trainer, die behaupten, dass Sie alle Bereiche abdecken können? Nein, das gibt es fast nicht und das ist auch gut so. Gut daran ist, dass niemand so vermessen ist, dass er meint, alle Bereiche abdecken zu können oder zu wollen. Nicht gut ist, dass Sie somit kein ganzheitliches, umfassendes Schulungs- oder Trainingsangebot buchen können. Keine Person deckt so etwas ab.

Wo suchen Sie, wo finden Sie denn einen Trainer, Coach oder Speaker?

10.3.3 Die Trainersuche

Kann ich mich denn wenigstens auf die mir zugänglichen Informationen verlassen oder unterliegen diese derselben Botschaft, die uns suggeriert, dass Nuss-Nougat-Cremes gesund sind und uns zu guten Fußballspielern machen könnte?

Nein, auch hier gelten die Gesetze von Werbung und Marketing. Trainer müssen auch leben, werden auch vermarktet und beworben.

Also wo finde ich einen Trainer oder Speaker für mich, für mein Unternehmen? Die persönliche Empfehlung möchte ich an dieser Stelle einmal außen vor lassen, da sie anderen Kriterien zugrunde liegt, als den hier beschriebenen.

Im Wesentlichen gibt es vier mögliche Quellen, die gezielt eine Suche zulassen. Diese Quellen sind primär online zu suchen und werden durch Offline- und Printprodukte ergänzt:

1. Individuelle Informationen einzelner Trainer
2. Trainer- und Speakeragenturen
3. Eventagenturen
4. Trainer- und Speakervereinigungen

Was finden wir vor, wenn wir auf die einschlägigen Seiten von Anbietern oder gar von einzelnen Trainern schauen? Ich möchte an dieser Stelle gar nicht so sehr auf die Qualität oder auch den Erfolg eines Einzelnen eingehen. Es soll hier nur um die Art der Information gehen und darum, wie diese Information im Vorfeld eine bessere Auswahlmöglichkeit bietet und spätere Herausforderungen – wie Trainerwechsel etc. – minimieren oder gar vermeiden kann.

Im Internet und auch in Broschüren bieten sich viele Trainer individuell an.

Agenturen, bei denen die Trainer gelistet sind, bewerben oftmals eine Vielzahl verschiedener Trainer, ohne dass eine Verbindung zwischen diesen besteht.

Die einzelne Qualifikation ist in Katalogen on- und offline dargestellt, beschränkt sich allerdings in den meisten Fällen auf die Angaben des Trainers, der sich in diese Katalogen einkaufen muss, da das Marketing für den Trainer das Geschäftsmodell der Agenturen ist.

Gleiches machen auch einige Eventagenturen, die wiederum – primär online – in einigen Bereichen Trainer und Speaker mit vermarkten, dabei aber mehr auf Entertainment als auf klassische Trainings abzielen. Eine mögliche Vorabinformation über den Trainer ist hier eher noch geringer als bei den spezialisierten Agenturen.

Als letzte große Möglichkeit bieten sich die Speaker- und Trainervereinigungen an. Aber auch hier handelt es sich um eine Plattform, die in den meisten Fällen dieselbe Art von Informationen enthält, wie die oben beschriebenen und die somit keine der weiter oben beschriebenen Herausforderungen für einen Trainee im Vorfeld lösen kann.

Wäre es nicht sinnvoll, eine Vielfalt von Trainer und Coaches vorzufinden, die verschiedene Themen unter einem Dach nach denselben Kriterien schulen? Wäre es nicht sinnvoll, wenn es ein, zwei oder gar drei weitere Trainer gibt, die das Thema, dass ich gerade lernen will, bei dem ich gerade meine Herausforderung habe, unter demselben Dach, ein wenig anders darstellen und ich einfach „für ein Thema, für eine Herausforderung" meinen Coach, meinen Trainer für einen bestimmten Zeitraum wechseln kann? Und das alles, ohne überhaupt das Gesamtkonzept zu wechseln, ohne wieder bei null anzufangen, sondern wie beim Erklimmen eines 8000er meinen Level, den ich gerade erreicht habe zu halten und jetzt mit dem Führer für die Region zwischen 5000 und 6000 m einfach den besten Spezialisten aus einem Team zur Verfügung zu haben, anstatt mich auf den zu verlassen, der mich sicher über die Hochebene zwischen 4000 und 5000 m geführt hat oder bereits jetzt den Gipfelführer mit anderen Stärken nutzen zu müssen.

Doch wo gibt es tatsächlich eine Vielfalt von Trainern, die aber verschiedene Themen unter einem Konzept schulen oder besser trainieren, mit dem einzigen Ziel, einen höheren Nutzen für den Kunden, den Trainee zu erreichen? Was würde dann gleichzeitig mit dem Unternehmen, für welches der Trainer tätig ist, was ihm vielleicht gehört oder an welchem er vielleicht beteiligt ist, passieren?

Richtig, weil auf den Kundennutzen ausgerichtet, wäre auch dieses Unternehmen im Markt mit der „Nase" vorne.

10.3.4 Theoretiker oder Praktiker

Haben die Trainer das, was sie lehren, selbst überhaupt gemacht oder erzählt Ihnen ein Verkaufstrainer etwas über Hardcore-Selling und hat außer seiner Kurse selbst noch nichts verkauft? Oder erzählt jemand etwas über die Führung von Teams, der selbst noch nie ein Team führen musste, da er nur sich selbst und 2 Sekretärinnen beschäftigt? Nicht dass Sie mich an dieser Stelle falsch verstehen. Wenn Ihnen ein Theoretiker reicht, gut, dann sollten Sie aber auch wissen, wer vor Ihnen steht. Das ist Ihre Entscheidung.

Ich könnte Ihnen keine Lösung für die Führung eines fast reinen Frauenteams anbieten – insbesondere an die Herren: *Die* Lösung gibt es her nicht –, jedoch kann ich aufgrund der Erfahrung mit der täglichen Führung solcher Teams im Vergleich zu gemischten oder reinen Männerteams präzise Tools, Wirkungsweisen und auch Stolperfallen aufzeigen, die zwingend beachtet werden müssen, um erfolgreich zu sein, wenn ich ein solches Team nicht über 20 Jahre führen würde.

Oder gibt es Businesstrainer, die Ihnen etwas über den Aufbau, den Ablauf und den Erfolg von Unternehmen erzählen wollen, ohne dieses je selbst getan zu haben oder letztmals vor 20 Jahren?

Alle diese Beispiele gibt es und ich könnte sie unfairerweise auch mit Namen füllen und belegen. Doch was haben Sie, was hätte ich davon? Lassen Sie uns daher in diesem Buch hinterfragen, wie Sie aus der Falle solcher Trainer kommen und diesen Trainern eine Möglichkeit aufzeigen, selbst aus der Falle herauszukommen.

Wenn Sie wissen, was Ihr zukünftiger Trainer oder Coach gemacht hat oder macht, dann können Sie entscheiden, was Sie wollen. Oder wenn beides vorhanden ist, dann erst die Theorie und dann der Praktiker für die Umsetzung. Eine tolle Möglichkeit, die jedoch ein Mehrtrainerkonzept voraussetzt, kurz Diversity bei den Trainern.

10.3.5 Weiterentwicklung? Für Trainer und Trainee

Später werde ich noch auf die individuelle Entwicklungsmöglichkeit einzelner Trainer oder solcher, die systematisch in Gruppen Gleichgesinnter unterwegs sind und dabei zwangsweise oder besser automatisiert regelmäßig einer Mastermindgruppe angeschlossen sind, eingehen.

Wie viel Input, wie viel konstruktive Kritik erhält ein solcher Trainer oder Speaker von seinen Kollegen? Inwieweit kann dieser immer wieder auf ein Grundkonstrukt, auf einen Fahrplan, ja nennen wir es vielleicht auch Entwicklungshelix, zurückgreifen, wenn er sich und seinen Trainee, seinen Kunden weiterentwickeln möchte?

Wie wenig hat so etwas ein Einzelkämpfer zur Verfügung. Wie viel Energie muss dieser aufwenden, um im Markt zu bleiben. Will, kann oder muss er andere – vielleicht auch nur unbewusst – schlecht machen, um sich selbst besser darzustellen, um öfter und eher gebucht zu werden? Wäre es nicht sinnvoller, immer wieder zu kooperieren, zu gucken, was kann ich von meinem Mittrainer, Mitspeaker lernen? Wie ist es, wenn ich gemeinsam mit ihm auf der Bühne stehe und wir die Entwicklung für den Kunden auf diese Weise sehr viel besser, zielgerichteter und präziser gestalten? Von der Beschleunigung der Entwicklungsgeschwindigkeit, auch der eigenen, möchte ich an dieser Stelle gar nicht reden.

10.3.6 Wirtschaftliche Risiken eines Monokultur-Trainingsunternehmen

Es sollte auch im wirtschaftlichen Interesse des Trainers und des Veranstaltungsteams liegen. Wenn der Trainer oder Speaker selbst nicht mehr in der Lage ist, sein Training zu halten, weil er krank ist oder wie oben gesagt, weil er verstirbt, wird das Seminar oder Training nicht stattfinden. Wie in allen Unternehmen, wie generell, tritt ein Problem auf, wenn eine zentrale Person – aus welchen Gründen auch immer – ausfällt.

Dieses geht nur, wenn weitere Personen in der Lage sind, die Inhalte zu lehren, vorzutragen und auch auszuführen. Und ein Trainer und Speaker ist eine solche zentrale Person, die sich nicht kurzfristig reproduzieren kann. Es wird zu Ausfällen bei Trainings, Seminaren und anderen Veranstaltungen kommen.

Auch der Wert des Unternehmens, welches vielleicht dem Trainer gehört, würde in einem solchen Fall massiv einbrechen. Wie viele von uns können sich vorstellen, was passiert, wenn ein Tony Robbins[5] durch einen Unfall plötzlich versterben sollte? Sind sein Co-Trainer in der Lage, das Unternehmen so weiter zu führen wie er? Oder zerbricht sofort alles und das gesamte Unternehmen mit hunderten von Mitarbeitern fällt eben aufgrund fehlender Diversity auseinander? Mitarbeiter und Kunden stehen dann sofort alleine da!

Dieses sicherlich extreme Beispiel soll Sie jedoch sensibilisieren, wo die Risiken eines – zugegebenermaßen – exzellent auf eine Person ausgerichteten Trainingsunternehmens liegen.

10.3.7 Weitere (mögliche) Herausforderungen einer Trainer-Monokultur

Doch was passiert, wenn das Wissen dieses Trainers erschöpft ist, wenn Sie plötzlich oder nach und nach mit seiner Art zu lehren, mit seiner Art zu leben und vielleicht auch mit seiner Diskrepanz zwischen Tun und Reden nicht mehr klar kommen oder klar kommen wollen? Dieses geschieht oftmals schneller und auch häufiger als wir denken. Denn Sie entwickeln sich weiter, Ihre Ansprüche, Ihr Denken, ja vor allen Dingen Ihr Wertesystem verändert sich, wenn Sie sich auf den Weg der Persönlichkeitsentwicklung gemacht haben.

Was passiert, wenn ich 85 % dessen, was ich wissen muss oder für einen bestimmten Bereich wissen möchte, von einem Trainer oder Speaker erfahren kann und dieses erfahren habe?

---

[5]Anthony „Tony" Robbins, eigentlich Anthony J. Mahavorick, (*29. Februar 1960 in Azusa) ist ein amerikanischer Bestsellerautor und NLP-Trainer. Er ist einer der bekanntesten Coaching-Trainer und füllt Hallen mit bis zu 10.000 Menschen.

Woher bekomme ich den Rest? Wenn ich noch die restlichen 15 % erfahren will, so muss ich einen kompletten zusätzlichen Kurs buchen und mir noch jede Menge Dinge anhören, die mich vielleicht gar nicht interessieren, die mir mein Zeitmanagement derzeit gar nicht erlaubt. Doch ohne diese neuerliche Komplettbuchung habe ich nicht die Möglichkeit bei einzelnen Trainern diese Differenz aufzufüllen.

Wir haben jetzt einen Teil des Marktes beleuchtet, wir sind auf die Nachteile einer aktuellen Monokultur der einzelnen Trainer und Speaker eingegangen. An dieser Stelle ist es Zeit, die Alternativen aufzuzeigen und eine Möglichkeit, wie Diversity in den Trainer- und Speakermarkt übertragen werden kann, darzustellen.

10.4   Der Weg zur Diversity bei Trainern und Speakern

Forderungen und Wünsche aus dem Gesagten
Welche Wünsche, Vorteile oder Forderungen ergeben sich aus den oben beschriebenen Herausforderungen und Nachteilen?

- Trainer- und damit Konzeptwechsel aufgrund mangelnder Integrität (gefühlt für den Kunden oder tatsächlich)
  - Die Lösung ist – neben einem Trainer mit der entsprechenden Integrität – eine Möglichkeit zum Trainerwechsel bei Beibehaltung des Konzeptes. Dieses ist nur möglich, wenn mehrere Trainer das Konzept lehren oder lehren können.
  - Ein wesentlicher Punkt der Lösung ist jedoch im Vorfeld, das Vorhandensein eines Trainingskonzeptes mit einer systematisierten Fortsetzungsmöglichkeit.
- Unzureichendes Trainerwissen zu einem Thema nach einem gewissen Zeitraum
  - Die Lösung ist das Aufnehmen weiterer Trainer mit Zusatzwissen ins Portfolio des Anbieters.
- Kein spezialisiertes Trainerwissen oder Coachwissen
  - Die Lösung ist, den Trainee oder Coachee für den Zeitraum, in welchem er das Spezialwissen benötigt oder aufbauen möchte, einem Trainer mit genau diesem Wissen zu übergeben (kein Konzeptwechsel oder völliger Neuaufbau notwendig).
  - Nach Vermittlung des Spezialwissens kann er dann wieder zu „seinem" persönlichen Trainer zurückkehren und von diesem weiterhin betreut werden.
- Zur Wissenskomplettierung, um die Sache „rund" zu machen, fehlen noch ein paar gezielte Inputs (85 % vorhanden, 15 % fehlen), komplett neue Kurse sind notwendig.
  - Ergänzungsbuchungen in demselben Konzept sind möglich, das gesamte Wissen befindet sich nicht bei einer Person, aber unter einem Dach.
- Die Wissensvermittlung findet nur von einem Theoretiker statt.
  - Praktiker, die täglich das tun, was sie lehren, sind im Trainerstab integriert.
- Der Praktiker kann es gut zeigen und beweisen, aber das System dahinter wird nicht verstanden.

- Auch der Theoretiker muss im Gesamtkonzept enthalten sein und hat seine Berechtigung.
- Der Trainer fällt aus, kann nicht, ist vielleicht länger krank oder sogar verstorben.
  - Eine weitere Person ist in der Lage, den Trainer zu ersetzen, das System fortzuführen und die Inhalte systematisiert zu schulen.

10.5 Vorteile für beide Seiten, etwa ein 3-Side-Win

Bei diesen Wünschen und Forderungen haben wir jetzt nur den Kunden bzw. den Trainee betrachtet. Was passiert bei einer Trainervereinigung, bei einem Unternehmen, das eben genau diese Plattform – vielleicht ohne eine starke Konkurrenz unter den Trainern selbst – bietet? Einem Trainingsunternehmen, das schon hierin zeigt, dass es auf den Kundennutzen ausgerichtet ist. Einem Unternehmen, das ein Mehrtrainerkonzept sowohl in Bezug auf die verschiedenen Trainer als auch die verschiedenen inhaltlichen Konzeptionen bezieht und dabei gleichzeitig für alle Themen und alle Trainer ein einheitliches, erprobtes Schulungskonzept bezüglich der Methodik und Didaktik vorweisen kann.

Ein solches Unternehmen wird sich in dem stark zerklüfteten Markt deutlich von seinen Mitbewerbern und anderen Anbietern unterscheiden können und aufgrund des erhöhten Mehrwertes, den es seinen Kunden bietet, auch hier eine außergewöhnliche Chance haben, langfristig erfolgreich zu sein.

Die Vorteile überwiegen somit auf beiden Seiten, Kunde und Anbieter. Betrachten wir jetzt den einzelnen Trainer noch als zusätzlichen Stakeholder, als am Konzept Interessierten, so ergibt sich hieraus die besagte 3-Side-Win-Situation. Beteiligen sich jetzt die Trainer noch einem solchen Unternehmen, sehen es als ihr eigenes an, so fällt es ihnen auch in einem umkämpften Markt leichter, andere zu unterstützen und neben sich auf der Bühne, als weiterer Coach zu akzeptieren und sich auf ganzer Ebene – auch für die frühere Konkurrenz – zu engagieren.

Doch wo gibt es tatsächlich eine Vielfalt von Trainern, die aber verschiedene Themen unter einem Konzept schulen oder besser trainieren, mit dem einzigen Ziel, einen höheren Nutzen für den Kunden, den Trainee, zu erreichen?

Wo gibt es diese Gemeinschaft, in der der Nutzen für alle Beteiligten so hoch ist, dass der individuelle Kampf um den Kunden unterbleibt und stattdessen ein gemeinsamer Mehrwert, ein Schwarm, eine Community gebildet wird. Was würde dann gleichzeitig mit dem Unternehmen, für welches der Trainer tätig ist, was ihm vielleicht gehört oder an welchem er vielleicht beteiligt ist, passieren?

Richtig, weil auf den Kundennutzen ausgerichtet, wäre auch dieses Unternehmen mit der „Nase" im Markt vorne.

10.6 Ein Plädoyer für Diversity

Lassen Sie mich zum Schluss ein Plädoyer für die Vielseitigkeit, für die Diversity, bringen.

Monokulturen bringen Einseitigkeit, bringen Armut und bringen Krankheiten. Jeder von uns weiß das, wenn wir über die Landwirtschaft reden. Prosperität, Vielfalt und gesunder Überfluss kann nur aus der Verschiedenheit heraus entstehen.

Ebenso bedarf es der Führung, der Leitung eben dieser Verschiedenheit und Vielfalt. Das Bild mit dem Grundkonstrukt in Form einer Helix, die, wie wir aus dem Genom heraus wissen, mit ihren exakten Winkeln, Formen und Abständen die Basis des Lebens ist, scheint mir ideal für Lernzyklen, die quasi den Kontext für exzellentes Lehren, intensives Trainieren und damit auch für Lernen und sich Steigern darstellt.

Auf diese Helix, die den Kontext des Systems darstellt, werden die einzelnen abgestimmten Inhalte gelegt und dann von verschiedenen Trainern und Speakern in ihrer persönlichen Art, mit ausreichend Freiraum für individuelle Gestaltung dem Publikum, Kunden und Trainees nahe gebracht.

Stellen Sie sich das Mehr an Nutzen vor, das auf diese Art und Weise für alle Beteiligten zu erreichen ist. Stellen Sie sich vor, welcher Entwicklungssprung gegenüber den jetzigen Systemen manifestiert. sich damit

Lebenslanges Lernen nach einem systematisierten Ablauf.

Mit unterschiedlichen Inhalten.

Mit oder durch unterschiedliche Personen/Trainer.

Ähnlich bei einem Orchester. Nicht nur von der Geige lernen, nicht nur von der Pauke, von allen, in einem ganzheitlichen Schulungssystem mit vielen ausgezeichneten Virtuosen (Trainern), die in diesem „Lehrorchester" zusammenarbeiten. Geführt von einem Team oder einer Person, die nicht unbedingt die einzelnen Fachbereiche lehren oder schulen kann. Aber zusammengeführt von einem Dirigenten, einem Conductor, der weiß, dass das Zusammenspiel aller kleineren Lehreinheiten etwas sehr viel Größeres hervorbringen kann als jeder einzelne alleine. Und doch ist jeder einzelne darin wichtig.

Oder können Sie sich eine bekannte Sinfonie ohne den berühmten Paukenschlag vorstellen? Das ist ebenso abwegig wie der Gedanke, die ganze Sinfonie nur von der Pauke spielen zu lassen.

Übertragen Sie diesen Gedanken auf ein Schulungs- und Lehrsystem und stellen Sie sich vor, was alles möglich sein wird, wie das Orchester der Trainer die Voraussetzungen schafft, dass auch Ihr Leben, Ihr Business wie ein Symphonieorchester klingt. Dann tanzen Körper, Geist und Seele in unbändiger Lebensfreude miteinander. Durch die Synergien ist hier eine perfekte Harmonie möglich.

10.7   Möchten Sie sich an dieser Stelle einmal diese Vision vorstellen?

Nur zu. Liebend gerne mache ich hier mit Ihnen einen Ausflug und lasse Sie in diese Gedankenwelt eintauchen.

Ich möchte Sie an dieser Stelle mit diesem Gedanken regelrecht infizieren!

Stellen Sie sich ein Bild vor?

Wie sieht es aus? Wer ist an welcher Stelle darin enthalten? Wenn Sie Trainer oder Speaker sind, wo finden Sie sich wieder? Welches mag Ihr Instrument sein?

Wenn Sie Seminarbesucher, Coachee oder Trainee sind, wie finden Sie den Gedanken, von einem ganzen Orchester an Trainern und Speakern trainiert und geschult zu werden?

Der deutsche oder besser europäische Markt ist bereits mit hervorragenden Experten in den Bereichen Persönlichkeitsentwicklung, Lebensführung, Motivation und auch Unternehmensführung aufgestellt. Wie wäre es, diese zu „unserem" Orchester zu vereinigen?

Zu einem System, welches den Menschen erlaubt, ihre Erkenntnisse sofort mit Erfolg in die Praxis umzusetzen. Ein System, welches in dem ganzheitlichen Menschen sein persönliches „Orchester" zum Klingen bringt, um sowohl im Leben als auch im Unternehmen direkt am Steuer zu sitzen und aktiv zu lenken anstatt im Kofferraum zu sitzen und sich zu wundern, warum der Wagen nicht in die gewünschte Richtung fährt.

10.8   Über die Autoren

Dirk Schöttelndreier, MSc   ist ehemaliger deutscher Segelmeister und einer der erfolgreichsten Unternehmer im Mittelstand im deutschsprachigen Raum. Er ist mehrfach ausgezeichnet als Träger des Ludwig-Erhard-Preises des Deutschen Mittelstandes, als Top 100 Unternehmer in Deutschland, Österreich und der Schweiz, als Mitglied der „Best 49" und als Mitglied der Top 100 Excellente Unternehmer von Speakers Excellence.

Er ist eine Autorität rund um die Themen Qualitätsmanagement, Prozessmanagement, Servicemarketing, Selbstmanagement und gelebter Führung auf Basis des „Code of Honor". Seit mehr als zwanzig Jahren leitet er ein medizinisches Unternehmen und hat mehrere Beteiligungen an Erfolgsfirmen, die er aktiv berät, begleitet und als Trainer und Coach an die Spitze entwickelt. Dirk Schöttelndreier ist Performance-Redner, Spitzentrainer und Erfolgs-Coach und gibt sein Wissen sowohl auf der großen Bühne als auch im Einzelcoaching weiter.

Inspiriert und als Trainer international ausgebildet in Europa, den USA und in Asien wurde der aktive und mitreißende Persönlichkeitsentwickler und Fachbuchautor von den besten Trainern der Welt, unter anderem von der Erfolgslegende T. Harv Eker und seinem persönlichem Mentor Blair Singer.

Lebendig und voller Herz, eindrucksvoll und informativ, fundiert und kompetent, eindringlich und nachvollziehbar gibt er sein Wissen aus dem Spitzensport und dem Spitzenunternehmertum weiter – auf Deutsch und Englisch, aber immer in der Terminologie der Gewinner. Er gilt als der Inspirator der Business-Entscheider und als Starthelfer in Sachen wirtschaftlicher Spitzenleistung.

Mehr unter www.be-the-champion.com und www.be-the-champion-academy.com.

Eine Veränderungskultur ist die Voraussetzung für Diversity

11

Jürgen F. Studt

Zusammenfassung

Zu den Erfolgsfaktoren in kulturellen Veränderungsprozessen zählt auch das Wertschätzen von Andersartigkeit als eine Chance für Neues und die interkulturelle Kompetenz zur Gestaltung von Systemen. Die auf den ersten Blick bei rein ökonomischer Betrachtung vergleichbaren oder ähnlichen Realitäten verbergen die auf persönlicher Ebene dahinter liegenden deutlich unterschiedlichen Formen des Betroffenseins, die es in der Zusammenarbeit zu berücksichtigen gilt. Grundlage für ein erfolgreiches Wachsen von Diversity in einem Unternehmen ist eine Veränderungskultur, die bestimmte Kriterien erfüllen muss und der sich alle Beteiligten bewusst sein sollten – verordnete Frauenquote reicht nicht. Dieser Beitrag setzt sich mit den Kriterien dieser Veränderungskultur auseinander und beschreibt, welche hindernden Einflussfaktoren zu berücksichtigen sind und wie man sich positiv mit ihnen auseinandersetzt.

Inhaltsverzeichnis

J.F. Studt (✉)
2ic Management, Buckhorn 38, 22359 Hamburg, Deutschland
E-Mail: juergen.studt@2icm.de

© Springer Fachmedien Wiesbaden 2016
P. Buchenau (Hrsg.), *Chefsache Diversity Management*,
DOI 10.1007/978-3-658-12656-8_11

11.1 Förderung von Diversity

Zu den Erfolgsfaktoren in kulturellen Veränderungsprozessen zählt auch das Wertschätzen von Andersartigkeit als eine Chance für Neues und die interkulturelle Kompetenz zur Gestaltung von Systemen. Die auf den ersten Blick bei rein ökonomischer Betrachtung vergleichbaren oder ähnlichen Realitäten verbergen die auf persönlicher Ebene dahinter liegenden deutlich unterschiedlichen Formen des Betroffenseins, die es in der Zusammenarbeit zu berücksichtigen gilt. Die Schöpfung von Werten basiert sicherlich auf neuen Ideen und Technologien, aber vor allem auf radikal und qualitativ neuen Kombinationen von Ressourcen freigesetzt durch Neugier, Willen und emotionaler Bereitschaft von Menschen in einem interkulturellen Beziehungsfeld statt auf einer Absicherungs- oder Abschottungsmentalität. Das dominant vorherrschende Paradigma „doing more of the same" muss durchbrochen werden durch ein ganzheitliches Wertschöpfungsparadigma oder durch die von John Elkington formulierte Integration von Ökologie, Ökonomie und Sozialem.

Organisationen erfahren derzeit einen Wertewandel durch im Vergleich zu früher unterschiedlichen Werte- und Karriereorientierungen, Lebensstilen und Ansprüchen. Damit werden tradierte Normen, Prinzipien und Werte sowie die darauf aufbauenden Deutungs- und Handlungsmuster zunehmend aufgelöst. Organisationen werden z. B. auch lernen müssen, dass vor dem Hintergrund der demografischen Trends die Rekrutierung und vor allem die langfristige Bindung von Fach- und Führungskräften beiderlei Geschlechts zu einem der wesentlichen Erfolgsfaktoren der Zukunft wird (vgl. Lange 2006). Gleiches gilt auch für die Einbeziehung ethnischer Vielfalt bzw. „Diversity and Inclusion" bedingt durch eine mit der Globalisierung verbundene stärker praktizierte Mobilität und der daraus resultierenden Ansprüche an ein interkulturelles Management.

Insofern entwickelte sich in den letzten Jahren ein weiteres Element der Sozialkompetenz aus den Themenbereichen Gender und Diversity unter der Grundannahme, „[...] dass die bewusste Wahrnehmung und Berücksichtigung von Identität und Lebenslage jedes Beschäftigten dazu führen wird, dass die angestrebten Unternehmenserfolge besser und schneller erreicht werden. Insgesamt soll damit eine produktive Arbeitsatmosphäre im Unternehmen ermöglicht werden, die sich insbesondere durch Diskriminierungsfreiheit, Chancengleichheit und Empowerment auszeichnet" (Lange 2006). Trotz oder gerade wegen der rasch voranschreitenden Globalisierung werden kulturelle Eigenarten künftig noch mehr betont und gepflegt werden – der Diversity-Aspekt steigt somit in seiner Gewichtigkeit. Im Gegenzug zur internationalen Vernetzung wird immer bewusster das Eigene, das Lokale als Möglichkeit der Selbstvergewisserung, als Ruhe gewährender

Anker verstanden. Demzufolge wird es immer wichtiger werden, die Besonderheiten der eigenen und anderer Kulturen zu kennen und im Bewusstsein dieser Verschiedenheit nach dem Gemeinsamen zu suchen: Ein tieferes Verständnis kultureller Zusammenhänge und interkultureller Handlungskompetenz sind wesentliche Voraussetzungen hierfür.

Da die bisherigen empirischen Befunde zum Diversity Management nur Tendenzaussagen erlauben (vgl. Becker 2006), wird argumentativ versucht, einen Zusammenhang zwischen Diversity Management und unternehmerischem Erfolg herzustellen. Dabei lassen sich die regelmäßig vorgebrachten Nutzenargumente für Diversitäts-Management in fünf Kategorien einteilen (vgl. Klaffke 2008):

- Senkung von direkten und indirekten Kosten – die Wertschätzung aller Mitarbeiter steigert Motivation und Arbeitszufriedenheit und führt infolgedessen zu einer Reduzierung von Absentismus und Fluktuationsneigung.
- Erleichterung des Zugangs zu (neuen) Kunden und Märkten – eine vielfältig zusammengesetzte Belegschaft erlaubt es, flexibel auf heterogene Kundenbedürfnisse zu reagieren und Mitglieder von Subkulturgruppen für die gezielte Ansprache von Kunden der jeweiligen Subkultur zu nutzen.
- Steigerung der Arbeitgeberattraktivität – multikulturelle Aufgeschlossenheit und Offenheit fördern die Entwicklung einer Arbeitgebermarke, die alle verfügbaren Arbeitsmarktpotenziale anspricht.
- Förderung von Kreativität und Innovation – die breitere Wissensbasis gemischt zusammengesetzter Teams erlaubt Synergie-Effekte und steigert die Qualität und Tragfähigkeit von Problemlösungen.
- Verbesserung der Reaktionsflexibilität – die Auseinandersetzung mit vielfältigen Sichtweisen erhöht die kognitive Flexibilität sowie die Ambiguitätstoleranz der Mitarbeiter und fördert somit die Fähigkeit, sich an wandelnde Umweltbedingungen anzupassen.

Bei den dargelegten Nutzenargumenten handelt es allerdings sich im Wesentlichen um Einzeleffekte und entsprechend stellt sich angesichts der Vielzahl von auf den Unternehmenserfolg einwirkenden Faktoren die Frage, inwieweit eine empirisch gesicherte Kausalität zwischen Mitarbeiter-Diversity und unternehmerischen Erfolgsgrößen (z. B. EBIT) insgesamt begründbar und somit die ökonomische Vorteilhaftigkeit von Diversity Management überhaupt quantifizierend nachweisbar ist.

Voraussetzung für das Leben von Diversity ist die Bereitschaft im Unternehmen, Veränderungen bewusst zuzulassen und zu fördern.

11.2 Veränderungshistorie und -kultur

Eine wesentliche Rolle bei Veränderungsprozessen spielt der bisher erlebte Erfahrungshorizont, die Veränderungshistorie. Wenn man Unternehmenskultur als die Summe aller Grundprämissen, Normen und Werte als auch Artefakte, die den Geist eines Unternehmens ausmachen, definiert, dann schließt dies die soziotechnische Geschichte mit ein.

Der Begriff der Veränderungskultur wird von Autoren zwar benutzt, aber meines Wissens nirgendwo definiert. Aus diesem Grund wird sich hier an den Begriff Organisationskultur angelehnt. Organisationskultur lässt sich definieren als die „Gesamtheit der sozialen Tatsachen und ihre Codes in einem Unternehmen" (Neuberger 2000) oder auch als vorherrschende Muster von Tätigkeiten, Interaktionen, Normen, Empfindungen (und Gefühle), Einstellungen, Überzeugungen, Werten und Produkten. Dabei beschreibt dies nicht nur den Zustand zum Zeitpunkt der Unternehmenszusammenführung, sondern hier liegt besonderes Augenmerk auf der Entwicklung der o. g. Werte vor dem Hintergrund bereits geschehener Veränderungen. Es ist aber die Aufgabe des Change Managements, sich genau mit der existenten Kultur als Basis für gewünschte Veränderungen auseinander zu setzen.

Zu beachten ist dabei vor allem, dass es bedingte und sehr wohl gestaltbare Einflussfaktoren gibt, die auf eine Unternehmenskultur – und damit auch auf die Veränderungskultur – einwirken. Fundamentale, und damit wenig beeinflussbare, Faktoren sind z. B. Kunden, Produktionsmittel, Personalstruktur, Unternehmensgröße, Nationalität, geografische Lage und Eigentumsstruktur. Unternehmensspezifische und damit beeinflussbare Faktoren hingegen sind u. a.: Verhalten des Managements, Führungsinstrumentarium, Unternehmensziele und -leitbilder, Strategie, Personalpolitik, Arbeitsplatzgestaltung, Entgeltsysteme, Kommunikationspolitik, Regelungsdichte, Gestaltung sozialer Ereignisse. Eine ähnliche Sammlung findet sich bei Robbins, der vor allem auf Verhaltensaspekte innerhalb der Organisationskultur abhebt.

Ein weiterer Bestandteil jeder Veränderungskultur ist die Fähigkeit des organisationalen Lernens (vgl. Johnson 1990), das nicht nur auf den Weg zu einem Ziel, sondern auch auf die Veränderungen von Zielvorstellungen abstellt. Allerdings greift dies nur bei kontinuierlichen Veränderungen, nicht bei radikalen wie z. B. M&A-Vorhaben. Sontag konstatiert ebenfalls, dass Lernen „[…] eine wesentliche Instanz zur Festschreibung und Weiterentwicklung der Unternehmenskultur […]" (Sonntag 1996) darstellt und unterstreicht damit die Bedeutung einer Lernkultur für Unternehmen und die Veränderungsbereitschaft der Organisationsmitglieder, die sich über Lernprozesse den organisationalen Umgang mit Veränderungen und entsprechende Einstellungen, Werte und Normen aneignen und sich demgemäß veränderungsfreundlich oder -feindlich verhalten.

Wimmer z. B. beschreibt sehr explizit, wann aus Organisationskulturen schwierige Startpunkte für Veränderungsprozesse abzuleiten sind: So gebe es

> […] Organisationszustände, die für selbstreflexive Prozesse nur sehr schwer oder gar nicht zugänglich sind. Organisationskulturen, die das Denken und Fühlen ihrer Mitglieder ausschließlich auf fehlerfreie Reproduktion des Status quo konzentrieren, in denen eigene Beweglichkeit bestraft wird, die von stark asymmetrischen Machtverhältnissen geprägt sind, die immer wieder ganz bestimmte Ohnmachtserfahrungen reproduzieren, die in gewisser Hinsicht eine positive Besetzung der eigenen Ohnmachts- und Demütigungserfahrungen nahelegen […] (Wimmer 1995).

Man tauscht bei solchen Gelegenheiten die Gewissheit aus, dass ohnehin nichts zu machen ist, man versichert sich wechselseitig, wie schlecht es allen geht, wie absolut

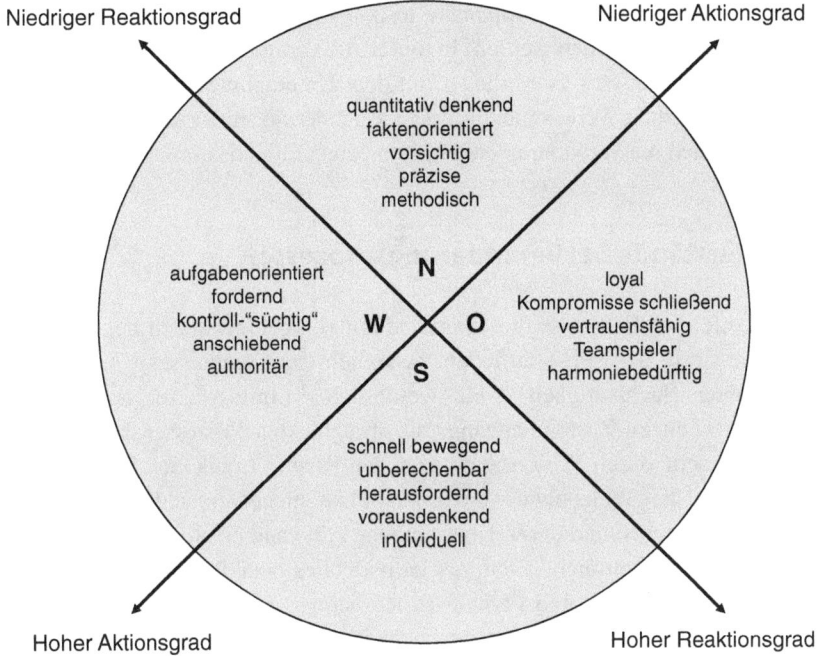

Abb. 11.1 Veränderungskompass-Modell in Anlehnung an Hall (1995)

sinnlos es ist, irgendetwas zu tun, etwas Neues zu versuchen; „es ist ohnehin alles zum Scheitern verurteilt" (Wimmer 1995). Dies seien „[…] Organisationskulturen mit einer hohen Resistenz gegenüber dem Selbststeuerungsmodus der Reflexion" (Wimmer 1995).

Eine positive Veränderungskultur be- bzw. entsteht also dann, wenn positive Sichtweisen gegenüber Veränderungen in dem Wertesystem der Organisation verankert sind bzw. werden – nicht nur auf Managementebenen, sondern auch bei Mitarbeitern. Hall entwickelte zu dieser Thematik ein Kompass-Modell, das alle Ausprägungsstärken von Veränderungskultur reflektiert (Hall 1995; vgl. Abb. 11.1).

Organisationen, die sich im Nordquadranten befinden, haben einen relativ geringeren Grad an Innovationsbereitschaft; mithin ist die Aufgeschlossenheit gegenüber Neuem nicht ausgeprägt (vgl. Meissner 1989). Für sie ist „[…] Innovativität [ein] mit allen Konsequenzen […] erfahrbarer, eigenständiger Wert im Wertsystem der Organisation […]". Entsprechend existiert hier ein Problembewusstsein auf Mikro- bzw. Mitarbeiterebene und der „sense of urgency" für Veränderungen ist bereits präsent oder kann relativ leicht vermittelt werden. In einer aktionsorientierten Organisation sind darüber hinaus fachliche Eigeninitiative und eigenständige Experimentierfreudigkeit der einzelnen Mitarbeiter erwünscht und werden auch ermöglicht. Es können in diesem Zusammenhang ebenfalls die Konzepte der „persönlichen Initiative", der „rule independence", des

„Entrepreneurship", sowie der „propensity to innovate" als wesentliche Elemente einer Veränderungskultur angesehen werden. In dieser Art Veränderungskultur wird der Identifikationsgrad der Organisationsmitglieder mit dem Unternehmen hoch sein, der letztlich auch die verinnerlichten Werte reflektiert. Die Veränderungshistorie und -kultur determinieren letztlich auch die Veränderungskompetenz einer Organisation.

11.3   Widerstände bei Veränderungsprozessen

Es erscheint offensichtlich, dass die Überwindung von Widerständen bei Veränderungsprozessen wie sie in der PMI stattfinden, bezüglich des Ergebnisses – und damit auch hinsichtlich ihrer Nachhaltigkeit – ein wesentlicher Einflussfaktor ist. Doppler und Lauterburg sprechen im Zusammenhang mit missglückten Prozessen bzw. Prozessausschnitten verursacht durch Widerstände von der Psycho-Logik des Misslingens (vgl. Meissner 1989). Unter Widerstand werden jene Phänomene verstanden, welche der Veränderung entgegenstehen und deren Überwindung Aufwand erfordert, wobei Widerstand gegenüber Veränderungen nicht allein als individuelles oder Persönlichkeitsproblem zu betrachten ist. Bereits Coch und French fanden heraus, dass das Konstrukt Widerstand gegenüber Veränderungen (resistance to change) dann auftritt, wenn Einfluss auf den Einführungsprozess von Veränderungen von den Betroffenen kaum wahrgenommen wird (vgl. Coch und French 1948). Veränderungsprozesse lösen durch Neues und Komplexität Unsicherheit aus und häufig implizieren Neuerungen auch die Notwendigkeit für Lernprozesse der gesamten Organisation oder einzelner Mitarbeitern und generieren somit ein gewisses Konfliktpotenzial. Bei der Betrachtung der Gründe für dieses Phänomen sind drei Ebenen zu berücksichtigen: das Individuum, die Gruppe und die Organisation im Sinne von Führungskultur.

11.3.1 Individuelle Einflussfaktoren

Um den Veränderungsbedarf zu erkennen, ist eine Wahrnehmung für das vorliegende Problem erforderlich. Cowan (1986) entwickelte ein Modell der Problemerkennung mit dem Ziel, durch ständiges Beobachten und Überwachen der Umgebung Diskrepanzen zu entdecken, für die eine Lösung gefunden werden muss. Für Baitsch und Alioth (1990) beginnen organisationale Veränderungen mit dem Entdecken von Widersprüchen und Ulich stellt fest, dass für das Auslösen von Handlungsintentionen sowie von Veränderungs- und Qualifizierungsbereitschaften das Wahrnehmen einer Soll-Ist-Differenz Voraussetzung sei (Ulich 1999). Anstehende Probleme werden als zu bisherigen Erfahrungen differierende Informationen wahrgenommen, die nach neuen Problemlösungen verlangen, wobei die Wahrnehmung für Veränderungsnotwendigkeiten durch die eigene Rolle gesteuert wird. Wird es nicht als Teil der eigenen Aufgabe angesehen, Dinge zu verändern, so wird die Umgebung kaum auf Veränderungsbedarf überprüft.

Nippa zeigte weiterhin, dass das Bewusstsein der Notwendigkeit von Veränderungen und deren aktive Unterstützung als umso fördernder wahrgenommen wird, je höher die Hierarchieebene ist (Nippa 1997).

Barrieren und Widerstände müssen bei fast jedem Veränderungsprozess – insbesondere bei qualitativen Sachverhalten wie Diversity – überwunden werden. Es muss demzufolge in hohem Maße individuelle Durchsetzungs- und Überzeugungsarbeit geleistet werden. Stutz spricht in diesem Zusammenhang von Promotion und meint „[…] die personell determinierten Aspekte der Initiierung, Steuerung und Durchsetzung eines geplanten Wandels. Dabei stehen im Zentrum des Geschehens Personen oder Personengruppen, welche aktiv und fördernd den Veränderungsprozess starten, vorantreiben und bis zum Implementierungsvollzug unter Überwindung von Widerständen durchsetzen. […]" (Stutz 1991). Promotion erachtet er vor allem in der Implementierungsphase als zentral, da hier die größte Gefahr des Versandens besteht. Zur Überwindung von Widerständen braucht es spezifische Energien: Instanzielle Macht ist die Energie zur Überwindung von Willensbarrieren, Fachwissen diejenige zur Überwindung von Fähigkeitsbarrieren. Nippa nennt die Machtpromotoren Change Leader und bezeichnet starke, akzeptierte Projektleiter als unverzichtbar, da ihr persönliches und ausdauerndes Engagement generell der Auslöser von organisationalen Veränderungsprozessen sei. Agrell und Gustavson begründen die Motivation zur Initiative mit der erlebten Selbstwirksamkeit. Das Erleben der Selbstwirksamkeit hängt mit Selbsturteilen bezüglich Aktivitäten zusammen, die erforderlich sind, um Probleme zu bewältigen (vgl. Agrell und Gustavson 1996). Die Wahrnehmung von hoher Selbstwirksamkeit verursacht, dass Problemerkennung, Leistungslücken und Veränderungsbedarf mit mehr Motivation angegangen werden. Wenig Selbstwirksamkeitserleben führt in Veränderungsprozessen, die in der Regel mit Unsicherheit und Widerständen verbunden sind, zu einer stärkeren Wahrnehmung von Barrieren und reduziert so die Wahrnehmung des Nutzens von Veränderungen, denn wenn die Betroffenen „[…] dem SOLL nichts Attraktives abgewinnen können, dann muss davon ausgegangen werden, dass keine Veränderungsenergie entsteht" (Janes et al. 2001; Thom 1995).

Die persönliche Bedeutung sowie die Unsicherheit hinsichtlich möglicher persönlicher Konsequenzen verursacht durch anstehende Veränderungen und die damit verbundene Unkontrollierbarkeit der Situation verstärkt den individuellen Widerstand. Gründe für Widerstand bei Betroffenen gegen Veränderungen sind oftmals ein Angriff auf die eigenen Interessen, die Scheu vor dem Risiko sowie Angst vor Statusverlust oder Angst vor materiellen Verlusten, aber auch Angst vor dem Verlust von Sicherheit, Autonomie und Anerkennung, sowie die Angst, neue Herausforderungen nicht bewältigen zu können. „Je einschneidender und radikaler sich die Veränderung auf Arbeits- und Lebensumstände auszuwirken droht, als desto brutaler wird der Eingriff erlebt" (Doppler und Lauterburg 2005, S. 84). Die Autoren differenzieren auch zwischen Fähigkeitsbarrieren, die Denk- und Artikulationsschwierigkeiten umfassen; Willensbarrieren, die Gleichgültigkeit und Ressentiments gegenüber dem Betriebsgeschehen sowie Änderungswiderstand beinhalten, sowie Risikobarrieren, die Furcht vor materiellen oder ideellen

Nachteilen umfassen. Das Widerstandspotenzial kann umso größer sein, je ernsthafter die persönliche Situation als gefährdet empfunden wird und je kürzer die Vorbereitungszeit ausfällt, um sich auf die Veränderung einzustellen. Im Zusammenhang mit der Kürze der Vorbereitungszeit sprechen sie von Kaltstarts, die den Betroffenen nicht die Zeit lassen, den Sinn der Veränderung einzusehen. Angst und Abwehr seien damit als natürliche Reaktion und „[…] natürlicher Mechanismus zum Schutz des bedrohten Sinnzusammenhangs" zu betrachten. Frei et al. verbinden entstehenden Widerstand auch mit mangelnder Möglichkeit, eigene Bedürfnisse zu artikulieren und Erfahrungen einzubringen. Widerstand entstehe dann, „[…] wenn über die Köpfe hinweg entschieden wird […]" (Doppler und Lauterburg 2005, S. 84 f.), die Beschäftigten mithin die Kontrolle über anstehende Entscheidungen nicht haben.

Widerstände treten am stärksten in der Implementierungsphase eines Veränderungsprozesses auf, weil in dieser Phase konkrete Verhaltensänderungen notwendig werden. Doppler und Lauterberg (1986) sprechen von einer verschlüsselten Botschaft, mittels derer negative Emotionen im Zusammenhang mit der Veränderung transportiert werden. Diese Botschaften können in aktiver oder passiver, in verbaler oder non-verbaler Form gesendet werden. Defensives Verhalten ist eine weitere Variante verschlüsselter Botschaften und somit eine Art von Widerstand, die Veränderungen vermeiden soll. Hier wird dann der eigene Aufgabenbereich beschützt und im Zweifelsfalle wird die Verantwortung zur Erfüllung einer Aufgabe von sich mit der Begründung abgewiesen, das gehöre nicht zum Job (vgl. Doppler und Lauterburg 2005, S. 84 f). Ulich (1986) sieht in diesen Symptomen Warnsignale des Widerstands, denen früh durch die gedankliche Vorwegnahme ebenso wie Partizipation unter Anerkennung der Subjektposition entgegengetreten werden müsse.

Eine weitere Ausdruckform des Widerstandes ist die Resignation bzw. Kontrollverzicht bis hin zur Entfremdung von der eigenen Arbeit mit der Konsequenz, dass nur noch versucht wird, den Status quo zu halten und Arbeitsaktivitäten verweigert werden, die über die Minimalanforderungen hinausgehen, auch bekannt als innere Kündigung. Baitsch (1986) betont außerdem, dass frühere Erfahrungen mit von oberen Hierarchieebenen initiierten, aber missglückten Veränderungen oder nicht geglückten eigeninitiierten Versuchen, die Arbeitssituation zu verändern, dazu führen können, dass eine Grundeinstellung des Misstrauens und der Resignation gegenüber Veränderungen entstehe. Hinzu kommen mögliche Überbelastungssymptome wie steigende Fehl- oder Krankheitszeiten bis hin zum Burn-out-Syndrom resultierend aus Unsicherheit verbunden mit Mehrarbeit.

Eine individuelle positive Annahme von Veränderungen wird vor allem – wie bereits ausgeführt – durch einen partizipativen Führungsstil und andere motivierende Faktoren verstärkt. Motivierte und kreative Mitarbeitende gelten als Motoren von Veränderungen. Letztlich sind natürlich auch die bei den Betroffenen vorhandene Qualifikationen und Kompetenzen der Betroffenen zu berücksichtigende Einflussfaktoren (vgl. Nippa 1997).

11.3.2 Gruppenbasierte Einflussfaktoren

Das Thema Kommunikation im Zusammenhang mit Veränderungsprozessen ist an vielen Stellen ausgiebig dargelegt. Im Zusammenhang mit der Erläuterung von Widerständen, die auf Gruppenverhalten basieren, ist allerdings die im Folgenden weitere Differenzierung erforderlich. Meissner präsentiert eine Reihe von Aspekten, die im Zusammenhang von Kommunikation und organisationalen Veränderungsprozessen berücksichtigt werden müssen (vgl. Meissner 1989):

- Intensität der Kommunikation – Kommunikation dient in diesem Zusammenhang der Generierung der zur Problementdeckung sowie Problemlösung notwendigen Informationen, wobei ein intensiver Informationsaustausch mit möglichst verschiedenen Personen zu einer Vermehrung des Wissens führt, ohne das innovative Prozesse nicht entstehen können. Informationen, die den Gruppenmitgliedern durch Kommunikation zugänglich gemacht werden, steigern das Neu-Kombinationspotenzial und damit die innovative Problemlösungswahrscheinlichkeit. Weiterhin hat sich herausgestellt, dass die Qualität, in der miteinander gesprochen wird (Dialog statt Diskussion) dazu führt, offener zu sein, eigene Ideen zu reflektieren und weitere Informationen zu verarbeiten, was zu qualitativ besseren Lösungen führen kann. Intensität drückt sich auch aus in der Häufigkeit der Kommunikation über das Veränderungsvorhaben und die damit verbundenen Ziele aus.
- Richtung und Auslöser der Kommunikation – Die Struktur einer Organisation beeinflusst die Kommunikationskanäle, -häufigkeiten, und deren Inhalte. Demzufolge stellt ein hoher Zentralisierungsgrad bezüglich der Entscheidungsgewalt meistens eine hohe Barriere für die kommunikativen Prozesse dar. Porter und Roberts (1976) konstatierten bereits, dass sowohl bei Aufwärts- wie Abwärtskommunikation inhaltliche Filterungen stattfinden können, wobei Vorgesetzte den nach unten fließenden Kommunikationsanteil größer einschätzen als ihre Mitarbeiter. Wenn Kommunikation den Veränderungsprozess unterstützen soll, darf sie nicht ausschließlich auf den normalen formalen Wegen stattfinden. Vielmehr sollte ein informeller Informationsaustausch über Hierarchieebenen hinweg sowie zum Top-Management gewährleistet sein (vgl. Inversini 2005). Informationen bezüglich neuer Ideen und Entwicklungen fließen in innovativen Organisationen sowohl in horizontaler Richtung als auch in vertikaler Richtung, also abteilungs- oder Gruppen übergreifend von Mitarbeitern in die Entscheidungsprozesse der Vorgesetztenebenen und als Feedback von da wieder zurück. Entsprechend gelten Feedbackschleifen als Grundvoraussetzung für einen erfolgreichen Prozessverlauf und das Lernen in Organisationen. Hier ist vor allem das Management gefragt, Kommunikation sowohl in vertikaler als auch horizontaler Richtung zu fördern, was einen regelmäßigen Kontakt mit den Mitarbeitern erfordert.
- Offenheit und zeitnahe Kommunikation – Ein wesentliches Charakteristikum der Kommunikation in Veränderungsprozessen ist der Grad der Offenheit, d. h. dass

Informationen von verschiedenen Personen auch wirklich vollständig ausgetauscht werden. Jedoch ist eine offene Kommunikation in einem Umfeld diametral entgegengesetzter Interessen nicht selbstverständlich. Offenheit braucht Vertrauen, aber: Je offener kommuniziert wird, desto sicherer fühlen sich die Betroffenen innerhalb der Gruppe und gegenüber den Vorgesetzten. Gelingt es nicht, eine offene Kommunikation zu praktizieren, entstehen nicht nur Bedenken über mögliche negative Konsequenzen, sondern es werden konstruktive Ideen zurückgehalten und Informationen generell reduziert (vgl. Doppler und Lauterburg 2005).

Erst bei Funktionieren der o. g. Kommunikationsaspekte kann die für erfolgreiche Veränderungsprozesse notwendige interne Kooperationskultur, die vor allem für gemeinsame Problemlösungen Grundvoraussetzung ist, entstehen. Ohne eine adäquate Kooperationskultur entstehen eher Standardlösungen für ein Problem anstatt neue kreative Ansätze und der Hang zu Konformität und Gruppennormen, die wiederum nicht nur die Lösung eines Problems beinträchtigen, sondern schon die Definition. Gleiches gilt für konfliktbehaftete und kompetitive Beziehungen zwischen den einzelnen Gruppenmitgliedern. Eine weitere Rolle spielt die wahrgenommene Sicherheit innerhalb der Gruppe (partizipative Sicherheit), die eben auch innovationsfördernd wirkt.

Letztlich ist die Existenz einer übergeordneten Version und von Gruppenzielen ein signifikanter Einflussfaktor, wobei die Gruppenmitglieder in die Vereinbarung der (Veränderungs-)Ziele involviert sein müssen und diese Ziele akzeptieren sollten. Allerdings muss auch eine Erreichbarkeit der Ziele gewährleistet sein.

11.3.3 Einflussfaktoren im Führungsbereich

Wie bereits ausgeführt, ist eine partizipative Veränderungsprozessgestaltung verbunden mit dem Bedürfnis, potenzielle Widerstände Betroffener abzubauen, die Fachkompetenz der Betroffenen zu nutzen und sie zum Umgang mit Neuerungen zu befähigen (vgl. Elke 1999). Es konnte in Untersuchungen gezeigt werden, dass Rückkopplungsprozesse im Rahmen von Survey-Feedback-Prozessen die Motivation der Beschäftigten bezüglich der Auseinandersetzung mit einer Veränderung ihres Arbeitsplatzes nach dem erfolgten Feedback anstieg (vgl. Gebert 1976). Eine partizipationsorientierte Führungskraft, die in Veränderungsprozessen auf Selbststeuerung statt hierarchische Kontrolle setzt, erlebt einen Rollenwechsel vom Manager zur Führungspersönlichkeit (Change Coach im weiteren Sinne) und muss sich weiterhin dazu entwickeln, selbst organisierte Teams in dieser Rolle zu führen (vgl. Doppler und Lauterburg 2005). Entsprechend führt dies auf Leitungsebenen zur verstärkten Forderung nach Sozialkompetenz. Doppler und Lauterburg heben in diesem Zusammenhang vor allem Vertrauen, Kommunikations- und Feedbackprozesse sowie Konfliktfähigkeit hervor (vgl. Doppler und Lauterburg 2005).

Transparente Informationen und Kommunikation sind zwei wesentliche Faktoren des Führungsverhaltens in Veränderungsprozessen (vgl. Inversini 2005). Unterlassungssünden im Sinne von nicht gegebenen Feedbacks von Führungskräften und konsequenterweise fehlender Feedbackschlaufen hinsichtlich des Verhaltens von Mitarbeitern blockieren gewünschte Entwicklungen und führen bei längerer Unterlassung zu einer Lähmung der Beteiligten (vgl. Elke 1999; Gebert 2004). Das Bedürfnis von Organisationsmitgliedern nach transparenter und umfassender Information bezieht sich dabei nicht nur auf marktwirtschaftliche Informationen, sondern vielmehr auch auf solche über Aktivitäten und Veränderungen im ganzen Unternehmen. Nachvollziehbarkeit und Transparenz im Unternehmen gelten denn auch als veränderungsförderliche Aspekte, wobei hierfür notwendigerweise die relevanten Informationsträger nicht nur anwesend, sondern auch zugänglich und verfügbar sein müssen (vgl. Nippa 1997). Häufig werden aber gerade schlechte Nachrichten vom Management nur ungern offen kommuniziert. Doppler und Lauterburg (2005, S. 91 f.) nennen dies eine Taktik der Wahrheit auf Raten und leiten daraus eine Angst vor Akzeptanzverlust und ein mangelndes Vertrauen in die Belastbarkeit des Systems ab.

11.3.4 Unterstützende und blockierende Faktoren in Veränderungsprozessen

Die bisherigen Ausführungen zeigen, dass Unterstützung – insbesondere durch das Management – ein wesentlicher Faktor in Veränderungsprozessen ist. Es konnte empirisch bestätigt werden, dass Unterstützung durch das Top-Managements die restlichen Führungskräfte Veränderungsprozesse erfolgreicher gestalten lässt. Führungskräfte, insbesondere der obersten Stufe, haben alleine aus ihrer Position heraus die Möglichkeit, als Promotoren einer Veränderung diese direkt voranzutreiben. Eine indirekte Veränderungen unterstützende Wirkung erzielen sie, indem sie einen positiven Einfluss auf die Entwicklung einer Unternehmenskultur nehmen (Kulturgestalter), die Selbstverantwortung, Eigeninitiative und Selbststeuerung der Mitarbeiter fördert sowie Lernprozesse anstößt und zulässt (vgl. Sonntag 1996). Allerdings gilt dies natürlich auch mit umgekehrten Vorzeichen, was zu Blockaden bei Veränderungsprozessen führt. Doppler und Lauterberg nennen Gründe dafür, weshalb gerade Führungskräfte oft als Veränderungshemmer auftreten: Es sind dies zum einen Stolz auf alte Erfahrungen (vgl. Doppler und Lauterburg 2005, S. 105) oder negativ ausgedrückt Rückwärtsgewandtheit (vgl. Doppler und Lauterburg 2005, S. 109), welche Erkenntnisse blockieren oder „[…] verhindern, dass sie in radikaler Konsequenz umgesetzt werden" (Doppler und Lauterburg 2005; Vahs 2005). Weitere Hemmnisse für Veränderungsprozesse sind Ordnungsdenken von Bürokraten, aber auch aufgrund langjährigen Sozialisierungsprozesse die Werte Anstand und Anpassung, mit Hilfe derer sich heute ältere Manager hochgedient hätten, die in dieser Ausprägung allerdings den heutigen Bedürfnissen nicht mehr dienten. Das schließt jedoch keineswegs aus, dass auch jüngere Führungskräfte aus Angst vor Kontrollverlust und/oder Statusverlust sowie um der Besitzstandswahrung willen Veränderungsprozesse blockieren. Ein weiter Grund für das Scheitern von Veränderungsprozessen ist häufig das Tempo der Implementierung von Veränderungen. Scharffenberg hebt hervor, dass erhöhte Tempi bei der Umsetzung von Veränderungsprozessen im Sinne von Zeiteffizienz nur möglich seien, „[…] wenn Manager hohe Implementierungskompetenz besitzen [...], was selten der Fall sei" (Scharffenberg 1997). Es muss ein hinreichendes Zeitfenster für die Implementierung der Veränderung existieren, andernfalls reiche die Zeit lediglich noch für eine Downsizing-/Restrukturierungsmaßnahme aus, was den Handlungsspielraum dann jedoch sehr einschränke. Auch das Entwickeln einer partizipativen Führungskultur beinhaltet einen Zeitfaktor, der bei Nichtberücksichtigung aufgrund von äußeren Zwängen oder Krisensituationen dazu führen kann, Mitarbeitende in ihrer Kooperationsfähigkeit zu überfordern.

11.3.5 Die Beratungsfunktion bei Veränderungsprozessen

In den vorigen Abschnitten wurde dargestellt, welcher Voraussetzungen es bedarf, um Veränderungen erfolgreich durchzuführen. Diese sind aber nicht immer gegeben und eine wichtige Rolle spielt sozusagen der Startpunkt der Organisation, wenn sie mit signifikanten Veränderungen konfrontiert wird, was wiederum auf die Veränderungshistorie und das Veränderungsverständnis abstellt. Möglicherweise erweist es sich als unumgänglich, professionelle Dritte (Berater) hinzu zu ziehen. In der Literatur finden sich teilweise sehr generelle und teilweise sehr konkrete und spezifische Aussagen, auf die im Folgenden repräsentativ eingegangen wird.

Das Notwendigste für ein sinnvolles Management von Veränderungen sind gute Entscheidungsgrundlagen, also Diagnosen.

> Eine diagnostische Grundhaltung ist zunächst einmal eine der entscheidenden Voraussetzungen erfolgreichen, individuellen Handelns überhaupt – die Neugier darauf, wie die Dinge wirklich liegen; die Skepsis eigenen Vorurteilen gegenüber; die Fähigkeit Fragen zu stellen und gut zuzuhören; der immer wieder unternommene Versuch, sich in die Lage anderer hineinzuversetzen; die Sensibilität für das Unterschwellige; die Bereitschaft, aus dem eigenen Handeln und dessen Auswirkungen zu lernen (Doppler und Lautenburg 2005).

Insbesondere im Rahmen der Organisationsentwicklung sind umfassende Analysen Teil der Organisationsdiagnose, um den aktuellen Organisationsstand in allen Facetten zu erfassen und die vorhandene Komplexität zu verstehen und somit eine Basis für die Planung und Implementierung von Maßnahmen der Veränderung zu erhalten (vgl. Elke 1996, S. 457 f). Diese Vorgehensweise wurzelt sowohl in der Survey-Feedback-Methode als auch in der Aktionsforschung (vgl. Comelli 1993). Vorteilhafterweise werden auf diese Art Entscheidungen mehr auf empirischen Tatsachen als auf Macht, Stellung, Tradition, Überredung begründet und die erhobenen Daten werden als Instrumente zur Problemlösung und nicht als Basis für Sanktionen genutzt. Es wird allerdings auch befürchtet, dass das Klientensystem große Erwartungshaltungen bzw. Befürchtungen hinsichtlich der (angeblich) objektiven Zurückspiegelung von Wirklichkeiten entwickelt (vgl. Wimmer 1995). Diese von externen Beratern zur Verfügung gestellte Information ist unter Umständen anschlussfähig, da unter Gesichtspunkten der neueren Systemtheorie verständlich werde, „[...] dass jede Information eine systemeigene Leistung darstellt und wenn diese von außen kommenden Gutachten und Diagnoseberichte nicht in die systemspezifischen Verarbeitungsmechanismen passen, bleiben sie ein unverständliches Umweltrauschen" (Wimmer 1995, S. 100). Aus der Praxis hinreichend bekannt ist auch die manchmal geäußerte Vermutung, dass das erhobene Datenvolumen nur dem Bedürfnis der Berater nach Übersicht über die Probleme und Reduktion der eigenen Unsicherheit bezüglich des zunächst unbekannten Klientensystems dient, das Klientensystem selbst mit der Informationsfülle jedoch gar nicht konstruktiv weiterarbeiten kann Die Aufhebung der Trennung von Diagnose und Intervention hilft aus diesem Problem heraus, da dann alle Diagnoseschritte als Intervention angelegt werden. Nun passiert der Informationsgenerierungsprozess im System selbst und wird von den Beratern lediglich prozessual gesteuert. Bei dieser Vorgehensweise sind die Betroffenen in die Analyse einbezogen und die Rückkoppelung der Ergebnisse an die Betroffenen fördert unter der Voraussetzung, dass die erhobenen Fakten und entwickelten Hypothesen durch die Betroffenen auch genutzt werden, den partizipativen Charakter des Prozesses (vgl. Comelli 1993).

Generell ist hinsichtlich des Einsatzes von Beratern festzustellen, dass Gestaltungsmaßnahmen immer zu den lokalen Gegebenheiten einer Organisation passen müssten. Exner et al. (1987) konstatieren, dass man Unternehmen nicht „[…] eine von außen kommende Rationalität aufoktroyieren […]" dürfe, die Berater müssten zunächst „[…] den hinter eingerichteten Strukturen und beobachtbaren Abläufen stehenden Sinn zu verstehen." Und vor allem: kein Beratungsansatz wird als „[…] besser oder schlechter, höherwertiger oder minderwertiger […]" betrachtet, sondern es wird je nach Situation des Klientensystems und nach Möglichkeiten der Beratenden der adäquate Ansatz ausgewählt, die Erwartungen des Klientensystems einzubeziehen seien (Exner et al. 1987, S. 275). Drastischer formulieren Doppler und Lauterburg, ein Veränderungsvorhaben habe umso geringere Aussicht auf Erfolg, „[…] je stärker es im Gegensatz steht zur Unternehmenskultur, die insgesamt vorherrscht. Veränderungen einführen zu wollen, die neues Denken erfordern, die ein Verhalten voraussetzen, das bisher weder üblich noch beabsichtigt war, noch viel weniger belohnt und deshalb auch nicht „gelernt" wurde, ist wie der Versuch, das Meer zu pflügen" (Doppler und Lauterburg 2005, S. 94). Existente Unternehmenskulturen beeinflussen also mit die Beantwortung der Frage nach der richtigen Implementierungsstrategien, den Zeitpunkt ihres Einsatzes und die anzuwendende Intensität. Hinsichtlich der Rollen der Berater wird auch von Stutz ein bewusster und situationsadäquater „[…] Einsatz unterschiedlicher Beraterrollen sowie die Übereinstimmung des Beratungsstils mit dem Stil, der Kultur und der Situation des beratenden Unternehmens […]" empfohlen (Stutz 1991).

11.3.6 Kommunikation

Veränderungsprozesse in Organisationen sind gekennzeichnet durch eine starke Zunahme der wahrgenommenen Umfeldturbulenzen. Liebl macht dafür vier Faktoren verantwortlich (vgl. Liebl 2000):

- Hohe Ereignisdichte und dynamische Beschleunigung der Prozesse
- Hohe Relevanz der geplanten Veränderung für die Organisation mit einem erhöhten Risiken-/Chancenprofil

- Steigende Komplexität; immer mehr Facetten bzw. Umfeldbereiche werden relevant, die Zahl der Handlungsalternativen wächst
- Erhöhte Kontingenz und abnehmende Vertrautheit der Ereignisse; Entwicklungen werden diskontinuierlich, die Betroffenen sehen sich mit völlig neuen Sachverhalten konfrontiert

Veränderungsprozesse mit hoher Intensität, Paradigmenwechsel und Veränderung von Strukturen sind darüber hinaus aufgrund der Stakeholder durch kommunikative Multidimensionalität gekennzeichnet. In der Zusammenfassung erfordert diese eine integrierte Kommunikation, wie sie in Abb. 11.2 dargestellt wird.

Führung in Veränderungsprozessen bedeutet immer auch Kommunikation. Aus diesen Lösungsstrategien leiten sich die Aufgaben des Managements eng verzahnt mit den Aufgaben der Kommunikation ab, wie in Abb. 11.3 dargestellt.

Pfannenberg (2003) unterscheidet vier Positionen zur Kommunikation in Veränderung sprozessen:

- Kommunikation als Mittel zur Veränderung der Unternehmenskultur – Im Vordergrund jedweder strategischen Veränderung in einem Unternehmen steht die Unternehmenskultur. In der Literatur wird diese Entwicklung als ständiger Prozess gesehen, der niemals abgeschlossen ist (vgl. Bromann und Piwinger 1992). Dem ist entgegen zu halten, dass eine Analyse der Unternehmenskultur zwar Ansatzpunkte zur Transformation des Verhaltens liefert, jedoch können „[…] Programme zur Veränderung der Unternehmenskultur, die unmittelbar auf die Veränderung von Normen und

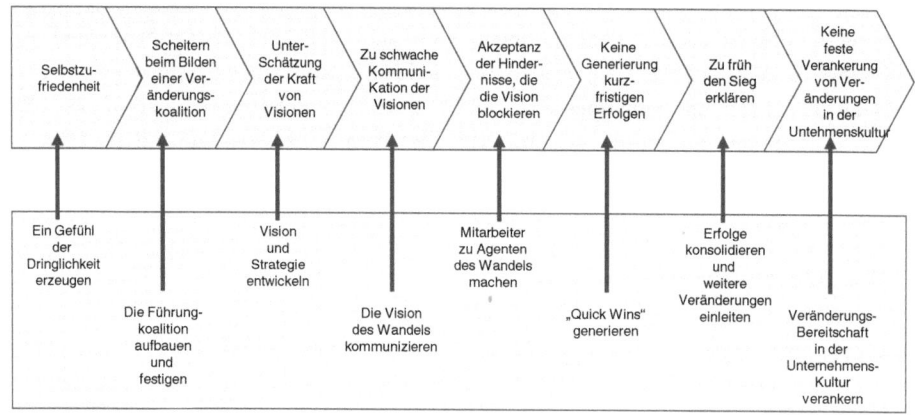

Abb. 11.2 Hürden und Lösungsstrategien bei Veränderungen. (Quelle: in Anlehnung an Kotter 1996)

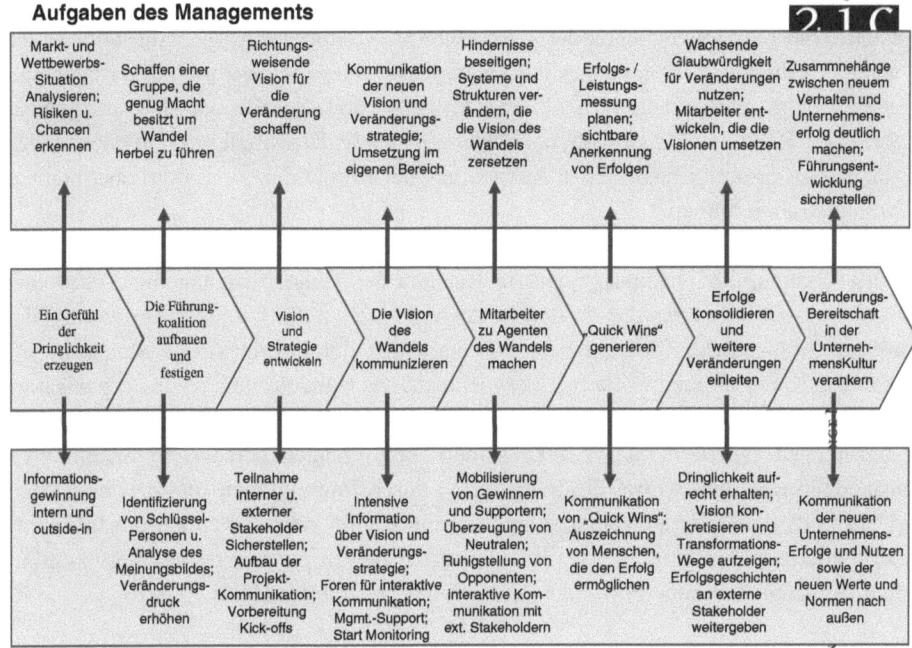

Abb. 11.3 Aufgaben Management/interne/externe Kommunikation. (Quelle: in Anlehnung an Pfannenberg 2003)

Werten zielen, die Unternehmenswirklichkeit nicht verändern. Dies kann nur mit verhaltensorientierten Konzepten erreicht werden" (Pfannenberg 2003, S. 12).

- Kommunikation als Wertemanagement – Hier wird der Markenwert als Orientierungspunkt für Mitarbeiter in beanspruchenden Veränderungszeiten kommuniziert. „Aufgabe der Mitarbeiterkommunikation in Change-Prozessen ist es dementsprechend, die Unternehmensmarke nach innen zu emotionalisieren, damit sie nach außen gelebt werden kann." Diese sogenannten Brand-Value-Konzepte basieren auf der unrealistischen Annahme, dass Werte Verhalten bzw. Menschen verändern können. Diese auf Identität und damit Selbstgleichheit gerichtete Kommunikation fördert jedoch eher die Nichtwahrnehmung von erforderlichen Veränderungen. Emotionalisierung des Wertesystems blockiert Veränderungen (vgl. Kotter und Heskett 1992).

- Kommunikation als Dialog – Der Dialogansatz proklamiert die Einsicht, dass Kommunikation in der Interaktion realisiert wird. Allerdings zielt der emphatische Dialog-Begriff auf den Konsens der Werte und lässt sich insofern für die Steuerung von Kommunikationsprozessen nicht nutzbar machen. „Kommunikationsmanagement ist eben nicht verständnisorientiertes Handeln, sondern strategisches Bewirken von Unternehmenszielen" (Merten 2000).

- Kommunikation zur Reduzierung von Veränderungswiderständen – Änderungswider-
  stände, die individuell begründet sind, treten dann auf, wenn „[…] die vom Unternehmen erbrachten und vom Mitarbeiter positiv bewerteten Anreize geringer sind
  als die damit verbundene Arbeit" (Pfannenberg 2003, S. 14) oder sich in organisatorischen Rahmenbedingungen begründen. Jedwede Klassifizierung solcher Widerstände hilft zwar der inhaltlichen Ausrichtung der Kommunikation, führt aber nicht zu
  Verhaltensänderungen.

Für das Kommunikationsmanagement in Rahmen des Change Managements bedeuten
die obigen Ausführungen das In-den-Mittelpunkt-stellen funktionaler Beziehung und
damit das Ablösen der Diskussionen über Verhalten durch strategische Steuerung des
Verhaltens. Kommunikationsmanagement ist dann das Handeln im sozialen/organisatori-
schen System und nicht mehr die Beeinflussung von Wertsetzungen bei den individuellen
Organisationsmitgliedern. Schmidt konstatiert das Versagen persuasiver Kommunika-
tionsmodelle und befürwortet die Substitution durch Interaktionen im sozialen System
(vgl. Schmidt 1990). In der Veränderungskommunikation geht es weniger um Informationen, sondern um Orientierung durch Komplexitätsbewältigung, was nur durch kontinu-
ierliche Sinnaktualisierung bewältigt werden kann (vgl. Kotter 1996).

11.4 Frauensache

Im Folgenden soll noch einmal ein Bereich des Themas Diversity etwas weniger wissenschaftlich und eher unter gesellschaftspolitischen Aspekten beleuchtet werden, weil er
seit vielen Jahren vehement aber eher ergebnislos diskutiert wird (vgl. Zeit online 2013).

Teilzeitarbeit wird in Deutschland in erster Linie von Frauen verrichtet. Von den
4,9 Mio. Teilzeitbeschäftigten sind 87 % weiblich (vgl. Landesamt Rheinland-Pfalz
2004). Dabei gilt: Je mehr minderjährige Kinder in einer Familie leben, desto größer ist
die Wahrscheinlichkeit, dass die Mutter ihre Wochenarbeitszeit reduziert. So liegt nach
Angaben des Statistischen Bundesamtes bei Familien mit einem Kind der Anteil der teilzeitbeschäftigten Frauen bei 64 %. Bei drei Kindern traut sich kaum noch eine Mutter
einen Vollzeitjob zu, die Teilzeitquote liegt in dieser Gruppe bei 80 %. Für die Väter hingegen ändert sich auch mit wachsender Kinderzahl kaum etwas: Ihre Teilzeitquote liegt
konstant bei fünf bis sechs Prozent.

Häufig vorzufinden: Akademisch vorgebildete Frau verliert ihren Job, weil die ursprünglich auf z. B. sechs Monate veranschlagte Elternzeit verlängert werden muss, weil das Kind
leider nicht effizient genug funktioniert und z. B. Probleme mit der Eingewöhnung in die
Kita hat. Da stellt das Unternehmen plötzlich fest, dass es doch keine Verwendung für die
Mutter mehr hat, und bietet eine Abfindung an. Immerhin, eine Abfindung. Über so viel
Großzügigkeit würden sich viele der 6,9 Mio. berufstätigen Mütter in Deutschland schon
freuen. Zwar geben sich Arbeitgeber gern frauenfreundlich. Erst vor kurzem stellte Fami-
lienministerin Kristina Schröder (CDU) die Initiative „familienbewusste Arbeitszeiten" vor,

bei der Unternehmen sich für ihre flexiblen Teilzeitangebote feiern durften. Doch die Realität in vielen Firmen sieht anders aus. Statt ihre weiblichen Angestellten beim stressigen Alltag zwischen Wickelkommode und Job bestmöglich zu unterstützen, legen Arbeitgeber den Müttern nach der Babypause oft Steine in den Weg. Noch immer sind betriebsbedingte Kündigungen während der Elternzeit an der Tagesordnung. Und selbst weibliche Führungskräfte sind nicht davor gefeit, zurückgestuft oder schlechter bezahlt zu werden.

Glaubt man Katja Dörner, der stellvertretenden Vorsitzenden der Grünen, wird auch der Vorstoß der Ministerin daran wenig ändern: „De facto bieten die meisten Unternehmen heute schon Teilzeitmodelle an, nur wird das Angebot meist nicht genutzt, weil die Angestellten kein Anrecht auf Rückkehr in Vollzeit haben und weil nach wie vor Betreuungsplätze für Kinder fehlen." Die einzige Lösung sei ein gesetzlich verbrieftes Rückkehrrecht von Teilzeit in Vollzeit – und ein Recht auf ganztägige Betreuungsplätze.

Tatsächlich hätte es Deutschland bitter nötig, die Mütter besser in den Arbeitsmarkt zu integrieren. Schon heute ist der Mangel an qualifizierten Arbeitskräften gewaltig. Im Jahr 2020, prognostiziert die Beratung McKinsey, werden der deutschen Wirtschaft gar bis zu zwei Millionen Fachkräfte fehlen (vgl. Handelsblatt 20. März 2010). Die Politik hat das Problem zwar erkannt: Immer wieder wird darüber diskutiert, wie man mehr ausländische Fachkräfte für Deutschland begeistern könnte. Weitgehend unbeachtet bleibt dabei jedoch eine Ressource, die gar nicht erst von weit her geholt werden muss – Frauen eben. Der Chef der Bundesagentur für Arbeit, Frank-Jürgen Weise, erinnerte kürzlich daran, dass, wer qualifizierte Kräfte haben und halten will, etwas bieten muss – das können die Unternehmen selbst gestalten. Vor allem der Mangel in der Kinderbetreuung hindere qualifizierte Frauen daran zu arbeiten. In der Theorie klingt alles einfach: Wer Frauen ermöglicht, Karriere und Privatleben unter einen Hut zu bringen, muss sich langfristig um fehlende Fachkräfte nicht sorgen. Nur in der Praxis ist die Einsicht noch nicht recht angekommen. Es ist auch anzutreffen, dass Frauen, die eine sehr geregelte Arbeitszeit benötigen, um sich mit ihrem Kind zu organisieren, gemobbt werden, indem sie z. B. immer kurz bevor sie eigentlich gehen müssten, noch „dringende" Arbeit zugewiesen bekommen.

Man kann nur spekulieren, was Arbeitgeber dazu bringt, es sich ausgerechnet mit jenen Angestellten zu verscherzen, die das in Managementkreisen hoch geschätzte Multitasking familienbedingt bis zur Perfektion beherrschen. Vermutlich trauen es viele Chefs den Müttern im Land einfach nicht zu, trotz ihrer Doppelrolle einen guten Job zu machen. Dabei sind gerade berufstätige Mütter in ihrem Job oft besonders motiviert. Denn wer als Frau gut ausgebildet ist und vor der Familiengründung schon die ersten Sprossen auf der Karriereleiter empor geklettert ist, dem fällt mit Kind zu Hause schnell die Decke auf den Kopf. So gaben einer Studie des Bundesfamilienministeriums zufolge fast 70 % der Frauen beim beruflichen Wiedereinstieg an, endlich wieder „eigenes Geld verdienen zu wollen". Gut die Hälfte der Befragten wollte zudem „nicht nur als Hausfrau und Mutter wahrgenommen werden" (vgl. Bundesministerium für Familie Senioren Frauen und Jugend, Perspektive Wiedereinstieg 2007). Leider lässt allein die Tatsache, wieder arbeiten zu können, viele junge Mütter großzügig darüber hinwegsehen, dass sie oft mit schlechteren Jobs abgespeist werden als vor der Babypause. „Diskriminierende Schonung" nennen das die Soziologen. Vielen Mütter wird beim Wiedereinstieg gar nicht mehr zugetraut, bestimmte Aufgaben erfüllen zu können. Häufig genug sind es genau jene Aufgaben, die für die Karriere wichtig wären. Nicht selten sind auch Fälle, in denen die Frauen einen Job mit Personalverantwortung haben, sich alles zufriedenstellend darstellt und sich dann doch schlagartig ändert, wenn ein zweites Mal Elternzeit ansteht. Eine Position mit so viel Verantwortung, heißt es plötzlich, könne man in Teilzeit nicht stemmen.

Teilzeit zu arbeiten ist ein typisches Frauenschicksal. Zweifellos suchen viele junge Mütter sich diesen Weg selbst so aus – weil sie möglichst viel Zeit mit dem Kind verbringen, gleichzeitig aber nicht den Anschluss an die Arbeitswelt verlieren wollen. Für viele andere Frauen jedoch ist Teilzeit auch oft die einzige Wahl: Gerade in ländlichen Gegenden schließen die Kindergärten meist schon am frühen Nachmittag, wenn sie überhaupt so lange aufhaben. Und weil auch am Anfang des zweiten Jahrtausends in den meisten Familien nach wie vor Mama fürs Abholen zuständig ist, heißt das für die Betroffenen: Teilzeit arbeiten – wenn es denn überhaupt möglich ist.

Doch auch wer das Glück hat, eine Teilzeitstelle in seinem Beruf gefunden zu haben, stößt oft schnell an seine Grenzen. Frauen, die einmal in Teilzeit arbeiten, scheinen den unsichtbaren Stempel „unbeförderbar" auf der Stirn zu tragen (vgl. Statistisches Landesamt Rheinland-Pfalz 2002). Auch im Zeitalter der mobilen Kommunikation sind Führungskräfte, die nicht bis in den späten Abend am Schreibtisch sitzen, in den meisten deutschen Firmen undenkbar. Chefinnen, die E-Mails und Telefonate notfalls auch mal vom Spielplatz aus erledigen? Technisch machbar ist das, nur leider unerwünscht. In den meisten Unternehmen gilt eben noch immer: Karriere wird nach 20 Uhr gemacht. Nicht von ungefähr fordert auch Garen Marks, die familienpolitische Sprecherin der SPD, eine familienfreundliche Arbeitskultur, die weg kommt von dem Zwang zu dauernder Präsenz im Betrieb und zu immer mehr Überstunden. Mehr als Lippenbekenntnisse in öffentlichen Veranstaltungen brauche es verbindliche Betriebsvereinbarungen, um das zu ändern. Und wie klein die Gruppe von Führungsfrauen im Vergleich zu den Männern ist, hat das Deutsche Institut für Wirtschaftsforschung (DIW) in 2010 nachgewiesen. Einer damaligen Studie zufolge lag der Anteil der Frauen bei angestellten Führungskräften bei mickrigen 20,3 % – obwohl gut die Hälfte der Angestellten Frauen sind (vgl. DIW 2010). Das dürfte sich inzwischen nicht signifikant geändert haben. Zwar sind gerade jüngere Frauen zuletzt verstärkt in leitende Positionen aufgestiegen – was Hoffnungen machen sollte. Doch ob dies das Geschlechterverhältnis an den Schaltstellen der Macht nachhaltig ändern wird, bezweifeln selbst die Studienautoren: „Ob diese Frauen im weiteren Lebensverlauf – und damit auch nach der Familienbildung – noch eine Führungsposition innehaben, wird die Zukunft erweisen", schreiben sie. Entlarvend sind in diesem Zusammenhang die Teilzeitquoten angestellter Führungskräfte: Während bei den Frauen über alle Altersklassen hinweg mehr als 15 % in Teilzeit arbeiten, sind es bei den Männern nur ca. 2 %. Dabei agieren Mütter, die am Nachmittag pünktlich losmüssen, oft besonders effizient. Anstatt lange Mittagspausen in der Kantine einzulegen oder sich in der Kaffeeküche festzuquatschen, arbeiten sie oft die Mittagspausen freiwillig durch.

Dass Frauen, die aufgrund ihrer Kinder länger als nur ein paar Monate aus dem Beruf ausgestiegen sind, bei Unternehmen völlig zu Unrecht noch gar keine Lobby haben, ist auch dem Verband deutscher Unternehmerinnen (VdU), ein Dorn im Auge. Daher hat der Verband vor kurzem zusammen mit dem katholischen deutschen Frauenbund ein Mentoring-Programm entwickelt, mit dem Wiedereinsteigerinnen der Übergang in den Job erleichtert werden soll.

Kleine Betriebe, die auch für ihre wenigen Mitarbeiter familienfreundliche Arbeitszeiten möglich machen, muss man lange suchen. Wenn überhaupt, sind es meist große Unternehmen mit mehreren Hundert Angestellten, die solche Rahmenbedingungen anbieten. Das liegt vor allem daran, dass solche Arbeitszeitmodelle einen recht großen Personalaufwand bedeuten, der teuer ist. Zwar besteht seit 2001 ein gesetzlicher Anspruch auf Teilzeitarbeit. Doch kleine Unternehmen mit weniger als 15 Mitarbeitern sind davon ausgenommen. Sogar größere Arbeitgeber können Anträge auf Teilzeit ablehnen – wenn sie nachweisen können, dass eine solche Stelle aus betrieblichen Gründen nicht funktioniert. Aber selbst wenn eine Firma mit Modellen zur Vereinbarkeit von Familie und Beruf wirbt, heißt das nicht, dass dies auch umgesetzt wird. Da heute – unglaublicherweise – immer noch viel Wert auf Anwesenheit (wie z. B. in der Werbebranche) gelegt wird, führt das Vereinbaren von Kindern und Beruf gerne auch zu einem Burn-out. Ausgebrannt, überfordert und emotional erschöpft – diese Symptome sind gerade unter berufstätigen Müttern weit verbreitet. So ermittelte die Marktforschungsfirma Forsa in einer Studie im Auftrag der Techniker Krankenkasse, dass jede dritte erwerbstätige Mutter sich „oft am Limit" fühlt (Die Welt 20. November 2010). Bei berufstätigen Frauen mit zwei Kindern sind es sogar noch mehr: 43 % und führt häufig zu dem Übergang in die Selbstständigkeit. Als angestellte Mutter, so scheint es, werden bisher nur die wenigsten Frauen glücklich.

Und auch politische Maßnahmen hinsichtlich einer Quotenregelung sind nicht zielführend, wenn die Infrastruktur nicht gegeben ist. In Schweden werden ca. 65 % der Kinder ab einem Jahr in Kitas betreut – in Deutschland reicht das Angebot gerade mal für 37 % (Berlin-Institut 2004).

11.5   Über den Autor

Dr. Jürgen F. Studt Jahrgang 1955, Studium der Betriebswirtschaftslehre, Dipl.Kfm., Promotion an der Universität Hamburg, ist Experte für das Aufsetzen und Coachen von Transformationsprozessen. (Merger, Restrukturierungen). Während seiner langjährigen Konzernkarriere hatte Jürgen Studt verschiedene leitende Positionen und Geschäftsführungen in operativen Konzerneinheiten inne. Meilensteine in seiner Karriere waren zwei große Restrukturierungen der Deutsche BP, das Joint Venture mit Mobil Oil, die Integration von Castrol sowie Fusion der Firmen Deutsche BP AG und Aral AG. Jürgen Studt war Mitglied des globalen Group Leadership Teams und war/ist Mitglied in verschiedenen Aufsichtsräten. Anfang 2007 verließ Jürgen Studt den Konzern, machte sich unter dem Namen 2ic Management (Integration – Interim – Change) selbstständig, berät als Teil eines kleinen, aber exklusiven Netzwerks ehemaliger Führungskräfte große mittelständische Unternehmen bei anstehenden Fusionen oder Restrukturierungen und steht Geschäftsführern und Vorständen als Sparringpartner zur Verfügung.

Literatur

Agrell, A., & Gustavson, R. (1996). Innovation and creativity in work groups. In M. A. West (Hrsg.), *The handbook of work group psychology* (S. 317–343). Chichester: Wiley.

Baitsch, C., & Alioth, A. (1990). Entwicklung von Organisationen – Vom Umgang mit Widersprüchen. In F. Frei & I. Udris. (Hrsg.), *Das Bild der Arbeit* (S. 245–257). Bern: Huber.

Baitsch, C. (1986). Methoden zur Beteiligung von Arbeitnehmern. In W. Duell & F. Frei. (Hrsg.), *Arbeit gestalten – Mitarbeit beteiligen. Eine Heuristik qualifizierender Arbeitsgestaltung: Bd. 27 Schriftenreihe Humanisierung des Arbeitslebens* (S. 97–117). Frankfurt a. M.: Campus.

Becker, M (2006). Wissenschaftstheoretische Grundlagen des Diversity Management. In M. Becker & A. Seidel. (Hrsg.), *Diversity Management – Unternehmens- und Personalpolitik der Vielfalt* (S. 3–48). Stuttgart: Schäffer-Poeschel.

Berlin-Institut. (2004). Deutschland 2020, Berlin.

Bromann, P., & Piwinger, M. (1992). *Gestaltung der Unternehmenskultur.* Stuttgart: Strategie und Kommunikation.

Bundesministerium für Familie, Senioren, Frauen und Jugend. (2007). *Perspektive Wiedereinstieg*. Berlin: BMFSFJ.

Coch, L., & French, J. P. (1948). Overcoming resistance to change. *Human Relations, 1*, 512–532.

Comelli, G. (1993). Organisationsentwicklung. In L. Rosenstiel, E. Regnet, & M. Domsch (Hrsg.), *Führung von Mitarbeitern: Handbuch für erfolgreiches Personalmanagement* (2. überarb. und erw. Aufl., S. 531–552). Stuttgart: Schäffer-Poeschel.

Cowan, D. A. (1986): Developing a process Model of Problem Recognition. *Academy of Management Journal, 11*, S. 763–776.

Die Welt. (20. Nov. 2010). Berufstätige Frauen werden vielfach schikaniert.

Doppler, K., & Lauterburg, C. (2005). *Change Management: Den Unternehmenswandel gestalten* (11. Aufl., S. 84). Frankfurt a. M.: Campus.

Elke, G. (1999). Organisationsentwicklung: Diagnose, Intervention und Evaluation. In C. G. Hoyos & D. Frei (Hrsg.), Arbeits- und Organisationspsychologie. Ein Lehrbuch (S. 449–467). Weinheim: Psychologie Verlags Union.

Exner, A., Königswieser, R., & Titscher, S. (1987). Unternehmensberatung – systemisch. Theoretische Annahmen und Interventionen im Vergleich zu anderen Ansätzen. *Die Betriebswirtschaft, 47*(3), 265–284.

Gebert, D. (1976). *Zur Erarbeitung und Einführung einer neuen Führungskonzeption: Theorie und Empirie*. Berlin: Duncker & Humblot.

Gebert, D. (2004). Organisationsentwicklung. In H. Schuler (Hrsg.), *Lehrbuch Organisationspsychologie* (3. vollst. überarb. und erw. Aufl., S. 601–616). Bern: Huber.

Hall, W. (1995). *Managing Cultures: Making Strategic Relationships*. Chichester: Wiley.

Handelsblatt. (20. März 2010). McKinsey warnt vor Arbeitskräftemangel ab 2015.

Inversini, S. (2005). Wirkungsvolles Change Management in Abhängigkeit von situativen Anforderungen, Organisationale Veränderungsprozesse im Spannungsfeld von betrieblichen Voraussetzungen und Umweltanforderungen unter Berücksichtigung der wirtschaftlichen, organisationsbezogenen und qualifikatorischen Erfolgskriterien, Dissertation, Zürich.

Janes, A., Prammer, K., & Schulte-Derne, M. (2001). Transformationmanagement, Organisationen von innen verändern (S. 21) Wien: Springer.

Johnson, G. (1990). Managing strategic action: The role of symbolic action. *British Journal of Management, 1*, 183–200.

Klaffke, (2008). *Vielfalt als Wettbewerbsfaktor nutzen, Diversity Management in Hamburg*. HSBA Hamburg School of Business Administration.

Kotter, J. P. (1996). *Leading Change*. Boston: Harvard Business School Press.

Kotter, J. P., & Heskett, J.L. (1992): *Corporate culture and performance*. Free Press: New York.

Landesamt Rheinland-Pfalz: Rheinland-Pfalz 2050, II. Auswirkungen der demografischen Entwicklung, Bad Ems 2004.

Lange, R. (2006). Gender-Kompetenz für das Change Management, Gender & Diversity als Erfolgsfaktoren für organisationales Lernen (S. 56 f.).

Liebl, F. (2000). *Der Schock des Neuen: Entstehung und Management von Issues und Trends*. München: Gerling-Akad.

Meissner, W. (1989). *Innovation und Organisation*. Stuttgart: Verlag für angewandte Psychologie.

Merten, K. (2000). Die Lüge vom Dialog. Ein verständigungsorientierter Versuch über semantische Hazards, *Public Relations Forum für Wissenschaft und Praxis, 2000* (1), 6f.

Neuberger, O. (2000). Unternehmenskultur. In W. Sarges (Hrsg.), *Management-Diagnostik* (3., unveränderte Aufl., S. 162–165). Göttingen: Hogrefe.

Nippa, M. (1997). Erfolgsfaktoren organisatorischer Veränderungsprozesse in Unternehmen – Ergebnisse einer Expertenbefragung. In Nippa, M. & Scharfenberg, H. (Hrsg.), *Implementierungsmanagement – Über die Kunst, Reengineeringkonzepte erfolgreich umzusetzen* (S. 21–57). Wiesbaden: Gabler.

Pfannenberg, J. (2003). *Veränderungskommunikation.* Frankfurt a. M.: FAZ.-Institut für Management-Markt- und Mediainformationen.

Politikberatung kompakt. (2010). *DIW Berlin,* Nr. 56.

Porter, L. W., & Roberts, K. H. (1976). Communication in Organizations In: M. D. Dunnette & L. M. Hough (Hrsg.), *Handbook of industrial and organizational psychology: Bd. 3* (S. 1553–1589). Palo Alto: Consulting Psychologists Press.

Scharffenberg, H. (1997). Implementierungsmanagement – effektiv und effizient. In M. Nippa. & H. Scharffenberg (Hrsg.), *Implementierungsmanagement – Über die Kunst, Reeingineeringkonzepte erfolgreich umzusetzen* (S. 11–17). Wiesbaden: Gabler.

Schmidt, S. J. (1990). Wir verstehen uns doch? Von der Unwahrscheinlichkeit gelingender Kommunikation. In Deutsches Institut fur Fernstudien (Hrsg.), *Medien und Kommunikation.* (S. 60). Studienbrief 1: Weinheim.

Sonntag, K. (1996). *Lernen im Unternehmen: Effiziente Organisation durch Lernkultur.* München: Beck.

Statistisches Landesamt Rheinland-Pfalz. (2002). Rheinland-Pfalz 2050, I. Bevölkerungsentwicklung und -struktur, Bad Ems 2002.

Stutz, H.-R. (1991). Beratungsstrategien In M. Hoffmann (Hrsg.), Theorie und Praxis der Unternehmensberatung (S. 189–215). Heidelberg: Physica.

Thom, N. (1995). Change Management. In H. Corsten & M. Reiss (Hrsg.), Handbuch Unternehmensführung, Konzepte – Instrumente – Schnittstellen (S. 870–879). Wiesbaden: Gabler.

Ulich, E. (1986). Probleme der Veränderung des Managementsystems. In: W. Duell & F. Frei (Hrsg.), *Arbeit gestalten – Mitarbeit beteiligen. Eine Heuristik qualifizierender Arbeitsgestaltung* (S. 160–169).

Ulich, E. (1999). Lern- und Entwicklungs potenziale in der Arbeit – Beiträge der Arbeits- und Organisationspsychologie. In K. Sonntag (Hrsg.), *Personalentwicklung in Organisationen. Psychologische Grundlagen, Methoden und Strategien* (2., überarb. und erw. Aufl., S. 124–153). Göttingen: Hogrefe.

Vahs, D. (2005). Organisation. Einführung in die Organisationstheorie und -praxis, (5. Aufl.). Stuttgart: Schäffer-Poeschel.

Wimmer, R. (1995). Was kann Beratung leisten? Zum Interventionsrepertoire und Interventionsverständnis der systemischen Organisationsberatung. In R. Wimmer (Hrsg.), *Organisationsberatung. Neue Wege und Konzepte* (S. 59–111). Wiesbaden: Gabler.

Zeit online (Hrsg.). (2013). Vier von zehn Frauen bereuen Elternzeit. http://www.zeit.de/karriere/beruf/2013-03/karriere-elternzeit-umfrage. Zugegriffen: 15. Jan. 2015.

Männliche und weibliche Anteile führen zum Erfolg

12

Dagmar A. Verloop

Zusammenfassung

Frauen sind heute sehr gut ausgebildet und steigen mit gleichen oder sogar besseren Voraussetzungen in das Berufsleben ein wie Männer. Dennoch überwiegen Männer in entscheidenden Top-Positionen, obgleich diverse Studien aufzeigen, dass Frauen in Vorstands- bzw. Aufsichtsratspositionen positive Implikationen haben und zu besseren Kennzahlen beitragen. Zudem zeigt sich, dass Kaufentscheidungen mehrheitlich von Frauen getroffen werden, was wiederum ein Umdenken in Unternehmen erfordert, um auf die individuellen Bedürfnisse einzugehen. Folglich ist es wichtig, dass sich gemischte Führungsteams zusammentun, die sich ergänzen, voneinander lernen und unterstützen und damit eine ausgewogene Mischung aus Rationalität und Intuition für eine bessere Führung schaffen. Gute Führung aktiviert und potenziert Mitarbeiterengagement und intensiviert bzw. verbessert die Wettbewerbsfähigkeit von Unternehmen und folglich deren Erfolg. Der Weg dorthin ist ein Prozess der kontinuierlichen Schritte und bedeutet, dass Männer und Frauen diesen zulassen, sich mit Vertrauen darauf einlassen, mit Vorurteilen und Klischees abschließen und aktiv aufeinander zugehen und zuhören.

Inhaltsverzeichnis

D. A. Verloop (✉)
Sachsenhäuser Landwehrweg 94, 60599 Frankfurt, Deutschland
E-Mail: dagmar.verloop@dagmar-verloop.com

© Springer Fachmedien Wiesbaden 2016
P. Buchenau (Hrsg.), *Chefsache Diversity Management*,
DOI 10.1007/978-3-658-12656-8_12

12.1 Typisch Frau erfährt einen Wandel – Auf Augenhöhe mit den Männern

Die wachsende Globalisierung wie auch der demografische Wandel verändern unsere Wirtschaft und damit auch unsere Arbeitswelt. Organisationsstrukturen sind grenzüberschreitend. Mitarbeiter unterschiedlichster Kulturen arbeiten in Teams zusammen. Lieferanten aus verschiedensten Ländern sind in betriebliche Abläufe eingebunden. Auf Kundenseite sind aufgrund technischer Entwicklungen keine Beschränkungen mehr gegeben. Sie können dank des Internets rund um den Globus und zu jeder Zeit ein- und verkaufen.

Aber nicht nur die ethnische Vielfalt in den Unternehmen und auf Seiten der Kunden beeinflusst organisationale Strukturen, Prozesse und Regeln, sondern auch die Bevölkerungsentwicklung hinsichtlich Altersgruppen und Geschlechtern. Alleine diese Dimensionen liefern den Unternehmen, neben den unterschiedlichsten Erfahrungen und wachsenden Kompetenzen eine Fülle an Potenzial für optimal zusammengesetzte Einheiten. Diese Mischung liefert Chancen wie auch Herausforderungen.

Unsere Welt hat sich in den vergangenen Jahrzehnten deutlich in unterschiedlichsten Aspekten verändert, so auch das typische Frauenbild. Weibliche Werte erobern den Markt. Laut einer Nielsen Studie (The Nielsen Women of Tomorrow) wurde nachgewiesen, dass inzwischen rund 80 % der Kaufentscheidungen von Frauen getroffen werden (vgl. Bialek 2011). Frauen sind heute selbstständiger und befassen sich nicht mehr nur mit den typisch weiblichen Produkten, sondern kaufen Neuwagen und dabei handelt es sich nicht mehr um den Kleinwagen, sondern sehr wohl auch um den SUV oder Sportwagen. Sie gehen nicht mehr nur in Baumärkte, um ihrem Partner ein Geschenk gemäß genauer Vorgabe zu besorgen, sondern sie holen sich beispielsweise Ratschläge, um selbst Kacheln zu verlegen oder kaufen den Schlagbohrer, um Regale anzubringen. Sie erwerben Eigentumswohnungen oder zeichnen Immobilienfonds. Das aktive Interesse an Finanzprodukten ist bei Frauen gestiegen und die Hemmschwelle in Sexshops zu gehen ist gesunken. Aber auch im Sport erobern Frauen die bisher von Männern dominierten Sportarten. Frauen bewegen sich inzwischen sehr viel selbstverständlicher in männlichen Domänen.

Dr. Hansjörg Leichsenring (2015) führte in seinem Artikel „Wem vertrauen Frauen bei Kaufentscheidungen" aus: „Frauen sind hochgebildet und zählen heutzutage zu den wichtigsten und zahlungskräftigsten Zielgruppen." Er verweist auf eine Studie des Ladies' Home Journal sowie auf eine Untersuchung von Nielsen, wonach vorrangig die Empfehlungen von Frauen, insbesondere Freundinnen der gleichen Altersgruppe, das Kaufverhalten beeinflussen. Frauen vertrauen also Frauen.

Unternehmen müssen sich mit ihren Dienstleistungen und Produkten immer häufiger auf die individuellen Bedürfnisse einer differenzierten Kundschaft einstellen. Dies verlangt ein hohes Maß an Kundenorientierung, sowohl was die Erstellung und Erbringung

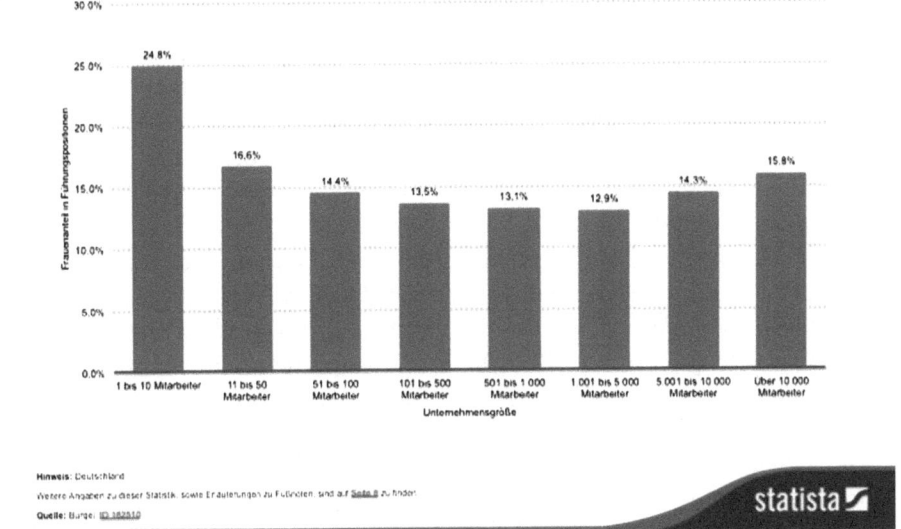

Abb. 12.1 Frauenanteil in Führungspositionen in Deutschland nach Unternehmensgröße 2015. (Quelle: Statista 2015)

solcher Angebote betrifft, als auch in der Kommunikation und im Vertrieb. Ein Umdenken in den Unternehmen ist die logische Konsequenz, die hieraus getroffen werden muss. Dies erfordert Frauen in bestimmten entscheidenden Positionen, um hierbei entsprechenden Einfluss nehmen zu können.

Trotz Globalisierung und den untersuchten geschlechtsspezifischen Entwicklungen – auch das Männerbild hat sich in den vergangenen Jahren verändert – hat sich in den Unternehmen das Rollenverhältnis nicht vergleichbar mitentwickelt.

Nach wie vor gibt es überwiegend Männer in entscheidenden Top-Positionen. Zwar nimmt die Anzahl der gut ausgebildeten Frauen bzw. weiblichen Studienabgängerinnen zu, auch in bisher eher weniger frauenorientieren Studiengängen (MINT – Mathematik, Informatik, Naturwissenschaften und Technik), dennoch entwickelt sich die Wachstumsrate weiblicher Führungskräfte in Vorstands- bzw. Aufsichtsratspositionen der Unternehmen nicht entsprechend (vgl. Abb. 12.1).

12.2 Hürden auf der Karriereleiter – Klippen auf dem Erfolgskurs

Frauen sind heute sehr gut ausgebildet und bringen sich mit gleichen Voraussetzungen in das Berufsleben ein wie Männer.

Dennoch gibt es vier „Knackpunkte", die die Frauen beim Durchstarten ausbremsen.

- Das Spannungsfeld „Beruf und Familie" macht es vielen Frauen nicht einfach, eine Karriere zu starten. Sobald die Entscheidung besteht Kinder zu bekommen, gibt es für die Mehrzahl der Frauen nur die Alternativen Unterbrechung der Berufsausübung versus Teilzeitbeschäftigung. Auch nimmt die Mobilität, die mancher Beruf erfordert, deutlich ab (vgl. Wilz 2013). Eine Frau steht somit in einem Konflikt, der in der Regel zu Gunsten der Familie entschieden wird. Die Globalisierung und der Konkurrenzdruck schaffen Kostendruck und Unternehmen begegnen diesem mit Personaleinsparungen. Damit werden die Spielräume für alternative Stellen-Modelle häufig in den Hintergrund gedrängt. Die Bain-Studie zur Chancengleichheit ergab, „dass weder Ehe noch Elternschaft Einfluss darauf haben, ob eine Frau grundsätzlich ehrgeizig ist und im Beruf vorankommen möchte. Vielmehr fehlt es den weiblichen Beschäftigten in der mittleren Phase ihrer Karriere an ehrlicher Anerkennung und Unterstützung durch das Management – genau in einer Zeit, in der sie beginnen, die Karriereleiter zu erklimmen und ihr Selbstvertrauen entweder wächst oder aber untergraben wird" (Bain & Company 2015).
- Um die berufliche Karriereleiter aufzusteigen, erlebt eine Frau nicht selten, dass sie trotz ihrer Qualifikationen und ihren bisher erreichten Erfolgen, dennoch nicht in die engere Wahl eines Rekrutierungs- oder Beförderungsprozesses gelangt. Grund hierfür sind meistens unternehmensinterne bzw. informelle Strukturen. Männer pflegen häufiger als Frauen Seilschaften oder soziale Netzwerke, in denen sie sich miteinander austauschen und unterstützen. Hierbei spielt sicherlich auch die „Chemie" eine Rolle. Wenngleich Frauen von Männern als attraktiv und gut qualifiziert eingeschätzt werden, so mangelt es den meisten Männern häufig an Vertrauen und Zutrauen, dass eine Frau eine bestimmte höherrangige Position qualifiziert ausfüllen kann (vgl. Wilz 2013). Männer untereinander verstehen einander und können ihr Verhalten und ihre Entscheidungen daher leichter nachvollziehen und entscheiden sich dementsprechend häufig eher für männliche Kollegen oder Kandidaten. Dies geschieht sicher nicht selten auch dann, wenn eine Frau qualifizierter erscheint.
- Wenn Frauen es in Unternehmen nach oben schaffen, sind es nicht selten Aufgabenfelder, die mit den eher typisch weiblichen Begabungen, wie z. B. Kommunikationsfähigkeit, emotionaler und sozialer Intelligenz in Verbindung stehen. Das sind dann aber häufig wiederum Bereiche (z. B. Human Resources, Marketing oder Kommunikation) in denen eine Frau zwar Leitungsfunktionen übernehmen kann, die aber in den meisten Fällen nicht dazu verhelfen in Vorstands- oder Aufsichtsratspositionen aufzusteigen (vgl. Wilz 2013). In anderen Bereichen stößt eine Frau nicht selten an eine „Betondecke", durch die es für sie keinen Karriereweg weiter nach oben gibt. Diese befindet sich je nach Branche bzw. Unternehmen(sgröße) auf einem anderen Hierarchie-Level. Damit ergeben sich für eine Frau folgende drei Möglichkeiten: Sich entweder mit diesem erreichten Hierarchie-Ziel zufrieden zu geben, bessere Aufstiegschancen bei der Konkurrenz oder anderen Unternehmen zu suchen oder die Karriere in einem selbst gegründeten Unternehmen fortzusetzen.

- Aufgrund ihrer Sozialisation präsentieren sich Frauen häufig sehr viel defensiver und weniger machtorientiert. Frauen bringen die gleiche Ausbildung oder Karriere wie ihre männlichen Kollegen mit und dennoch treten sie viel seltener damit nach außen entschlossen und proaktiv auf, sondern „verkaufen" ihre erworbenen Fähigkeiten und Leistungen deutlich geringwertiger und stellen damit ihr Licht unter den Scheffel. Sie können sehr viel, haben bereits einiges geleistet und doch fehlt ihnen in manchen Situationen bzw. bei bestimmten Positionen der Mut, weitere Karriereschritte zu gehen oder sich entsprechend zu präsentieren. Frauen relativieren ihre Erfolge häufiger und rechnen diese ihrem Glück, Zufall oder externer Förderung zu (vgl. Wilz 2013). Gemäß der Bain-Studie „nimmt das Streben nach einer Position im Topmanagement bei Frauen im Verlauf ihrer Karriere um mehr als 60 Prozent ab." Man fand heraus, dass bei Berufseinsteigerinnen etwa 43 % in eine hochrangige Führungsposition aufsteigen wollen. Bei denjenigen, die bereits fünf Jahre im Business sind, streben lediglich ca. 16 % eine höhere Führungsposition an. Im Vergleich bleibt der Wert bei Männern unveränderlich bei etwa 34 %. An einen Aufstieg, in den höchsten Hierarchie-Level eines Unternehmens, glauben nur etwa 27 % der Berufseinsteigerinnen. Der Wert sinkt nahezu um die Hälfte bei Frauen, im Vergleich zu ihren männlichen Kollegen, wenn sie sich bereits in der mittleren Phase ihrer Karriere befinden. Haben es Männer wie auch Frauen es erst einmal in die oberen Führungsetagen geschafft, besteht bei beiden der Optimismus, es auch bis ins Top-Management zu schaffen. Es wurde dabei festgestellt, dass dieses Verhalten bei Männern zugegebenermaßen charakteristischer ist. Ein Drittel der Frauen, aber dagegen jeder zweite Mann sieht sich in den Vorstandsetagen von Unternehmen (vgl. Bain & Company 2015).

Die folgenden drei Einflussfaktoren tragen im Wesentlichen zu diesen Entwicklungen bei: Zum einen sehen sich viele Frauen nicht als die stets verfügbaren Siegertypen, die nur den Karriereweg nach oben zum Ziel haben, des Weiteren fehlt Frauen häufig die Unterstützung des Vorgesetzten, der auch weibliche Potenziale fördert und drittens gibt es kaum weibliche Vorbilder in entsprechenden Management-, Vorstands oder Aufsichtsrats-Positionen, an denen sich eine Frau orientieren kann.

Was ist aber, wenn es eine Frau bis ganz nach oben geschafft hat? Ein Beitrag von Karin Kofler im Wirtschaftsteil der Schweizer Sonntagszeitung titelte am 30. August 2015 „Reden ist Silber, Schweigen ist Karriere – Aus Angst vor Stereotypen vermeiden Top-Managerinnen Ecken und Kanten". Beginnen damit die Spitzen-Frauen ihre weiblichen Qualitäten, die sie ausmachen und in den Führungsetagen eine wertvolle Bereicherung wären, auszugrenzen? Nicht selten zeigte sich, dass Frauen, die es nach oben geschafft haben, eher vorsichtiger und angepasster agieren und weniger Profil zeigen. Frauen bewegen sich auf einem eher engen Pfad, was in der jeweiligen Position als passend und stimmig beurteilt wird. Sind sie eher weiblich und beliebt, hat man sie gern, aber man respektiert sie seltener. Sie werden nicht als stringente Führungskraft gesehen. Versuchen sie sich eher männlich hart und konsequent zu geben, wirken sie arrogant, zickig und werden auch schon mal als „Iron Lady" bezeichnet. Für Frauen ist zum einen der Weg nach oben und dann auf der Bühne des Erfolgs auch mit vielen Abwägungen, bezüglich Art der Kommunikation und des Verhaltens, verbunden. Das gilt übrigens unter anderem sogar für ihr optisches Erscheinen. Eher sehr selten spricht man bei Männern über das Aussehen, sondern vielmehr über ihre Botschaften, ihr Handeln und ihre Erfolge. Bei Frauen hingegen stehen Themen, wie die Frisur oder die Kleidung nicht selten zunächst vor den inhaltlichen Themen in der Diskussion.

12.3   Weibliche Attribute in Führungsetagen – Ein Mehrwert für den Erfolg

Ist das der Preis, ganz oben überleben zu können? Vielleicht doch nicht, wenn man die These liest, die John Gerzema[1] (2012) aufgestellt hat: „Weibliche Werte sind das Betriebssystem für den Fortschritt im 21. Jahrhundert". In einer Umfrage ließ er durch Brand Asset Valuator rund 64.000 Menschen in 13 Ländern unterschiedlicher Kulturen 125 Eigenschaften als typisch weiblich, männlich oder neutral klassifizieren. In einem weiteren Schritt baten sie die Teilnehmer zu beurteilen, welche Bedeutung diese Eigenschaften auf Führung, Erfolg, Moral und Glück haben. Das Ergebnis zeigte, dass eher als weiblich eingestufte Charaktereigenschaften, wie z. B. Verlässlichkeit, Flexibilität, Empathie oder Selbstlosigkeit empfehlenswerter als männliche für eine bessere Welt sind. Die eher männlichen Eigenschaften wie Entschlusskraft und Widerstandsfähigkeit sind zwar wichtig, aber auch Flexibilität und Zusammenarbeit, um einen Konsens zu erreichen und Dinge zu erledigen. Um in der sich wandelnden Wirtschaft „zu gewinnen" ist immer ein Gruppen-Konstrukt erforderlich: eher männliche Charakterzüge wie Aggression und Unabhängigkeit gepaart mit eher weiblichen, wie Zusammenarbeit und Austausch. Auch wurde die Loyalität (als eher weiblich kategorisiert) höher geschätzt als der Stolz (eher als maskulin bewertet), da die Sache mehr im Vordergrund stehen sollte als der einzelne.

Gerzema schreibt übersetzt: „Wir leben in einer Welt, die zunehmend sozial, verflochten und transparent ist. Und in dieser Welt nehmen weibliche Werte zu" (vgl. Abb. 12.2).

Die Gallup-Studie 2014 (vgl. Nink 2015) hat herausgefunden, dass in Deutschland nur jeder siebte Mitarbeiter von seinem Job begeistert ist. Nur 15 % der Beschäftigten haben eine emotionale Bindung zu ihrem Arbeitsplatz und sind engagiert, während 85 % eine geringe oder keine Bindung zu ihrem Arbeitgeber haben. Emotionale Bindung bedeutet dabei, inwieweit ein Mitarbeiter mit Herz und Verstand bei der Arbeit ist oder Dienst nach Vorschrift macht bzw. bereits innerlich gekündigt hat. Dies wirkt sich einerseits auf das Engagement, die Zufriedenheit und Motivation bei der Arbeit aus, andererseits aber auch auf die Fehlzeiten bzw. Fluktuation. Dabei entstehen in Deutschland aufgrund fehlender oder geringer emotionaler Bindung Kosten für Fehlzeiten in Summe

---

[1]Amerikanischer CEO und Kolumnist, der sich auf Sozialwissenschaften und die Auswirkungen der Führungsethik und Unternehmenskultur auf das Verbraucherverhalten und finanzielle Leistungsfähigkeit konzentriert.

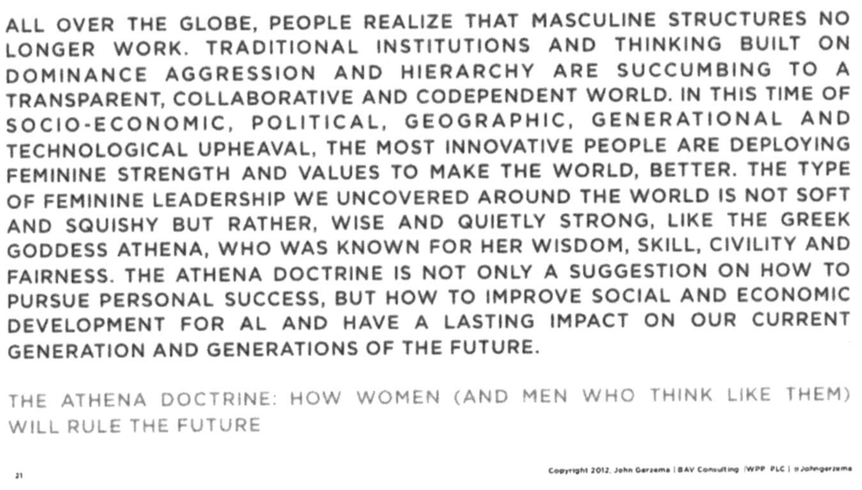

ALL OVER THE GLOBE, PEOPLE REALIZE THAT MASCULINE STRUCTURES NO
LONGER WORK. TRADITIONAL INSTITUTIONS AND THINKING BUILT ON
DOMINANCE AGGRESSION AND HIERARCHY ARE SUCCUMBING TO A
TRANSPARENT, COLLABORATIVE AND CODEPENDENT WORLD. IN THIS TIME OF
SOCIO-ECONOMIC, POLITICAL, GEOGRAPHIC, GENERATIONAL AND
TECHNOLOGICAL UPHEAVAL, THE MOST INNOVATIVE PEOPLE ARE DEPLOYING
FEMININE STRENGTH AND VALUES TO MAKE THE WORLD, BETTER. THE TYPE
OF FEMININE LEADERSHIP WE UNCOVERED AROUND THE WORLD IS NOT SOFT
AND SQUISHY BUT RATHER, WISE AND QUIETLY STRONG, LIKE THE GREEK
GODDESS ATHENA, WHO WAS KNOWN FOR HER WISDOM, SKILL, CIVILITY AND
FAIRNESS. THE ATHENA DOCTRINE IS NOT ONLY A SUGGESTION ON HOW TO
PURSUE PERSONAL SUCCESS, BUT HOW TO IMPROVE SOCIAL AND ECONOMIC
DEVELOPMENT FOR AL AND HAVE A LASTING IMPACT ON OUR CURRENT
GENERATION AND GENERATIONS OF THE FUTURE.

THE ATHENA DOCTRINE: HOW WOMEN (AND MEN WHO THINK LIKE THEM)
WILL RULE THE FUTURE

21   Copyright 2012, John Gerzema | BAV Consulting (WPP PLC | @Johngerzema

Abb. 12.2 Aus The Athena Doctrine

von etwa 22,3 Mrd. EUR pro Jahr und Fluktuationskosten für ein Unternehmen mit 500 Mitarbeitern von 617.000 EUR bzw. mit 30.000 Mitarbeitern von 36,9 Mio. EUR pro Jahr.

Neben den erwähnten Kosten für die Unternehmen spielt das „Marketing" der Mitarbeiter ebenfalls eine nicht unbedeutende Rolle. Arbeitnehmer mit einer geringen oder keinen emotionalen Bindung empfehlen Freunden und Familienangehörigen deutlich seltener die Produkte und Dienstleistungen ihres Arbeitgebers bzw. ihre Firma als hervorragenden Arbeitsplatz.

Häufig sind es mangelnde Wertschätzung, fehlende Anerkennung oder negative Arbeitsinhalte, die diese Entwicklung hervorrufen, aber unter anderem auch Themen wie zum Beispiel der Führungsstil, schlechtes Arbeitsklima, mangelnde oder keine Selbstverwirklichungs- bzw. Entwicklungsmöglichkeiten, um nur einige zu nennen.

Im Rahmen der Studie wurde ebenfalls herausgefunden, dass immerhin 42 % der Befragten mit einer geringen Bindung zum Unternehmen aufgrund ihres Vorgesetzten daran gedacht hatten, das Unternehmen zu verlassen. Bei denjenigen mit einer geringen Bindung zum Unternehmen waren es 13 % und bei denjenigen mit einer hohen Bindung zum Unternehmen immerhin auch 5 %. Kriterien wie zum Beispiel ein freundschaftliches Umfeld, Beachtung der persönlichen Meinung, Entwicklungsmöglichkeiten, als Mensch gesehen zu werden und Anerkennung zu erfahren, beeinflussen hierbei die Zufriedenheit.

Nicht selten zeigt sich, dass Führungskräfte ihre Positionen erhalten haben, weil sie entweder umfangreiche Erfahrung in einem Aufgabengebiet hatten oder bereits längere Zeit in dem Unternehmen tätig waren. Zudem liest man, dass fachliche Kompetenz nur zu rund 50 % zum Erfolg einer Führungskraft beiträgt. Langjährige Berufserfahrung und fachliche Expertise sind sicherlich von Vorteil für eine Führungsposition. Sie ersetzen aber nicht die notwendigen Fähigkeiten und Qualitäten im Umgang mit Mitarbeitern (z. B. Achtung, Anerkennung, Empathie, Kommunikationsfähigkeit, interkulturelle Kompetenz, Fehlertoleranz, Potenzialentwicklung), in Bezug auf Zusammenarbeit (wie z. B. Teamfähigkeit, Motivation, Konfliktfähigkeit, Kritikfähigkeit, Kooperation) oder in der Führung von Teams/Abteilungen und ähnliches (wie z. B. Flexibilität, Vertrauen, Verantwortung und Vorbildfunktion).

Es gibt noch weit mehr Erhebungen und Studien, die alle darauf verweisen, dass weibliche Attribute in Unternehmen im Top-Management positive Implikationen haben und zu mehr Erfolg beitragen und dennoch sind die Zahlen weiblicher Vorstands- und Aufsichtsratsmitglieder rückläufig. Es ist offensichtlich nicht ausreichend, derartige Untersuchungen zu veröffentlichen, um etwas in Bewegung zu setzen und mehr Frauen an die Spitzen der Großkonzerne zu holen.

Anfang 2015 hat die Bundesregierung mit großer Mehrheit die Frauenquote beschlossen. Diese sieht vor, dass ab 2016 börsennotierte und mitbestimmungspflichtige Unternehmen 30 % der Aufsichtsratsposten mit Frauen besetzen müssen.

Eine wichtige und sicher auch hilfreiche Vorgabe, um Frauen den Weg nach oben zu erleichtern. Wie fühlt es sich aber nun an, wenn eine Frau unter solchen Rahmenbedingungen eine Position in den oberen Etagen übertragen bekommt? Erhält sie die Stelle im Management, Vorstand oder Aufsichtsrat, weil sie dafür qualifiziert ist? Aufgrund ihrer Erfahrung? Wegen ihren Leistungen? Weil Man(n) die Wichtigkeit einer gemischten Führungsmannschaft erkannt hat? Oder weil eine Mehrheit in der Bundesregierung es vorsieht, dass bestimmte Quoten eingehalten werden müssen/sollen? Erscheint dieses Vorgehen als nicht zu rational und wieder einmal zu zahlengetrieben?

Selbst Vorwerk hat in einem Werbespot die Führungs-Qualitäten von Frauen einfach, aber deutlich präsentiert. Eine Frau wird im Rahmen eines Bewerbungsgespräches von dem Interviewer gefragt: „Ihr Beruf? Oder sind Sie nur…?" Die Bewerberin antwortet schlagfertig: „Ich arbeite in der Kommunikationsbranche und im Organisationmanagement, außerdem gehören Nachwuchsförderung und Mitarbeitermotivation zu meinen Aufgaben. Oder kurz, ich führe ein sehr erfolgreiches kleines Familienunternehmen" (vgl. Vorwerk 2006).

Die Antwort der Bewerberin macht deutlich, welche Fähigkeiten eine Frau besitzt und damit, welche Aufgaben sie parallel leisten kann, die in Unternehmen von Führungskräften erwartet werden.

Frauen beherrschen es, die unterschiedlichsten Disziplinen zu jonglieren: Sie sind Organisatorinnen, Planerinnen, Krisenmanagerinnen, Mentorinnen, Coaches, Lehrerinnen/Trainerinnen, Kommunikatorinnen und Einkäuferinnen. Bei all dem sind sie mittendrin und sorgen dafür, dass alle Interessen berücksichtigt werden und alles möglichst reibungslos abläuft. Definitiv eine „Unternehmensstruktur", die eine Frau so ganz nebenbei bewältigt. Nicht selten auch zusätzlich zu einer außerfamiliären beruflichen Verantwortung.

Frauen bringen mit ihrem weiblichen Führungsstil Attribute mit, die eine Zusammenarbeit stärker fördern, die betriebliche Atmosphäre positiv unterstützen, die Motivation steigern und damit den Erfolg zweifelslos beeinflussen. Dennoch werden solche positiven Einflüsse nicht ausreichend wahrgenommen.

Wir haben erfahren, dass Frauen vorwiegend Kaufentscheidungen treffen und diese sich nicht mehr auf die typisch weiblichen Produkte und Dienstleistungen beschränken, sondern inzwischen auch die bisher als eher männlich kategorisierten Konsumgüter umfassen. Wir haben auch gehört, dass sich Frauen nicht nur bei Kaufentscheidungen an Frauen, sondern auch bei ihrer Karriere an weiblichen Führungskräften orientieren. Wir wissen, dass Frauen sehr wertvolle Attribute mitbringen, die für eine erfolgreiche Führung von Nutzen sind.

Unternehmen erbringen ihre Produkte und Dienstleistungen mittels ihrer Mitarbeiter, sofern es sich nicht um Branchen mit vorwiegend robotergestützten Arbeitsabläufen handelt. Doch selbst dort gibt es an bestimmten Stellen immer noch Menschen, die Einfluss auf die Abläufe haben. Es zeigt sich ebenfalls, dass der Erfolg von Unternehmen maßgeblich auf den Einsatz engagierter, motivierter und kreativer Mitarbeiter zurückzuführen ist.

An dieser Stelle sei betont, dass nicht alleine die Frauen an der Spitze ein Garant für den Erfolg von Unternehmen sind. Es geht auch nicht darum zu beurteilen, ob Frauen oder Männer besser oder schlechter führen, sondern es soll deutlich werden, dass weibliche Attribute und Eigenschaften für die Zusammenarbeit von Menschen erforderlich, sinnvoll und nützlich sind. Die Women-Matter-Studie von McKinsey (2007) hat verdeutlicht, dass Unternehmen mit einer hohen Gender Diversity in den Führungsetagen, deutlich bessere Kennzahlen ausweisen können.

12.4   Das Dream-Team – Die optimale Synthese führt zum Erfolg

Erfolgreiche Führungskräfte sollten deshalb sowohl männliche als auch weibliche Anteile mitbringen, denn es braucht eine gute Mischung aus Rationalität und Intuition.

Männer und Frauen können voneinander lernen und dabei profitieren (vgl. Kleinhenz 2010). Dies bedeutet aber nicht, dass Männer Frauen und Frauen Männer kopieren sollen. Um in den männlich dominierten Führungsetagen nicht allzu weiblich, weich und durchsetzungsschwach zu erscheinen, beginnen manche Frauen, sich den Männern anzupassen, in Härte, Aggressivität und Kampfverhalten, wodurch sie aber eher an Glaubwürdigkeit und Überzeugungskraft verlieren. Gleiches gilt im umgekehrten Fall aber auch für die männlichen Führungskräfte. Für beide ist wichtig, authentisch zu bleiben und sich die Vorzüge des jeweiligen anderen Geschlechts zu Nutze zu machen. Das lässt sich am besten in gemischten Führungsteams realisieren.

Rein weibliche wie auch rein männliche Eigenschaften und Fähigkeiten können je nach beruflicher Situation als vorteilhaft aber auch als nachteilig betrachtet werden. Bilden sich Führungsteams beider Geschlechter und werden beide Qualitäten kombiniert, so können sie sich positiv ergänzen. Einige Beispiel unterschiedlicher Kategorien, machen dies nachfolgend deutlich:

Führungsstil:

- Männlich – managen und fokussieren, vornehmlich auf Vorgänge. Dabei stehen Analysen, Budget- und Kostenplanung, Einteilung von Ressourcen und Kontrollen eher im Vordergrund
- Weiblich – führen und mehrere Dinge im Fokus haben. Prozesse, Menschen, Nutzen und Optimierungspotenziale sind hier der Schwerpunkt

Arbeitsstil:

- Männlich – Aufgaben delegieren und eine effiziente Zuarbeit steuern
- Weiblich – eine positive Zusammenarbeit fördern und damit eine effiziente Kooperation bewirken, damit Teammitglieder nicht nur Aufgaben ausführen, sondern auch den Sinn verstehen, warum sie etwas tun und was das Endergebnis sein soll

Kommunikation:

- Männlich – Dinge direkt ansprechen bzw. klarere Anweisungen geben
- Weiblich – darauf achten, dass Mitarbeiter den Inhalt verstehen bzw. sich verstanden fühlen

Interaktion:

- Männlich – sich leichter abgrenzen, konkurrenzfähig, kontrollierter, emotionsloser und hierarchieorientierter
- Weiblich – integrativ, teamorientiert, kooperativ und hilfsbereiter

Vorgehen:

- Männlich – Vorgaben machen, Pläne festlegen und Ziele vereinbaren, um Ergebnisse zu erreichen
- Weiblich – Prozesse planen, Aufgaben definieren und Rahmen vorgeben, um in einer optimalen Zusammenarbeit einen gemeinsamen Erfolg zu erzielen

Karriere-Perspektiven:

- Männlich – ausgeprägte Leidensfähigkeit und die Bereitschaft, sich leichter mit schwierigen Situationen arrangieren
- Weiblich – Zufriedenheit am Arbeitsplatz, inhaltliche Sinnhaftigkeit und Gestaltungsmöglichkeiten der Arbeit sowie die Kooperation von hohem Stellenwert

Frauen und Männer können gemeinsam noch mehr und besseres bewirken. Das erfolgreiche Zusammenspiel ist entscheidend. So wie man im Sport Mannschaften mit den begabtesten Spielern oder Orchester mit den talentiertesten Musikern zusammenstellt, so sollten auch die Führungsmannschaften von Unternehmen ausgewählt und zusammengesetzt werden.

Kombiniert man die Vorteile im Führungsverhalten von Männern und Frauen, so schafft man eine Führungsspitze, die in unterschiedlichsten Situationen ein Unternehmen erfolgreich leiten kann.

All das ist sicherlich nicht neu und dennoch werden die Vorteile einer optimal aufgestellten Führungsmannschaft weitgehend nicht gelebt. Es gehört Mut und Vertrauen sowohl auf der männlichen wie auch auf der weiblichen Seite dazu, dieses „Mannschaftsspiel" einzugehen und erfolgreich zu spielen. Dazu gehört aber auch von beiden Seiten das Verständnis, den Counterpart zu akzeptieren, verstehen zu wollen und mit ihm zu kooperieren. Zugeständnisse aufgrund von Quoten sind dabei sicherlich nicht hilfreich.

Etwas Neues und Anderes einzuführen, insbesondere wenn es um Soft Skills geht, wird meist eher zurückhaltend betrieben. Insbesondere weil der Return on Investment hierbei nicht so ohne weiteres plan- und bezifferbar ist, aber bei größeren Konzernen von den Shareholdern erwartet wird. Es gilt den Shareholder Value zu steigern und hierzu müssen knallharte Ziele verfolgt und realisiert werden. Sie sind es nämlich, die den Erfolg schlussendlich ausmachen. Sowohl für den Manager, wie auch für das Unternehmen. „Experimente" bzw. Innovationen werden dabei genau analysiert. Fehler bzw. falsche Entscheidungen und daraus resultierende negative Ergebnisse führen nicht alleine dazu, dass Vorstände den Shareholdern Rechenschaft ablegen müssen und ihre Karriere eventuell aufs Spiel setzen, sondern sie im Extremfall auch für die Folgen haften müssen.

Vor diesem Hintergrund könnte man verstehen, dass in der Besetzung einer Führungsmannschaft eher „konservativ" vorgegangen wird, getreu dem Motto „Never change a running system". Warum intern etwas verändern, was sich über die letzten Jahrzehnte als erfolgsversprechend erwiesen und bewährt hat?

Genau deshalb, weil inzwischen Jahrzehnte vergangen sind. Der soziale und kulturelle Wandel, die Globalisierung und Technologisierung, all diese Bewegungen haben in den letzten Jahren erhebliche Veränderungen gebracht. Alle Unternehmen, die flexibel und anpassungsfähig oder innovativ sind und Trends setzen und nachfolgen, wurden in der Regel erfolgreich. Die Firmen hingegen, die sich auf ihre Erfolge unverändert und unangepasst fokussiert haben, erlebten Einbrüche oder verschwanden komplett vom Markt (z. B. Entwicklung bei Handys oder Fernsehgeräten, um nur zwei zu nennen).

Die Märkte verändern sich und somit nicht nur die Produkte und Dienstleistungen einzelner Unternehmen, sondern auch die Erwartungen der Stakeholder. Innovation und Fortschritt in Unternehmen sollten sich deshalb nicht nur auf deren Produkte und Dienstleistungen beschränken. Sie sollten sich auch in differenzierten Teams widerspiegeln und damit das traditionelle Management durch Chancen und Möglichkeiten einer Führungskultur mit mehr weiblichen Stärken und Werten ablösen.

Dies ist ein Prozess der kontinuierlichen Schritte und bedeutet, die weiblichen Eigenschaften in allen Ebenen eines Unternehmens einzubeziehen. Das beginnt nicht nur damit zu erheben, welche Wünsche und Erwartungen Frauen an Produkte und Dienstleistungen haben, bzw. deren Realisierung und Vertrieb umzusetzen, sondern wie innerhalb von Unternehmen zu deren Erfolg beigetragen werden kann, um extern Erfolg zu realisieren. Erlebt ein Unternehmen nicht im Inneren seinen Erfolg, so wird sich schwerlich ein externer Erfolg einstellen.

Das erfordert, dass auf beiden Seiten mit Vorurteilen und Klischees abgeschlossen wird und dafür aktiv aufeinander zugegangen und zugehört wird. Aber auch Vertrauen, sich darauf einlassen bzw. zulassen, dass das, was Frauen in einem „kleinen erfolgreichen Familienunternehmen" leisten können, sehr wohl sinnvoll und ergänzend in jedem anderen Unternehmen, welcher Größe auch immer, zum Erfolg beitragen kann. Das bedeutet ebenfalls, offen zu sein, zu reflektieren und die positiven männlichen Führungseigenschaften durch positive weibliche Führungsattribute zu ergänzen. In vielerlei Hinsicht kombinieren wir positive Dinge miteinander, um noch besser und erfolgreicher zu sein. Dies sollte unser Credo auch in Unternehmen sein.

Erfolg beginnt nicht in Tabellen und Reports, sondern dort, wo Menschen zusammenarbeiten. Wenn das Miteinander nicht gegeben ist, sondern Konkurrenzverhalten, Misstrauen und unklare Vorgaben die Basis sind, kann kein Spiel gewonnen werden.

Erfolg heißt, männliche und weibliche Führungseigenschaften zu vereinen:

- Die wirtschaftlichen Aspekte im Fokus haben und den Menschen dabei stets berücksichtigen
- Tätigkeiten und Verantwortlichkeiten auf verschiedene Schultern verteilen und dabei die Zusammenarbeit aktiv fördern
- Klare Vorgaben und Ziele formulieren und dabei berücksichtigen, dass der Einzelne die Inhalte und den Zweck versteht, aber auch selbst verstanden wird
- Konkurrenzfähig sein und dabei die Interaktion berücksichtigen
- Zielvorgaben vereinbaren und dabei berücksichtigen, dass diese in Zusammenarbeit erfolgreich durch entsprechende Prozesse und Aufgaben realisiert werden
- Schwierige externe Rahmenbedingungen durchstehen und dennoch intern für ein positives und motiviertes Miteinander sorgen

Da, wo Männer und Frauen agieren, arbeiten und handeln, heißt es männliche und weibliche Aspekte zu berücksichtigen, um eine Ausgeglichenheit zu erreichen, denn männliche und weibliche Führungseigenschaften ermöglichen eine bessere Führung.

Gute Führung aktiviert und potenziert Mitarbeiterengagement und intensiviert bzw. verbessert damit die Wettbewerbsfähigkeit von Unternehmen und folglich deren Erfolg. Schlechte Führung hingegen demotiviert und paralysiert Mitarbeiter und wird somit zum kritischen Kostenfaktor und kann folglich den Erfolg des Unternehmens negativ beeinflussen (vgl. Nink 2015).

12.5 Über die Autorin

Dagmar A. Verloop ist Beraterin und Coach, Führungspersönlichkeit und Managerin – seit über 20 Jahren ist sie erfolgreich in Beratungsunternehmen, der IT und Banken tätig. Die studierte Diplom Kauffrau entwickelte und implementierte Anwendungen, analysierte und optimierte Prozesse bzw. baute Organisationseinheiten auf. Ihre langjährige Erfahrung im Vertrieb und in der Leitung von Einheiten und Projekten ließen immer wieder erkennen, dass der Fokus auf Fachwissen, Technik oder Zahlen nicht ausreichen, um Erfolg zu erzielen. Der Faktor Mensch sowie die Zusammenarbeit und Kommunikation spielen in Unternehmen ebenso bedeutende Rollen. Sie versteht sich als Bindeglied zwischen der fachlichen und der technischen Welt, in der sie Menschen unterschiedlichster Disziplinen zusammenführt und zu Teams aufbaut. Mit Spaß und Abwechslung, mit Kreativität und Erfahrung, sowie mit Respekt und Wertschätzung, begleitet sie diese, um gemeinsame Ziele zu erreichen und Wertschöpfung zu erlangen. Hieraus entwickelte sie nicht nur ihr breites Netzwerk, sondern sie engagiert sich seit mehreren Jahren auch als Management-Coach und Mentor und unterstützt Mitarbeiter und Kunden erfolgreich in ihrer Karriere.

Literatur

Bain & Company. (Hrsg.). (2015). Bain Studie zur Frauengleichheit – Frauenförderung fängt bei den Männern an. http://www.bain.de/press/press-archive/bain-studie-zur-chancengleichheit-everyday-moments-of-truth.aspx. Zugegriffen: 18. Jan. 2016.

Bialek, C. (2011). Die Kaufkraft der Frauen. http://www.handelsblatt.com/unternehmen/handel-konsumgueter/nielsen-studie-die-kaufkraft-der-frauen/4336320.html. Zugegriffen: 18. Jan. 2016.

Gerzema, J. (2012). The Athena Doctrine. http://de.slideshare.net/johngerzema/the-athena-doctrine. Zugegriffen: 18. Jan. 2016.

Gallup (Hrsg.). (2014). Engagement Index Deutschland. http://www.gallup.com/de-de/181871/engagement-index-deutschland.aspx. Zugegriffen: 18. Jan. 2016.

Kleinhenz, S. (2010). Unterschiede im Führungsstil: Führen Frauen und Männer gleich gut? http://www.onpulson.de/1693/unterschiede-im-fuehrungsstil-fuehren-frauen-und-maenner-gleich-gut/. Zugegriffen: 18. Jan. 2016.

Kofler, K. (2015). Reden ist Silber, Schweigen ist Karriere. http://www.vestalia.ch/de/downloads/news/schweigen-ist-karriere.pdf oder http://www.sonntagszeitung.ch/read/sz_30_08_2015/wirtschaft/42471. Zugegriffen: 18. Jan. 2016.

Leichsenring, H. (2015). Wem vertrauen Frauen bei Kaufentscheidungen. https://www.der-bank-blog. de/wem-vertrauen-frauen-bei-kaufentscheidungen/marketing/16129/. Zugegriffen: 18. Jan. 2016.

McKinsey & Company (Hrsg.) (2007) Women Matter 2 – Female leadership, a competitive edge for the future. https://www.mckinsey.de/sites/mck_files/files/Women_Matter_2_brochure.pdf. Zugegriffen: 01. Juni 2016.

Nink, M. (2015). Präsentation zum Engagement Index 2014. http://www.gallup.com/file/de-de/181859/ Präsentation%20zum%20Engagement%20Index%202014.pdf. Zugegriffen: 18. Jan. 2016.

Statista. (2015). Frauenanteil in Führungspositionen in Deutschland nach Unternehmensgröße im Jahr 2015. http://de.statista.com/statistik/daten/studie/182510/umfrage/frauenanteil-in-fueh-rungspositionen-nach-unternehmensgroesse/. Zugegriffen: 18. Jan. 2016.

Vorwerk – Werbung – Vorwerk erfolgreiches Familienunternehmen. (2006). https://youtu.be/ h33F7YDqXM4. Zugegriffen 18. Jan. 2016.

Wilz, S. M. (2012). Karrierebedingungen und -hindernisse für Frauen. https://www.fernuni-hagen. de/imperia/md/content/soziologie/lgwilz/vortrag_wilz_feu_feb._2012.pdf. Zugegriffen: 18. Jan. 2016.

Topaktuelles Wissen für die Praxis

Zeitfracht Medien GmbH
Ferdinand-Jühlke-Straße 7
99095 Erfurt, Deutschland
produktsicherheit@kolibri360.de